UNE

GRANDE ŒUVRE

UNE

GRANDE ŒUVRE

A PARIS

CHANOINE E. GUERS.

UNE
GRANDE OEUVRE

A PARIS

— ⸭ —

L'ORPHELINAT D'AUTEUIL ET L'ABBÉ ROUSSEL

PAR

LE CHANOINE E. GUERS

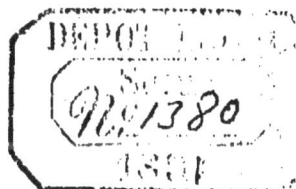

40, RUE LA FONTAINE, PARIS-AUTEUIL

A Monsieur l'Abbé Roussel,
Fondateur et Directeur de l'œuvre
de Notre Dame de la 1re Communion
et des Apprentis- Orphelins,
A tous ses chers Bienfaiteurs,
A tous les amis de l'Enfance délaissée,
                    A tous les
Français soucieux des
plus graves intérêts de la
Famille, de la Patrie et de
la Religion, exposés et défendus
dans ces pages,
Pour les noces d'argent de l'œuvre
            1866 - 1891
Humble et Religieux Hommage
        Le Chanoine E. Guers.

INTRODUCTION

> « Les renards ont leurs tanières, les
> « oiseaux du ciel ont leurs nids, mais le
> « Fils de l'homme n'a pas une pierre
> « pour y reposer sa tête. »
> (*S. Matth.*, VIII, 20.)

État général de l'enfance abandonnée ou coupable. —
Exploitations diverses des petits arabes de la rue.
— Histoires de M\u1d48\u1d48ᵉ Rachel et de Mistress Bellamy. —
Les enchantements des bords de la Seine, du Dépôt,
du Violon. — Comment un peuple devient sauvage. —
Dispositions de l'Église et de l'État envers les orphelins.

POUR établir que, de tous les êtres
humains le plus malheureux, ici-bas est
l'orphelin délaissé par ses parents ou par
la Société, il n'est pas nécessaire de monter
bien haut dans les annales de l'histoire, ni d'aller
bien loin à travers les peuples. Inutile de rappeler ici les Saturnales païennes immolant les
petits ilotes grecs, ou brûlant les fils de Carthage

punique, en l'honneur de Moloch et d'Astarté, ni ces immenses hécatombes d'enfants qui se font encore aujourd'hui parmi les peuples soustraits à l'influence chrétienne. Les preuves en sont plus près de nous. Ouvrez les yeux, et vous les constaterez avec une pleine évidence. Privés non pas seulement de leurs pères terrestres mais surtout du Père qui est dans les cieux, dépourvus de tout et abandonnés de tous, sans asile pour les abriter, sans pain pour leur âme, sans vêtements pour leur corps, combien de ces pauvres petits parias autour de nous ! En temps ordinaire ils se font malfaiteurs pour ne pas mourir de faim. Aux sombres jours de l'émeute, ils courent s'embrigader dans les rangs des pires ennemis de la Société. Pourquoi vous en étonner? Ils ont tout à gagner, rien à perdre ; et, comme l'ivraie étouffant le bon grain, les farouches appétits de la bête remplacent dans ces jeunes âmes les instincts sacrés du Vrai, du Beau et du Bien.

Le rivage de l'Océan est semé de galets façonnés par sa vague toujours mugissante; et le sol de la forêt disparaît en automne, sous la jonchée de feuilles tombées de ses arbres chauves ; et chaque herbe de la prairie

abrite un insecte plaintif; et dans l'immensité
des cieux les nuages voilent au regard des
milliers d'astres ignorés. Hélas! plus nombreuses encore sont les infortunes humaines
que ces pages doivent raconter!

Dans tous les grands centres de l'Ancien
comme du Nouveau Monde, les petits enfants
abandonnés se comptent par légions. A
Constantinople, j'ai vu les chiens dévorants
plus heureux même que ces pauvres petits.
Privilégiés par la loi du Coran, ils ne peuvent être mis à mort. Dans chaque quartier,
les plus riches Musulmans se font un pieux
devoir, par des clauses spéciales dans leurs
testaments, de leur assurer des aliments,
tandis que les enfants de la rue périssent de
faim dans la fange et l'ordure. A Londres,
dit M. l'abbé Lachaud (1), la misère matérielle et morale des ouvriers anglais va
plus loin encore et jusqu'à l'infanticide. Le
père tue son enfant, même légitime, pour
n'avoir pas à supporter les frais de son éducation, ou pour percevoir une prime accordée
par les Sociétés qui doivent pourvoir aux
frais des funérailles, *burials clubs.* Suivant

(1) *La Civilisation.*

M. Pashley, « l'infanticide est un mal général. »
D'après les rapports de M. Wakley et du
docteur Bachhoffner, des centaines d'enfants
déclarés mort-nés, mais réellement assas-
sinés, remplissent les cimetières de la capitale.

Au témoignage de M. Léon Faucher, il
se commet encore un crime plus horrible que
l'infanticide : « c'est celui du père de famille
qui conduit son fils et sa fille au marché des
enfants, et les livre comme marchandise au
premier venu, dans la seule vue d'être dé-
chargé de l'obligation de les nourrir. » Si
le premier de ces forfaits inspire plus d'horreur à la nature physique, le second révolte
peut-être plus le sens moral. « Je voulus un
jour, dit M. Hickson, dans son lumineux rapport sur la condition des tisserands en Angleterre, visiter ce marché aux enfants pour
examiner par moi-même les faits dont j'avais
entendu parler. Je trouvai environ soixante-dix
enfants réunis — de l'âge de sept ans et au-
dessus — la plupart accompagnés de leurs
parents. A peine arrivé, je me vis assiégé de
mille sollicitations. — Voulez-vous un garçon,
Monsieur? Une petite fille pour le service
de la maison, etc.? Parmi les parents, plusieurs

étaient dans l'aisance et gagnaient de bons salaires. »

Depuis les turpitudes et les misères de l'esclavage dans l'empire romain, le monde n'avait rien vu de pareil. Il faut remonter aux plus mauvais jours du paganisme pour retrouver une telle altération du sens moral.

Nous ne sommes pas moins féroces. D'après les statistiques les plus sûres, il y a en France seulement, cent mille petits vagabonds sans feu ni lieu cherchant le matin, à l'aventure, un morceau de pain à mettre sous la dent, et, quand vient le soir, une froide pierre pour reposer leur tête !

En janvier 1881, M. Quentin, directeur de l'Assistance publique, publiait un rapport officiel sur ces petits malheureux. Il observait qu'à cette époque on comptait à Paris sept mille enfants ne fréquentant aucune école, et que parmi eux se recrutent presque tous les enfants arrêtés pour vagabondage et mendicité. En 1879, 1,672 enfants ont été envoyés au dépôt de la préfecture de police. Sur ce chiffre on ne comptait que quatre-vingts filles. Cela tient, dit M. Quentin, à ce qu'il existe un grand nombre d'orphelinats pour les filles (136) et 16 seulement pour les garçons (1). En 1880 quinze cents garçons, et en 1881, deux mille, étaient internés dans les prisons de l'Assistance publique.

Aujourd'hui notre grand Paris en compte une moyenne de treize mille pour qui le manger de chaque jour est une rare fête ! Visitez les bagnes, et vous constaterez avec effroi que sur mille forçats il en est une bonne moitié qui doivent leur sort à la misère physique, morale et religieuse de leur enfance. Scrutez la vie des plus grands scélérats contemporains; cinquante fois sur cent ils vous diront : « Les soins de nos parents ou les leçons de Dieu nous ont été refusés. » Un exemple inoubliable est encore présent à la mémoire de tous les Français. On sait comment les Vandales de 1871 exploitèrent à Paris l'ignorance et la misère de ces jeunes infortunés. Sur seize adolescents du bataillon des Vengeurs de Flourens jugés à Versailles par nos Conseils de guerre, on en comptait quinze sans aucune notion religieuse, n'ayant pas même fait leur première Communion !

---

(1) Le Congrès d'Auray vient de constater, (septembre 1890) que les orphelinats de garçons atteignent seulement un chiffre de quatre-vingts pour toute la France, alors que ceux de filles dépassent sept cents !

Hugo appelait Paris la ville Lumière, et Musset, la ville Égout.

A leur point de vue respectif, l'un et l'autre ont dit vrai. Ceux qui sont en bas, en effet, ne sauraient percevoir les splendeurs, les éblouissements et les fascinations de la Lumière ; et ceux qui sont en haut ne peuvent qu'ignorer les ténèbres, les miasmes et les corruptions de l'Égout.

Comme dans l'Écriture, la réelle coexistence de ces deux cités est un abîme qui invoque vainement un autre abîme. A Paris, d'ailleurs, vit le peuple le plus railleur et en même temps le moins observateur du monde entier. Sans sortir de chez eux, les Parisiens sont des voyageurs éternels, incessamment dissipés par le mouvement et la curiosité. Quand ils ont visité quelque coin intéressant de leur pays et oublié pendant quelques mois leurs maisons, leur famille et leur foyer, les autres voyageurs, rentrent chez eux et s'assoient. Les Parisiens, jamais ; ils n'ont pas de foyer. Ils ne connaissent la Création que par ouï-dire. Leur vie est un perpétuel voyage en train-éclair. Comment donc, avec le rapide clin d'œil qu'ils lui jettent, pourraient-ils apprécier un horizon qui s'évanouit à mesure qu'il passe sous leurs yeux distraits ? Comment soupçonneraient-ils même cet immense océan de désolation et de désespoir qui gronde au loin ? C'est pour eux une région aussi inconnue que celle des mers polaires ou des territoires de l'Alaska.

Combien les étrangers français ou cosmopolites, qui viennent parfois papillonner quelque temps au milieu des séductions, des plaisirs et des attractions de tout genre que leur offre la Capitale, l'ignorent encore davantage ! Revenus chez eux ils disent la connaître à fond, quand il n'en ont pas même vu la surface.

Parmi toutes les calamités sociales, le sort et l'exploitation de l'enfance abandonnée occupent la première place. Malgré toutes les sollicitudes des gouvernements et des administrations, comme le continent noir, Paris est le théâtre d'une véritable traite de bétail humain. En Angleterre et dans les États-Unis, tout petit vagabond rencontré seul est recueilli dans les Yorkhouses ou cités enfantines, immenses asiles fondés en faveur de ces déshérités. Aux petits arabes de la rue, comme elle les appelle, aux petits nomades du pavé, aux abandonnés du chemin, Londres ouvre à deux battants les portes de ses immenses orphelinats. Elle en a d'ailleurs aussi pour ses chiens et ses chats!!! En France, la Société Protectrice des animaux rivalise seule avec ces fondations d'outre-Manche. L'Assistance publique des adolescents abandonnés est encore à créer parmi nous.

En 1882, dans un remarquable rapport sur les pauvres de la Capitale, M. Georges Berry a fait au Conseil municipal un lamentable historique de cette question. Il y a toujours eu, disséminée dans ses divers quartiers, une véritable armée organisée de ces jeunes vagabonds et encadrée sous toute espèce de noms et de formes. Tantôt ce sont *les petits mendiants* qui vont, déployés en tirailleurs, exploiter les riches quartiers ou les villas solitaires. Sous les ordres d'un chef imberbe, mais expérimenté dans la partie, ces bandes opèrent sur le tard ou dès l'aurore, selon les habitudes connues des clients. Depuis le bon La Fontaine les mauvais larrons se sont avisés; et il y a maintenant plusieurs autres heures du crime que celle de minuit. Tantôt *les petits marchands de lacets* qui s'embusquent au détour des rues, et aux angles des boulevards pour

signaler le butin à détrousser aux audaces
effrontées de leurs associés. Tantôt *les petites
bouquetières* qui exercent au grand jour le plus
immoral de tous les métiers, depuis les cohues
affairées du Palais-Royal jusqu'aux groupes
joyeux des bois de Boulogne et de Vincennes.
Tantôt *les petits sautriots* de Verbery, formés
dans la campagne de Compiègne aux plus
étonnantes drôleries, qui viennent en faire
parade aux abords des ponts de la Seine et
sur les places de Paris. Tantôt *les petits
chanteurs et les petites chanteuses* qui pénètrent
dans les établissements publics et jusque dans
les cours et les maisons particulières.

Toutes ces curieuses catégories d'enfants
se livrent encore à ces divers métiers. Comme
corps, une seule classe a presque disparu : celle
des *petits ramoneurs*, qui sut inspirer à Charlet
et à Victor Adam les plus touchantes com-
positions, en particulier ce refrain resté si
populaire dans Paris :

« *Je suis le petit qui ramone.* »

Plus récemment encore, un de nos publi-
cistes les mieux éclairés sur la matière,
M. Grimm, ne craignait pas de signaler har-
diment cette plaie hideuse de la traite des
enfants pauvres de Paris, aux impérieuses

sollicitudes du pouvoir. Écoutons-le. Chaque parole vaut ici son pesant d'or.

« Un grand nombre de ces petits êtres, chétifs et malingres, harcèlent les passants dans les quartiers riches de la capitale et, les jours de fêtes et de liesses nationales, on les voit partout tantôt accrochés — tout moribonds — aux flancs de mégères infectes; tantôt courant — tout dépenaillés — après le monde pour obtenir à force de prières la petite aumône qui doit leur épargner les coups ou la fessée.

« Il faut voir le teint glabre, la figure émaciée, l'air pâlot, la démarche timide ou assurée, — selon qu'ils ont plus ou moins d'états de service dans l'art de travailler l'aumône — de ces minuscules virtuoses de la mendicité !

« Si l'on n'y prend garde, si l'on n'enraye le mal, pendant qu'il en est temps encore, si l'on ne dissout pas enfin, au plus vite, les contingents de cette redoutable petite armée de mendiants mercenaires, — futurs malfaiteurs, sans doute, la mendicité étant l'école du mal, — cette exploitation de l'enfance sera certainement l'ineffaçable honte de notre fin de siècle.

« Cette formidable armée de petits mendiants des deux sexes, de trois à sept ans, compte aujourd'hui près de cinq mille soldats. Ses effectifs, d'après des enquêtes sérieusement établies, étaient, au début de 1886, de trois mille cinq cents environ. Cette progression d'enrôlements, relativement considérable et inquiétante, est due d'abord à l'impunité incompréhensible que rencontrent les industriels et parents exploiteurs de mendicité; ensuite au grand nombre des bureaux de recrutement qui se sont multipliés depuis quelque temps dans la capitale et dont les plus importants se trouvent : rue de la Vieille-Estrapade, près du Panthéon; rue Marcadet, derrière la Butte-Montmartre, et rue Saint-Maur.

« Les autres, — exploités par des gens plus timorés — se tiennent en plein air, dans les quartiers aisés : au parc Monceau, aux squares des Batignolles, des Arts-et-Métiers, de la Tour Saint-Jacques, de la Concorde à l'Arc-de-Triomphe, où l'on voit arriver, dès le matin, des parents infâmes venant louer leurs malheureux enfants.

« Les petits mendiants se divisent en quatre corps d'armée bien distincts : les éclaireurs, les mendiants proprements dits, les ramasseurs de bouts de cigares et les joueurs de violon, de guitare ou d'accordéon qui se répandent tous les matins dans Paris, avec un ordre de bataille bien défini et un itinéraire bien tracé.

« Les éclaireurs ont la mission plus délicate d'inspecter et de reconnaître les lieux bons à exploiter. Ils précèdent leurs petites troupes, et, leur reconnaissance finie, ils font un signe; puis à la queue-leu-leu, par intervalle, arrivent, de tous les points où ils étaient blottis, les petits mendiants et les musiciens.

« Pour être bon éclaireur, il faut avoir du métier, du flair et de l'audace; aussi, un bon éclaireur de sept à huit ans rapporte-t-il généralement six francs par jour à ses parents.

« Les exploiteurs de charité ont fondé une école du soir qui se tient rue de la Vieille-Estrapade, après la journée faite, à l'usage de ceux qui ont des aptitudes particulières, et où des professeurs de boniments, de violon, de guitare et d'accordéon, apprennent aux plus intelligents l'art de travailler l'aumône et d'apitoyer le client par la musique. Cette école, je l'affirme, ne manque pas d'originalité et d'intérêt. »

C'était d'une de ces étranges écoles que sortait Mlle Rachel. Son enfance s'écoula dans la misère de la vie errante à travers la Suisse, l'Allemagne et la France. Avec Sarah, sa sœur aînée, et Rebecca la plus jeune, elle chantait dans les cafés. A Lyon, leurs parents les fouettaient jusqu'au sang quand elles ne rapportaient pas au logis le nombre de sous nécessaire. A Paris, sa famille habitait un affreux taudis sur le quai le plus hideux, en face la Morgue. Rachel y passa quatre ans dans la mendicité, la fièvre et le rêve. Elle allait çà et là, le désespoir au cœur et le chant aux lèvres, offrant des oranges à ses auditeurs distraits, pour stimuler leur générosité. Enfin la Providence vint en aide à la petite Bohémienne sous la figure d'un homme de bien, M. Choron, qui la rencontra toute grelottante, s'égosillant près des Bains Chinois sur son refrain favori du Juif-errant :

> Vous êtes bien honnête,
> Monsieur; en vérité,
> Jamais je ne m'arrète.
> En tout lieu, en tout temps
> Je marche incessamment.

« Mon enfant vous paraissez bien malheureuse... et pourtant... vous avez une jolie
voix. »

« — Oui, monsieur, j'ai faim, j'ai froid,
j'ai soif.

« — Venez, désormais vous serez à l'abri
de tous ces maux. »

Dirigée par Choron, Monval, Saint-Aulaire
et Samson, Mlle Rachel courut de succès en
succès. Elle n'avait pas seulement de la voix,
mais de l'esprit et de l'âme.

Reçue dans les plus grands salons du quartier Saint-Germain, elle disait : « Je ne demande
pas de la fortune, mais de la gloire et des
amis. » Chez l'illustre Chateaubriand, l'enfant,
dont le cœur était d'or et le corps de haillons
répondit au Chantre des Martyrs qui parlait
de sa fin prochaine : « Il y a des hommes qui
ne meurent jamais. » De 1838 à 1853, la
tragédie, morte en France depuis Talma,
retrouva sa Pythonisse moderne, simple, facile, ironique, passionnée, sublime en cette
enfant recueillie dans le ruisseau !

Dans les mémoires de Mistress Bellamy
qui fut à la fin du xviiie siècle l'émule de
Rachel à Londres, on raconte une histoire plus
touchante encore :

« Après les jours de la jeunesse, où tout est facile et vient à nous, Bellamy arrivait au déclin où tout se retire et nous fuit. Volée, ruinée, livrée en pâture aux cruautés de la justice, elle résolut de se noyer.

« Un soir, vers dix heures, elle gagne les bords de la Tamise emportant le dernier sou qui lui reste. Elle y rencontre une mère qui disait tout en larmes à son petit enfant :

« — Comment peux-tu crier, pour avoir du pain quand tu sais que je n'en ai plus un morceau?

« Seigneur! Y a-t-il un malheur égal au mien? Non. Et cependant, que ta sainte volonté soit faite!

« Comme une étincelle électrique, ce mot frappe le cœur de Bellamy. Elle donne sa dernière pièce et rentre chez elle répétant sans cesse : « Seigneur! mon Dieu! il n'y a pas de malheur égal au mien! Et cependant que ta sainte volonté soit faite! »

Oh! que de pareils désespoirs on sauverait, si la main de la charité ou la voix de la religion arrivaient à temps pour les arrêter ainsi, sur le bord de l'abîme, à l'heure de l'accablement!

Mais comment les atteindre tous ces petits

sauvages et vagabonds ! Repoussés par leurs parents et pervertis, avant l'heure des passions, par de jeunes camarades déjà vieillis dans le vice, ils se livrent avec enivrement à l'enchantement de la vie errante. Elle en a des plus savoureux. Quand il mange, au grand air, sa croûte de pain moisi, le gamin de Paris la trouve plus délicate ; quand il déguste à longs traits sur les bords de la Seine ses gorgées d'eau bleuâtre, elle lui semble plus fraîche ; quand il s'allonge sur le talus des grands quais, il goûte un sommeil plus doux que sur un lit moelleux ; et, lorsque minuit vient l'y surprendre, laissant tomber sur son visage blafard le scintillement des étoiles, il se croit transporté dans la région du plus délicieux repos. Si souvent, d'ailleurs, il entend autour de lui ses modèles les ouvriers en ribote ou faiblissant sous le fardeau chargé sur leurs épaules mouillées de sueur, vêtus de blouses déchirées, et tachées de graisse ou de boue, aux mains caleuses, à la voix criarde et curieuse, hurler à son oreille surprise mais toujours en éveil cet engageant refrain :

Le pauvre enfant qui fait son tour de France,
Ne trouve pas souvent le vrai bonheur !

Il croit l'avoir lui avec le grand air, l'inaction et la liberté, et il le garde !

Et puis l'esprit de chaque adolescent est agité comme la mer par une tempête d'aventures. Loin de le guérir, la série de naufrages qui tour à tour viennent désenchanter le trop audacieux explorateur l'enhardissent au contraire davantage comme lui. Que si parfois il se décide à chercher une place au banquet de la Providence, il se voit tomber entre les mains des rastaquouères aux ignobles industries, de tenanciers de tout lucre même le plus dégradant, de rabatteurs éhontés qui lui imposent des missions suspectes auxquelles ils n'osent pas se rabaisser eux-mêmes par suite de l'horreur instinctive qu'ils ont des travaux forcés !

Ah ! il est si terrible ce grand Paris pour les victimes ou les vaincus de la vie ? Ses lueurs fascinatrices attirent pour les consumer tant de papillons légers, de tous les coins de la France et du monde ! Ce sont ces provinciaux inquiets ou malheureux accourus pour se réchauffer un peu près de l'ardente fournaise et qui bientôt désabusés subissent toutes les misères et toutes les humiliations, dit M. Daudet ; « et le crédit coupé à la gargote, et la clef du garni refusée à onze heures du soir, et la bougie trop courte pour les veilles, et les souliers éculés qui prennent l'eau ! » Ce sont ces parents sans tête et sans cœur qui se chargent eux-mêmes de pervertir leurs fils, comme les tigres s'attachent à faire mordre et dépecer une proie par leurs petits.

Ayant juré une haine mortelle à la société qui les a méconnus ou maltraités, ils n'ont qu'une leçon à leur redire sans cesse : Enfants ne travaillez pas, n'étudiez pas, ne priez pas, ne croyez pas, n'entrez jamais ni à l'atelier, ni à l'école, ni au chantier, ni à l'église. Pour nous ce furent autant de foyers de servitude. Pour vous ce seraient autant d'antres d'esclavage. Attendez... Vous aurez bientôt des armes, des pillages et des émeutes pour vos beaux jours... Alors vous serez plus heureux que nous !... Patience ! ce ne sera pas long... A chaque lustre la France a besoin d'une révolution !... Ainsi pas de famille pour ces pauvres enfants.

Pas de foyer non plus. Comment donner ce nom à ces logis si nombreux de la Capitale indignes d'abriter des créatures humaines, à ces tanières abominables que proscrirait la Société protectrice des animaux ?

Le docteur du Mesnil a écrit ces paroles terribles : « Ce n'est pas seulement de la vertu, c'est de l'héroïsme qu'il faut à l'homme forcé de loger dans ces bouges, pour ne pas y contracter la haine de la société. »

Le docteur Rochard, de son côté, a décrit de main de maître les réduits sordides, les taudis empestés, les campements de sauvages où des huttes informes surgissent au milieu des ordures, foyers menaçants d'infections et d'épidémies, « terrains de culture favoris de la fièvre typhoïde et de la diphtérie, repaires affreux d'où le choléra s'élance comme une furie vengeresse, pour jeter sur les quartiers riches les poisons accumulés dans les ruelles malsaines. »

Non ! on ne peut s'empêcher de s'attendrir et de frémir à la fois en pensant à l'existance et à la destinée de ces petits innocents qui paraissent presque toujours naître de l'abandon et de la misère, vivre de délaissement et mourir de dépravation. Si, pour dérober la honte de leurs haillons à la foule rieuse, de jour ils se glissent le plus souvent le long des quartiers bas de la Seine, rendez-vous général de tous les désœuvrés et de tous les déclassés, ils savent bien découvrir pour leurs nuits un gîte dont les animaux ne voudraient pas : dans les fossés des remparts, les carrières, les tuyaux de gaz ou de poêle abandonnés, les caisses vides, les terrains vagues, les fondements de constructions nouvelles ou les entrepôts d'immondices !

Ils ont été bien décrits ces quartiers favoris des bords du fleuve parisien. « A chaque pas (1) la physionomie de la berge change. Ici elle est noire et de longues planches flexibles la relient à d'énormes bateaux de charbon. Plus loin on glisse sur des pelures de fruits. Un goût frais de verger se mêle à l'odeur de la vase.

« Tout à coup on a l'impression d'un port de mer. C'est un encombrement de marchandises de toute sorte et de bateaux à vapeur. Cela sent le goudron, la houille, le voyage. Ensuite, l'espace se resserrant, un bouquet de grands arbres baigne dans l'eau de vieilles racines et l'on peut se croire à vingt lieues de Paris ou à trois siècles en arrière. De cette chaussée basse, la ville prend une physionomie particulière. Les maisons paraissent plus hautes de toute la profondeur de leur

(1) *Jack*, p. 173.

reflet. On voit des rangées de têtes appuyées au parapet des quais et de coudes paresseusement étalés. On dirait que de tous les coins de Paris, les oisifs, les ennuyés apportent leur contemplation muette à cette eau changeante mais aussi désespérément uniforme que la vie la plus triste. Quel est donc le problème que roule cette eau vivante pour que tant de malheureux la regardent, avec des poses si découragées, stupides ou tentées? »

Ah! le problème qu'elle roule? Allez donc à l'extrémité de ce quai de l'Archevêché si longtemps habité par la petite Rachel, frappez discrètement à la porte du hideux palais de la Morgue qui est au bout, et demandez-le. On vous répondra : c'est le problème du repos et de la paix, de la délivrance et du bonheur!

Entrant avec recueillement dans le cimetière de Worms, Luther s'écriait : « Ils sont heureux enfin les morts, car ils reposent! » L'hérésiarque avait ses raisons pour voiler ainsi ce qui nous attend tous au delà du trépas; mais s'il ne la disait pas entière, il disait du moins une vérité.

On le sait, les fleuves, les rivières, les canaux, sont des chemins qui marchent tout seuls. Ils sont aussi des lits somptueux, où la découverte est toujours faite pour s'allonger, endormir ses cuisantes douleurs, et rendre le dernier soupir de ses désespérances.

Si vous avez jamais visité Venise et longé doucement le *Canal Grande* ou le *Pont des Soupirs*, étendu plutôt qu'assis dans l'une de ces délicieuses gondoles parée comme un catafalque de draperies noires aux franges d'argent et d'or, tandis que les nautoniers vous emportaient mollement dans ce berceau qui semble une tombe, n'avez-vous point songé, du moins un instant, qu'il ferait bon s'endormir là? Oh! les grandes douleurs sans appui surnaturel ne raisonnent pas ainsi! Notre rêve devient leur réalité! Leur désespoir tient du vertige et de la folie... un pas... un élan... un bond... et l'intolérable brasier humain s'engloutit et s'éteint dans le gouffre tranquille. Telle est, sans le don de Dieu, la solution atroce, révoltante, affreuse et lâche mais réelle et ordinaire de cet insondable problème!

A leurs heures, les adolescents délaissés comme les jeunes gens blasés de notre

Paris, savent le poser et le résoudre aussi de la même manière.

On en retire trop souvent de la Seine qui n'auraient pas été victimes du désespoir s'ils avaient pu être secourus à temps. Dernièrement, allant prendre le bateau à vapeur, un de nos amis remarque sur le banc du ponton un paquet de pauvres vêtements. Le gardien grand et solide gaillard, vrai loup de mer, lui raconte sans la moindre émotion l'histoire suivante :

« Monsieur l'abbé, ces vêtements ont été laissés là, par un jeune homme que j'ai vu ce matin. Il paraissait bien exalté. Je m'y connais. Je suis sûr qu'il avait couché à la belle étoile et n'avait pas mangé son soûl. Si le bateau de Suresnes n'était pas arrivé, je l'aurais fait causer. Mais j'en vois tant ! Bref... Je suis persuadé qu'il a dû se jeter à l'eau. Il a bien manœuvré, car je ne l'ai pas vu, autrement je réponds que je l'aurais empêché de mourir. Il ne doit pas être plus malin que les deux ou trois douzaines d'autres que j'ai retirés de la Seine. »

Hélas, le marin ne s'était pas trompé ! A l'aube du lendemain, cet infortuné prodigue fut retrouvé en aval du fleuve où l'avait entraîné le courant, laissant une famille à jamais inconsolable, victime de ses précoces égarements.

Il y a des adolescents plus cyniques encore dans leur prématuré trépas. Un jeune homme de Ménilmontant, Sylvain Raël, âgé de dix-huit ans, s'asphyxiait au mois de juin dernier, après avoir écrit à son frère ces effroyables paroles : « Je suis tout heureux de m'en aller! C'est en chantant que je fais les joyeux préparatifs de ma délivrance! Tu me feras incinérer à l'œil, si tu le peux. Sinon, AU TROU! »

Telle est la lutte brutale, écœurante et mortelle que soutiennent pour la vie un trop grand nombre d'infortunes étalées au grand jour ou dissimulées dans un sombre réduit. La Charité publique et privée a beau tenter l'impossible en multipliant les établissements hospitaliers, les asiles de nuit, les bouchées de pain, les bureaux de portions ou de soupes économiques et la bienfaisance sous toutes les dénominations et toutes les formes, il reste tant de cas si étranges, si compliqués, si enchevêtrés dans la misère et le vice, que toutes les plus ingénieuses combinaisons viennent y échouer tour à tour.

Et le sort des adolescents adonnés au labeur ne paraît pas moins triste que l'état des apprentis de la licence et de la rapine.

Là-haut dans les carrefours de la Villette et parmi les dédales des Quatre-Chemins, de Pantin, d'Aubervilliers ou de la plaine des Vertus, Paris possède ses vastes verreries, ses carrières de charbon et ses galeries souterraines de mineurs. Là dedans, il se fait un massacre de petits innocents auprès duquel celui du cruel Hérode n'était qu'un jeu. Ah! plaignez-les ces adolescents de quinze ans qui boivent à petites doses dans ces antres, l'air de la mort! Celui qu'ils respirent porte avec lui une fine poussière de charbon ou de verre qui s'infiltre peu à peu dans leur frêle poitrine comme un tourbillon aérien de microscopiques lames acérées. Ces feux et ces brasiers, cette pluie de flamme, ces colonnes de fumée, ces creusets tout scintillants, et ces fournaises toujours ardentes sont leurs moindres maux. Le pire est là sur leurs lèvres et dans leurs gorges. Ils s'étiolent et s'éteignent bientôt comme sous les ardeurs du *simoun* disparaissent au Sahara toute verdure et toute fleur.

Il nous a été donné d'évangéliser parfois

ces féroces quartiers de Paris, et le souvenir d'une mère plus dénaturée que celle du siège de Jérusalem reste indélébile dans notre esprit. Nous présentant son fils, petit verrier de quinze ans, pour être admis à la première Communion :

« Recevez-le, disait-elle sans frémir... Voyez, il est déjà fini! J'ai perdu ses quatre frères tous à seize ans, tués eux aussi par le métier... il ne vivra pas davantage, le chéri! »

Par miracle, s'il échappe sain et sauf aux crises trop souvent mortelles de l'usine ou de l'atelier, l'adolescent parisien évitera plus rarement encore d'autres excès non moins pernicieux; et, s'il est dépourvu des attaches tutélaires de la famille et de la religion, c'est fatalement qu'il s'y laissera entraîner.

A douze ans, vous le voyez alors fumer et culotter sa pipe comme un quartier-maître, boire plusieurs fois par jour le divin verre de vitriol sur le zinc du coin, fréquenter les plus mauvais lieux, entrer dans une brigade éveillée de ces petits malfaiteurs qui ont la plus merveilleuse aptitude pour le vol et l'escalade nocturne. Si, les jours de fêtes, vous allez faire une promenade hors les murs, vous rencontrerez des troupes de gamins, qui montrent pour votre porte-monnaie le goût le plus prononcé. Leurs mœurs et leur langage mériteraient les couronnes d'honneur que Lycurgue décernait, dit M. Timon-David, aux plus habiles filous de Sparte, et feraient certainement rougir le plus cuirassé de nos sapeurs.

A mesure qu'ils grandissent, ces petits sauvages se font marchands d'allumettes, d'anneaux, de bilboquets, de journaux, voleurs de barrière, mendiants citadins. Après quelque temps de cette vie et un grand nombre de visites à la correctionnelle, ils finissent par obtenir un poste gratuit à la petite Roquette, jusqu'à ce qu'ils soient versés dans un régiment où ils passent bientôt devant un conseil de guerre, et vont ensuite grossir les cadres des compagnies de discipline. Quelles belles espérances pour la société ! quels vaillants soutiens et défenseurs de la patrie ils font alors !

Ces mœurs épouvantables se propagent d'une façon alarmante. Chaque jour, l'autorité judiciaire découvre des associations de jeunes polissons, dont les chefs ont quinze ans, et les autres membres, de neuf à douze ! Ils ont un règlement et des statuts pour la rapine et l'assassinat, comme la justice en a pour la sécurité des gens de bien.

Tels ces jeunes lions de mer qu'on voit au Jardin d'Acclimatation, êtres amphibies, se roulant tour à tour dans la vase et le sable. Ces petits malfaiteurs aiment à se vautrer ainsi durant le jour, dans le cloaque humain tout fait de paresse et d'ivrognerie, pour consacrer les ténébreuses heures à cette vie farouche et rampante que mène le Paris obscur qui vole et qui tue la nuit.

Il y a chaque matin, une scène étrange à Paris. « La préfecture de police, écrit M. Daudet, pour l'heure du rapport, fait ouvrir les portes des violons et opérer le premier triage de ce grand coup de filet nocturne, où se débattent tant de misères et d'infamies. Ah! il en ramène de la vase, en plongeant jusqu'aux fonds grouillants de la grande Ville! Quelquefois cette vase est rouge ; et quand on la remue, il en monte une odeur fade de crime et de sang. Quelle singulière idée d'amener là des enfants, de remplir leurs yeux de toutes ces horreurs, de secouer leurs nerfs aux tremblements de ces voix suppliantes, aux hurlements, aux malédictions, aux sanglots,

aux chansons enragées, à toute cette musique
infernale qu'on entend dans les postes remplis
et qui leur a valu ce sobriquet grinçant et
triste « le violon ! »

Quels sommeils, quels soupirs, quels cau-
chemars, quels rêves et quels réveils trouvent
là ces petits êtres tout émaciés et grelottants
qui devraient être encore des anges d'innocence et déjà sont des démons forcenés ? O
mon Dieu, il y a de tels malheurs ici-bas que
si vous n'aviez pas donné des gémissements
pour les exhaler il faudrait en étouffer de
honte et de désespoir !

Oh ! qu'ils sont vrais ces terribles accents,
que notre grand poète (1) met aux lèvres
crispées de l'enfant perdu !

> Ah ! périsse à jamais le jour qui m'a vu naître !
> Ah ! périsse à jamais la nuit qui m'a conçu,
>   Et le sein qui m'a donné l'être,
>   Et les genoux qui m'ont reçu !

> Que du nombre des jours Dieu pour jamais l'efface !
> Que, toujours obscurci des ombres du trépas,
> Ce jour parmi les jours ne trouve plus sa place !
>   Qu'il soit comme s'il n'était pas !

Celui qui dans nos récits verrait des

---

(1) Lamartine, *La Poésie Sacrée.*

romans, ignore ce qui se passe dans toute grande ville. Le savant docteur Soquet s'appliquant aux statistiques mortuaires, dans la période des quarante dernières années, donne le chiffre de 191,289 suicides. Il en dresse un tableau dont on ne peut pas lire sans frissonner les diverses catégories de noyés, pendus, axphyxiés, poignardés, empoisonnés, etc., etc.

En pleine Cour d'assises de la Seine M. l'avocat général Cruppi, s'écriait naguères : « Les statistiques établissent que les plus grands crimes sont commis aujourd'hui par des adolescents. Sur vingt-six mille malfaiteurs arrêtés à Paris en 1889 seize mille n'avaient pas encore vingt ans! »

M. Guillot, juge d'instruction du département de la Seine, nous présente à son tour le hideux portrait de ces démons à visage de séraphins. « Sur les bancs des assises, on les voit se pavaner dans leur crime, chercher bien moins à s'excuser qu'à poser pour le scélérat accompli. Eux aussi écrivent leurs mémoires, et cherchent à produire leur effet. Les frémissements d'indignation qui parcourent l'auditoire sont les applaudissements qu'ils ambitionnent. Ils savent qu'en se montrant cyniques ils se grandissent aux yeux de leurs camarades et posent dans cette franc-maçonnerie, qui a rarement ses renégats, leur candidature à l'emploi très envié de chef de bande et de sultan du trottoir. »

Comment remédier à tant de monstrueuses catastrophes, de calamités et d'angoisses? L'État a charge d'âmes. Ses règlements de voirie enlèvent les ordures de la place publique. Il doit laver soigneusement aussi cette lie montante de dégradation sociale, surveiller de plus près les parents dénaturés, multiplier ses efforts de prévoyance et d'Assistance publique, soutenir et développer les institutions fondées pour procurer une éducation morale et chrétienne, faciliter et imposer même au besoin un emploi à tous les désœuvrés, civiliser, en un mot, ces sauvages du pavé. Au lieu de bannir l'idée religieuse des écoles, des hôpitaux et casernes, rendons partout à Dieu la place qui lui est due. Toute société oscille et périclite quand on sape à sa base la religion, son éternel pivot.

Notre premier économiste français M. Le Play, étudiant le grand problème social contemporain, se pose cette question : *Comment un peuple tombe à l'état sauvage?* et il répond sans hésiter : *Par la perte de sa religion.* Or, dit-il, on compte à Paris par centaines de mille et surtout dans les classes ouvrières les hommes hostiles à tout sentiment religieux. Beaucoup d'ouvriers et de contre-maîtres m'ont signalé à cet égard des faits qu'on ne rencontrerait chez aucun autre peuple civilisé. Parmi les milliers d'ouvriers ayant avec eux des rapports journaliers, ils ne sauraient en citer UN SEUL qui se dise chrétien.

Un de ces contre-maîtres m'a même appris que, pour vivre en paix avec ses subordonnés et conserver le pain quotidien à sa famille, il a dû renoncer à toute pratique de religion.

Quand on sème de pareils vents on déchaîne fatalement sur les peuples des tempêtes de révolutions sanglantes. Hier la Commune de Paris comptait deux cent mille insurgés, dont un grand nombre se faisait massacrer les armes à la main. Trente-cinq mille ouvriers passaient au Conseil de guerre. Trente six-victimes seulement étaient données à la mort, et trois mille condamnées au bagne, à la déportation ou à la prison !... mais si demain, le drapeau rouge sortait vainqueur dans la grande Capitale, quel serait le nombre des soldats rangés sous ces replis sinistres? L'illusion n'est pas possible. Il aurait au moins triplé.

Selon la profonde observation de M. de Tocqueville étudiant le peuple américain (1), dans une république la Religion est beaucoup plus nécessaire que dans une Monarchie; et dans une République démocratique, plus nécessaire encore que dans tous les autres états. Comment la société pourrait-elle manquer de périr, si tandis que le lien politique se relâche, le lien moral ne se resserrait pas! Et que faire d'un peuple maître de lui-même s'il n'est pas soumis à Dieu? En même temps que la loi permet au peuple américain de tout faire, la Religion l'empêche de tout concevoir, et lui défend de tout oser.

Les congrés socialistes de Paris, Berne, Anvers, Naples, disent assez haut d'ailleurs, ce que peuvent oser et veulent faire les citoyens qui n'ont plus que mépris ou haine pour la Religion.

Lorsque Dieu voulut régénérer l'humanité

_____
(1) *La Démocratie en Amérique,* chap. 17.

déchue, en faisant de tous les hommes ses enfants, de tous les citoyens des frères et de tous ses commandements la Loi d'amour et de Charité, il fit une Crèche, et de cette Crèche sortit un Enfant qui s'écria bientôt :

« O vous qui souffrez, venez à moi, et je vous soulagerai! Laissez venir à moi les petits enfants, car le royaume des cieux leur appartient ! Malheur à celui qui scandalise le plus petit! — Que celui d'entre vous qui voudra être le premier parmi ses frères se fasse le serviteur de tous! » Tel fut le secret mystérieux de l'adoption universelle faite dès lors par l'Église de tous les malheureux sous toutes les formes de la souffrance, en souvenir et par amour de Celui qui a véritablement porté nos infirmités et nos douleurs. Et cet Enfant-Dieu voulut se faire une Croix pour élever encore plus haut sur terre le signe universel du salut. Et de cette sublime chaire de vérité dressée en face des mondes et des cieux il nous proclama tous ses enfants, riches ou pauvres, ignorants et savants, faibles ou puissants, heureux et malheureux. Née à la Crèche et sacrée à la Croix, la Charité catholique était chargée de régénérer l'Univers par la vertu de ce dernier mot tombé du Calvaire, comme un legs pieux de la plus extrême douleur et du plus puissant amour au disciple bien-aimé! *Voilà votre fils! Voilà votre mère!*

Il y avait alors (1) des nations, des peuples, des races le plus souvent ennemies entr'elles. Il y avait des individus séparés par les intérêts, concentrés en soi par l'égoïsme. Il y avait des maîtres et des esclaves, des classes dominatrices et une plèbe asservie. Nul ne se représentait le genre humain comme une grande famille. Partout régnait le principe du mal qui divise. *Chacun chez soi et chacun pour soi.* Telle était la fatale maxime, la loi infernale qui réglait en partie les mœurs des peuples et la politique des gouvernements. La parole de Jésus promulguant la loi de fraternité fut donc vraiment la bonne nouvelle du salut pour l'humanité. Aussi avec quelle force cette puissante et suave parole retentit-elle au fond de la conscience humaine! quel ressort et quelle énergie elle lui rendit soudain! Les pauvres, les faibles, les opprimés, le

(1) Lamennais, *Opuscules.*

peuple enfin, toujours plus accessible que
ses maîtres au vrai Bien fut le premier à
la comprendre. Le premier il eut le sentiment de la dignité de l'homme et, lorsque
remontant jusqu'à Dieu, il eût retrouvé en
Lui la lumière qui manquait à son intelligence, le moyen d'union qui manquait à sa
force, il fallut que grands, princes, rois,
empereurs, tout cédât et reconnût l'empire
de la Loi chrétienne.

Ainsi devenue la mère du genre humain,
l'Église se préoccupe aussitôt comme son
divin Époux, de ses enfants les plus délaissés, les plus chétifs, les plus privés de
tout, les orphelins.

L'Esprit Saint lui avait dit : Tu seras
leur soutien (1). En Asie, en Espagne,
dans les Gaules toutes les premières communautés chrétiennes leur ouvrent des
asiles, comme autant de maternels foyers.

Les chrétiens qui refusent de s'intéresser à
ces petits orphelins sont comparés par saint
Clément aux sbires qui massacrent les Innocents.
Il les nomme *les assassins des bien-aimés du Christ.*
Saint Grégoire veut que chaque évêque fasse

(1) Orphano tu eris adjutor. Ps. IX.

pour les orphelins ce qu'auraient fait leurs parents; et dans sa belle lettre au patrice Romain il flétrit énergiquement ceux qui failliraient à ce devoir. Saint Nicolas archevêque de Myre est le Vincent de Paul de son époque par son zèle dans la pratique de cette tâche pontificale.

Les Constitutions apostoliques ne donnent pas seulement des conseils mais des règles sur cette obligation primordiale de la sociéŕé chrétienne. « Avant tout, disent-elles (1), que vos soins pour les orphelins soient les plus empressés. Fournissez-leur d'abord les moyens pour subsister, apprendre plus tard un état, et se procurer les outils propres à le remplir. Si un chrétien, fille ou garçon, devient orphelin, qu'un de nos frères sans enfants l'adopte pour son pupille et le traite comme son propre enfant. Si c'est une fille et qu'il ait un enfant, qu'il les unisse par un saint mariage, lorsque l'âge en sera venu. Agir ainsi, devenir le frère d'un orphelin c'est remplir un ministère divin. Mais s'il en est parmi vous qui ne prenant pour règle que l'opinion et la faveur des hommes rougissent des orphelins, faites-leur

(1) Hist. Eccl. *Vita. Const.* 1. 48.

comprendre que le père des orphelins et le vengeur des veuves saura veiller sur leurs intérêts. Le riche dédaigneux cherchant pour son fils un parti plus brillant aux yeux du monde tombera dans les mains d'un dissipateur qui absorbera les biens épargnés par l'avarice et l'ambition. »

Saint Ambroise (1) ordonne qu'on vende même les vases sacrés pour sauver les orphelins. « L'Église a de l'or non pour le conserver mais pour le distribuer et subvenir aux besoins des malheureux. » Qu'est-il besoin de garder ce qui n'est d'aucune utilité ?... Si toutes les autres ressources manquent, les prêtres doivent fondre les vases sacrés pour nourrir ces infortunés. Le Seigneur ne leur dirait-il pas un jour : « Pourquoi avez-vous laissé tant de pauvres enfants mourir de faim ? Pourquoi avez-vous laissé vendre tant de captifs sur les marchés. Il valait mieux conserver ces vases vivants que vos vases d'un vil métal. »

D'après du Cange (2) les célèbres Diaconies qui furent la plus belle fondation des premiers siècles chrétiens étaient, à l'origine, les

(1) De Off. 28.
(2) Voir *Glossaire de la Basse-Latinité.*

maisons communes des orphelins où les diacres
régionnaires les nourrissaient et les élevaient.
On y adjoignit plus tard les pauvres veuves et
les vieillards. A tous ces déshérités la Société chrétienne ouvrait ainsi ses bras maternels; et, comme les rudes épreuves des premiers
ans préparent ordinairement les hommes les
mieux trempés pour l'avenir, ces pauvres asiles
donnèrent souvent à l'Eglise ses plus dévoués
serviteurs dans le sacerdoce et jusqu'au
souverain Pontificat. Plus tard, le sublime
Vincent de Paul fondant à Paris son Hospice
des Enfants trouvés, ressuscita ces Diaconies
primitives; et, l'immortel Pie IX dans l'asile de
Tata Giovanni à Rome leur consacra toute sa
vie sacerdotale.

Or, que fait aujourd'hui notre Société
civile en faveur de l'enfant abandonné? La
Société Protectrice de l'enfance ne s'occupe,
sous le patronage de l'État, que de quelques
rares nourrissons. L'œuvre de l'Adoption et la
Société philanthropique de M. Bonjean recueil-
lent à leur tour quelques orphelins. Mais l'État,
c'est-à-dire l'Assistance publique ayant pris à
l'Église l'hospice des enfants trouvés, malgré les
vingt-deux millions annuels dont dispose son
budget, n'a pas d'orphelinat proprement dit pour

ces petits infortunés. Elle les met dans ce grand
tour, légitimes et illégitimes, et les y garde absolument séquestrés jusqu'à l'âge de douze ans.
A douze ans et un jour, elle dit à chacun, en
le jetant à la rue : « Maintenant sois un homme,
vis ou meurs, peu m'importe. En vertu
du décret du 19 janvier 1881, sors et que je
n'entende plus parler de toi ».

Dans une palpitante brochure, intitulée *la
Pitié légale*, le sort qui les attend désormais est
ainsi exposé.

« Savez-vous ce qu'on fait des enfants,
quand ils se permettent d'être orphelins à douze
ans ?

« On les met en prison immédiatement parce
qu'ils sont sensés pouvoir se suffire à eux-
mêmes, et ensuite parce qu'il y a un règlement pour les garçons comme pour les filles
à l'Assistance Publique et que ce règlement
rejette l'orphelin qui a passé douze ans.

« C'est infernal, c'est sauvage ! mais c'est
ainsi !

« Supposez qu'un jour un enfant de douze
ans, garçon ou fille, vienne à perdre ses
parents ou que ceux-ci l'abandonnent, où
croyez-vous qu'on le mette ? C'est la Société,
direz-vous, qui doit protéger et adopter ce

petit isolé. — Voilà ce que vous répondrez, parce que vous êtes Français et surtout charitable, généreux et chrétien.

« Eh bien ! vous vous trompez absolument. Garçon ou fille, on met cet enfant-là en prison.

« En prison ! Eh quoi ! sans avoir rien fait de mal.

« Oui, en prison, comme un forçat qui a rompu sa chaine, comme un assassin, comme un voleur, pour s'être donné le tort de naître.

« Une loi dit en effet : « Aucun enfant de douze ans ne pourra être admis dans aucun hospice.

« L'administration se charge des enfants délaissés jusqu'à douze ans . A partir de cet âge, elle n'en est plus responsable. »

L'Assistance Publique prend un enfant de dix ans, un enfant de onze ans, mais à douze ans, c'est fini. Tant pis pour lui ! La Société dit qu'elle n'est plus responsable de lui à cause de ses douze ans. Mais que veut-on qu'ils fassent, à douze ans ? Cette loi qui les considère comme capables de se suffire à eux-même est un contre-sens. Vous connaissez comme moi quantité de petites pauvresses et de petits pauvres de douze ans. Est-ce que, le père et la mère enlevés, cela peut se suffire à soi-même? C'est de la dérision! A quatorze et à quinze ans l'enfant est dans la période délicate; c'est alors qu'il aurait besoin d'enseignement, de morale, d'exemples. Et votre société le met en prison! En prison jusqu'à vingt et un ans! parce que, à douze ans, la fille et le garçon n'ont pas de travail et deviennent par le fait sans moyen d'existence. On comprendrait un pareil état de choses chez une nation qui arrive péniblement à la civilisation comme la Russie, chez une nation qui n'a pas d'argent comme l'Allemagne. Mais la France où le travail est si fécond, l'économie si bienfaisante, l'application si laborieuse!... Comment expliquer que, dans ce pays, on met en prison pour huit années un enfant qui n'ayant commis aucun délit voit se fermer sur lui la porte de fer, disparaître la voûte du ciel en se demandant, hébété, ce qu'il a fait au Bon Dieu et aux hommes?

Que voulez-vous qu'il devienne cet enfant-là! Au sortir de la prison qu'il n'a pas méritée, il se fera voleur ayant justement appris en prison tout ce qu'il faut pour ce métier. Au bout de quelque temps, il sera récidiviste.

C'est à se demander si on rêve!

Voilà un État qui dépense des millions pour initier des milliers d'innocents à la confection de chaussons de lisière! Ne serait-il pas plus simple de les dépenser pour leur apprendre la vertu? Mais, puisque ni l'État, ni l'Assistance publique ne le font pas, n'y a-t-il pas un remède à trouver, un soulagement à imaginer, tout en restant dans l'initiative privée?

Oui, certainement... et peu importe, que les parents soient morts ou qu'ils aient déserté leur devoir. C'est à la société de prendre leur place. L'humanité lui en fait un devoir et son intérêt aussi...

Ces malheureux petits êtres qu'on jette ainsi du ruisseau en prison et de la prison au ruisseau, font une légion de scélérats jusqu'au moment où Cayenne les dévore, quand la guillotine ne les immole pas. Nous avons bien, il est vrai, la colonie pénitentiaire de Mettray destinée à recevoir les malheureux adolescents flétris par un crime ou par un délit, mais c'est encore une prison où tous les jeunes détenus sont corrigés

et non élevés. Les travaux auxquels ils y
sont assujettis les irritent davantage en général, au lieu de les moraliser. La maison
paternelle annexée n'est qu'un collège de
répression dont le régime devient l'isolement
absolu du système cellulaire.

Il y a mieux encore cependant. Profitant
d'un legs fait en 1861 par un philanthrope
originaire de Cempuis, le Conseil général de
la Seine a créé un orphelinat dans l'Oise. Les
enfants de Paris, filles ou garçons, y sont admis
et instruits ensemble au nombre de deux cents
environ. Pour ne pas être taxés de partia-
lité, nous allons citer le texte même du
prospectus de cet établissement, distribué à
l'Exposition Universelle de 1889.

« Éducation, strictement laïque, des deux
sexes en commun ; instruction exclusivement
basée sur les facultés physiques, intellectuelles
et morales de l'enfant ; équilibre musculaire
et cérébral assuré par la succession de tous
les exercices du corps, éducation des deux
sexes, garçons et filles, considérés comme
frères et sœurs ; dignité humaine excitée par
l'inscription au *tableau des bons enfants* ; fraternité et solidarité sociale par l'organisation
du système des *petits papas et des petites mamans*.

« Les enfants ignorent les dégoûts ridicules que font naître la vue ou le contact de certains animaux calomniés, araignées, souris, crapauds, serpents... Suivant les leçons de leurs éducateurs, ils touchent les animaux avec précaution, ils les regardent avec une grande curiosité scientifique et ne leur font point de mal.

« La peur vague d'êtres imaginaires n'existe point pour eux; la nuit ne leur inspire pas ces folles terreurs si fréquentes chez les enfants. Leur magnifique développement musculaire démontre que l'éducation en commun des deux sexes, exerce une puissante influence préventive et au besoin corrective. »

Le prospectus de l'Orphelinat constate *lui-même* à sa dernière page, que la vie en commun se termine souvent là-bas par le mariage entre ces précoces élèves. Il cite avec orgueil, l'union de la jeune Conard, infirmière et du jeune Feuillet, forgeron, célébrée avec fanfare, danses et banquet!

Si tels sont les progrès que la civilisation moderne réalise dans l'Assistance physique, morale et religieuse de l'Enfance abandonnée ou coupable, on ne peut que plaindre sincè-

rement les tendres victimes qui tombent
entre ses mains. Les préaux de la Petite
Roquette, les cellules des colonies péniten-
tiaires, les procédés positivistes de J.-J. Rous-
seau, Littré et Wyroubof ne sont faits que
pour les avilir et les perdre.

Or, observe M. Dupuy, tandis que les
plus désolants résultats viennent confondre
la prétentieuse vanité des économistes et l'ar-
rogant orgueil des révolutionnaires, on puise
dans la poche des contribuables, pour laïciser
l'Assistance publique, on dissout les Sociétés
charitables, on frappe d'impôts arbitraires
les humbles maisons où la Religion recueille,
nourrit, console celui qui est sans abri, sans
pain, sans espérance! Et il se trouve des
bourgeois égoïstes et solennels qui, au nom
de la démocratie, viennent déclarer qu'il faut
garantir l'État contre les entreprises cléri-
cales et sauvegarder la Société moderne
contre l'invasion des Frères ignorantins, des
Sœurs de charité ou des affiliés de l'œuvre
de Saint-Vincent de Paul.

On sait ce que valent toutes ces déclama-
tions pompeuses, derrière lesquelles se dissi-
mulent les convoitises d'une démocratie
féroce dans son exploitation et impuissante

avec ses formules scientifiques et ses instincts matérialistes, à donner à ceux qui pleurent un peu d'espérance, à ceux qui souffrent un peu de résignation, à ceux qui ont faim un peu de pain.

O Dieu de toute charité, donnez-nous donc une œuvre digne de recueillir tant de malheureux en détresse et capable de les sauver!

UNE NOUVELLE RECRUE A AUTEUIL

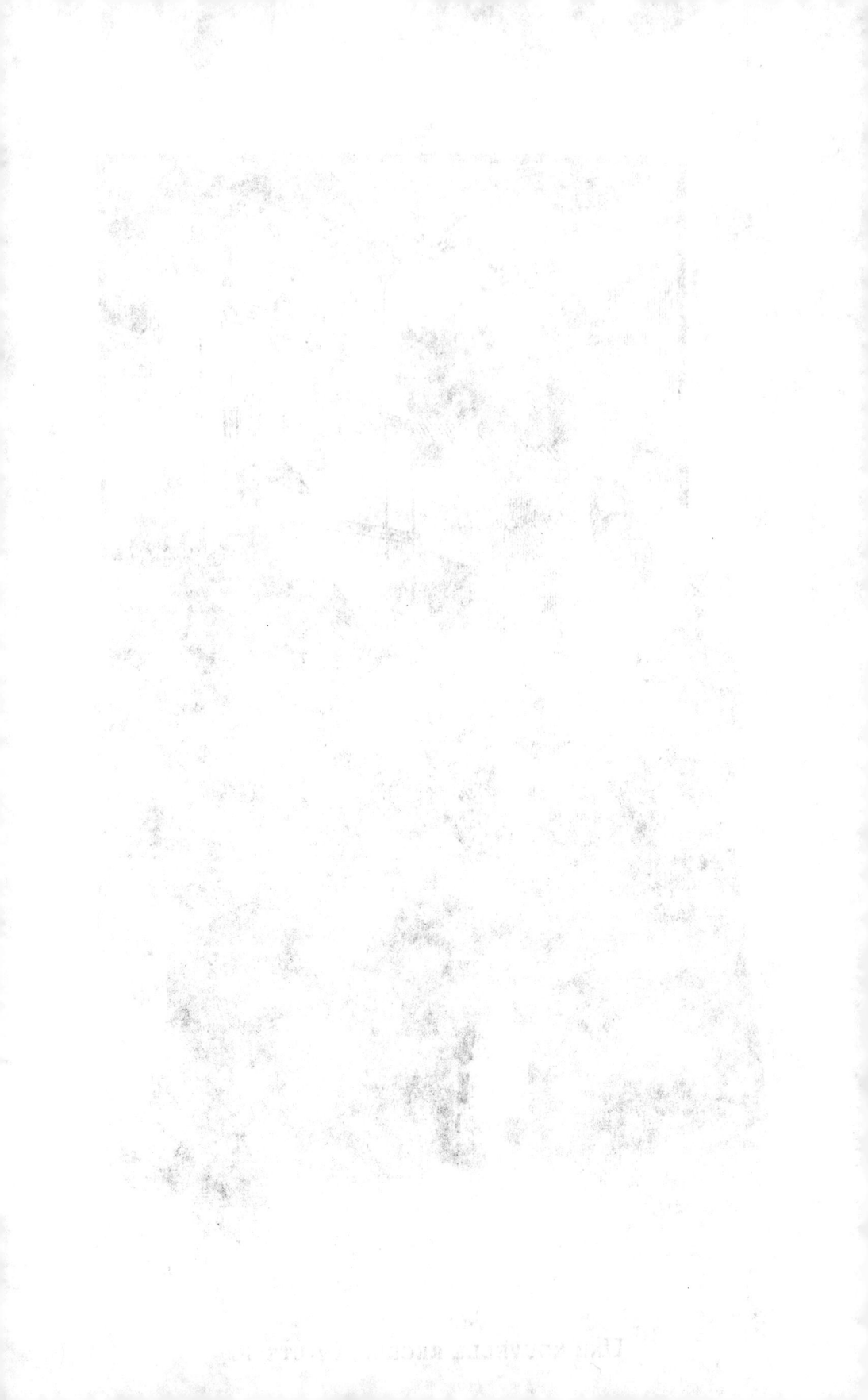

CHAPITRE PREMIER

L'ŒUVRE PRÉPARÉE

> Prends cet enfant et nourris-le. Je
> te donnerai moi-même ta récompense
> (Exode. II, 9)

Notre-Dame des Victoires et M. Desgenettes. — L'origine des Conférences de Saint-Vincent de Paul. — M. Letaille et M. Roussel. — Sœur Rosalie et sœur Grandt. — Œuvre de l'adoration nocturne. — Le Séminaire Saint-Sulpice. — Patronage de Grenelle et Aumônerie militaire du Gros-Caillou. — Le Cardinal Morlot. — Mgr Bourret. — Mgr Darboy. — L'œuvre de la première Communion à Auteuil.

PARMI les plus célèbres sanctuaires du monde catholique, l'église de Notre-Dame des Victoires, à Paris, occupe un rang à part. Les autres sont fréquentés à certains jours ou à certaines époques, celui-ci voit sans cesse la foule des croyants agenouillée

4

sur son parvis sacré. Le pauvre et le riche,
le savant et l'ignorant, le bourgeois et l'officier, l'ouvrier et le soldat sont tout étonnés
de s'y rencontrer côte à côte, recueillis dans
la même prière. L'incrédule à son tour se sent
attiré par un attrait mystérieux lorsque, in-
souciant et dédaigneux, il passe devant son
humble portique. A l'apogée de la gloire et
du pouvoir, Gambetta lui-même venait y
prier pour sa mère (mais en secret) Celle
que les chrétiens n'ont jamais invoquée en
vain. C'est la terre des miracles, le récep-
tacle des faveurs célestes, le jardin des délices, le canal puissant des grâces privilégiées et l'Eden de tous les prodiges.

Cette église, dit son hagiographe le plus
autorisé (1), s'élève dans le quartier le plus
vivant et le plus agité, au cœur même de
la Capitale, sur la place dite des Petits-Pères.
Elle fut commencée vers l'année 1620 par les
religieux Augustins. Le moment était bien choisi.
Secondé par le Cardinal Richelieu, Louis XIII
venait de clore les guerres de Religion qui
depuis tant d'années déchiraient la France.

(1) M. Dumax. *Manuel de Notre-Dame des Victoires*, p. 2. 3.
et seq.

Il voulut témoigner sa royale reconnaissance en lui dédiant une église sous le vocable de Notre-Dame des Victoires.

Après les orgies sacrilèges de la Terreur, en vertu d'un arrêté du 18 nivôse an IV, l'Église devint le Palais de la Bourse, et le vrai Dieu auquel un Roi très chrétien avait consacré cet édifice, y fut remplacé par le Génie du lucre et de la cupidité, principe de tous les crimes. Aux cantiques sacrés qu'on entendait naguère retentir sous ces voûtes, succèdent alors le bruit discordant de l'argent et de l'or, et les cris des agents qui proclament la hausse et la baisse, jusqu'à ce que, le 9 Novembre 1809 elle soit enfin rendue au culte et réconciliée par Mgr de Rohan-Chabot.

« Le 27 août 1832 un pasteur, selon le cœur de Dieu, lui est donné, M. Desgenettes. Né à Alençon, le 20 août 1778, il a vu s'écouler son enfance et sa jeunesse au milieu des horreurs de la Révolution.

Ecoutons-le raconter lui-même l'état lamentable de l'église et de la paroisse confiées à son décourageant apostolat.

« Il y a dans Paris, une paroisse presque inconnue même d'un grand nombre de ses

habitants. Elle est située entre le Palais-
Royal et la Bourse, au centre de la ville
Sa ceinture se compose de théâtres et
lieux de plaisir. C'est le quartier le plus
absorbé par les agitations intéressées de la
cupidité, le plus abandonné aux criminelles
voluptés des passions de toute espèce. Son
église restait déserte, même aux jours des
solennités les plus augustes de la religion.....
Point de sacrements administrés, pas même
à la mort. Si à force d'employer des sollicitations étrangères, le curé obtient d'être
admis auprès d'un malade en danger, c'est à
la condition d'attendre que ce malade ait
perdu tout sentiment; et encore peut-il ne
se présenter qu'en habit séculier. A quoi
bon sa visite? Il ne ferait que tourmenter
inutilement le moribond! Hélas! nulle part
plus qu'en ce quartier, la population ne subit les tristes influences du demi siècle d'irréligion qui vient de s'écouler. Par une consé-
quence nécessaire le saint temple reste désert
même aux fêtes les plus augustes de la
religion.

« Comme du temple de Jérusalem, on dirait
que l'Esprit de Dieu s'est retiré de la
maison du Seigneur. »

« Mais Dieu se plaît à intervenir là où toute espérance humaine semble perdue.

« Le 3 décembre 1836 à neuf heures, M. Desgenettes commençait la messe à l'autel de la sainte Vierge. Après avoir récité le Sanctus, une voix dont le son ne frappe point son oreille mais qui semble retentir au fond de l'âme, lui fait entendre avec solennité ces paroles : *Consacre ta paroisse au très saint et Immaculé Cœur de Marie !* M. Desgenettes ne peut s'empêcher de reconnaître qu'il y a là une révélation mystérieuse. Il prend la plume pour rédiger un projet d'association. Aussitôt le sujet s'éclaircit et les statuts de la nouvelle confrérie se trouvent élaborés en quelques heures. Ils sont soumis à Mgr de Quélen qui les approuve et autorise les premières réunions. Dès le lendemain une assistance nombreuse se presse dans l'Église sans se rendre compte du motif qui l'amène. M. Desgenettes entonne les litanies de la Très Sainte Vierge. A l'invocation, *Refuge des pécheurs, priez pour nous !* toute l'assemblée tombe à genoux spontanément et répète par trois fois, « ce cri de détresse poussé vers Marie, au nom de tous les pécheurs de la terre. » Saisi d'une émotion inexprimable, le pasteur, les

larmes aux yeux, pousse cette exclamation
vibrante :

« O divine mère, vous les avez entendus ces
cris de la Confiance et de l'Amour ! Vous les
sauverez ces pauvres pécheurs qui vous ap-
pellent leur mère ! Adoptez cette pieuse association ! Et pour gage de votre adoption
accordez-moi la conversion de M. de Joly ?
J'irai demain chez lui en votre nom. »

M. de Joly était un ancien ministre de
Louis XVI, âgé de quatre-vingts ans, perverti
depuis sa jeunesse par les fausses doctrines
des prétendus philosophes du xviiie siècle,
enivré par les applaudissements du monde où il
jouait un grand rôle. Malgré son âge avancé,
ses facultés intellectuelles n'avaient subi aucune
altération. Plusieurs fois M. Desgenettes dési-
reux de le ramener à la foi s'était présenté
à son hôtel. On lui en avait toujours refusé
l'entrée. Tel était l'homme dont on osait
publiquement demander la conversion. Le
lendemain M. Desgenettes se présente de nouveau chez M. de Joly qui refuse de le recevoir.
A force d'instances le curé est introduit ; et,
après quelques mots de politesse échangés
entre le pasteur et le vieillard : « M. le Curé,
dit celui-ci d'une voix émue, depuis que vous

êtes auprès de moi, je goûte une paix, un calme, une joie intérieure, que je n'avais jamais connus. Que votre visite me fait de bien ! Donnez-moi votre bénédiction ! » Tout ému à son tour, M. Desgenettes ne le quitte qu'après avoir entendu sa confession. La conversion était entière et sincère.

Elle fut suivie d'un très grand nombre d'autres à Paris, et dans toute la France. Bientôt les foules accoururent aux pieds de la Vierge des Victoires pour en obtenir de nouvelles faveurs, et l'église déserte devint une trop petite enceinte pour recevoir les innombrables suppliants agenouillés devant l'autel de Marie. Jaloux de propager son culte et ses éclatants triomphes, M. Desgenettes désira enrichir son œuvre des indulgences de l'Église. La princesse Borghèse se fit à Rome son pieux et puissant interprète auprès du S. Siège.

Elle entretient Grégoire XVI de l'Œuvre de Notre-Dame des Victoires et lui remet la requête de M. Desgenettes. Le Pape écoute silencieux. Soudainement inspiré, il lui annonce qu'il exauce les désirs du pieux pasteur, et qu'il lui accorde même des faveurs plus grandes que celle qu'il réclame, tant il approuve la pensée et le but de son œuvre.

A partir de ce moment, l'histoire de l'Archiconfrérie n'est plus qu'une hymne, chantant la puissance et les miséricordes de l'auguste Mère de Dieu, dit M. Desgenettes. Partout on parlera désormais de Notre-Dame-des-Victoires. On verra des prêtres, des évêques, des cardinaux, des princes inscrire leurs noms sur les registres de son Archiconfrérie, à côté de ceux des plus humbles fidèles. De toutes parts aussi lui arriveront des demandes d'affiliation; cette œuvre sera sans contredit, l'une des plus merveilleuses que le xix^o siècle ait vu naître.

En même temps que se fondaient à Notre-Dame-des-Victoires les messes du samedi et les magnifiques réunions du Dimanche soir, pour la conversion des pécheurs, Dieu suscitait à la France et par elle à l'Eglise, une institution non moins salutaire : celle des Conférences de Saint-Vincent de Paul.

Écoutons (1) l'un de ses trop modestes enfants nous en dire les origines : Plusieurs jeunes hommes conçurent le noble dessein de se dévouer au soulagement des indigents, et de leur porter dans leur demeure, avec

(1) *Les Œuvres*, page 154.

les secours temporels, la douce assistance spirituelle dont ils avaient besoin.

Ils ne se doutaient point de la mission vraiment providentielle qu'ils allaient remplir dans le cours de ce siècle, les six amis chrétiens qui se réunirent en mai 1833, à huit heures du soir, place de l'Estrapade, chez M. Bailly, leur pieux président.

La séance que présidait M. Bailly s'ouvrit par le *Veni sancte Spiritus* et par une courte lecture de piété dans l'Imitation. On convint immédiatement d'adopter, comme œuvre fondamentale, la visite à domicile des familles pauvres. Mais comme personne ne connaissait de pauvres, ou du moins n'en connaissait pas un assez grand nombre pour que chacun put y choisir ceux qu'il désirait visiter, il fut convenu qu'on en demanderait une liste à la sœur Rosalie. On décida en même temps que les secours ne seraient pas donnés, autant que possible, en argent mais en nature, au moyen de bons sur les divers fournisseurs. En attendant que la réunion pût avoir ses *bons*, M. Devaux devait prier la sœur Rosalie de vouloir bien céder contre leur valeur en argent, quelques-uns de ceux dont elle faisait usage.

La Conférence de charité ainsi constituée, il fallait lui choisir un patron. Le nom de saint Vincent de Paul fut acclamé comme celui d'un saint français populaire, par excellence.

Un incident inattendu vint bientôt étendre sa sphère de charité. L'un des administrateurs du bureau de bienfaisance du XIIᵉ arrondissement, M. Vollot, avait entendu parler de la Conférence composée de jeunes gens associés pour aller secourir les pauvres. Il conçut la pensée de prendre parmi eux des collaborateurs, en leur confiant les fonctions officielles de commissaires de charité. S'en étant ouvert à M. Bailly, celui-ci communiqua cette proposition à la Conférence. Elle fut accueillie avec empressement, et plusieurs membres parmi lesquels Cheruel, Labarthe, de Francheville, Antonin Serre, et Chaurand se firent inscrire. Ozanam et Lallier ne tardèrent pas à se joindre à eux.

Au mois de janvier 1834, M. Bailly jugea que le moment était venu d'appeler sur la Conférence de charité l'attention et les encouragements du pasteur de la paroisse. M. Faudet avait succédé à M. Olivier dans la cure de Saint-Étienne-du-Mont. Tous les mardis, Chaurand lui faisait connaître

l'état des œuvres de la Conférence et solli-
citait ses conseils.

Le 4 février suivant, sur la proposition de
Leprevost, ils se mirent plus spécialement
encore sous la protection de saint Vincent
en ajoutant à la prière *Veni Sancte*, l'invocation *Sancte Vincenti a Paulo, ora pro nobis*,
et, en décidant de célébrer sa fête le 19 juillet
de chaque année. Dans la même séance,
Ozanam demanda que la Société se mît sous
la protection de la Très Sainte Vierge en
choisissant une de ses fêtes pour l'honorer
d'une manière spéciale. L'Hermite proposa
la fête de l'Immaculée Conception. Les deux
propositions furent adoptées à l'unanimité et
l'*Ave Maria* ajouté aux prières des séances.

Quelque temps après, la Conférence vint à
Notre-Dame-des-Victoires se ranger sous
l'étendard de Marie et solliciter les conseils de son
illustre serviteur M. Desgenettes. Ces deux œuvres nouvelles étaient d'ailleurs le complément
l'une de l'autre. Le bien corporel fait aux
pauvres ne peut et ne doit être que le véhicule
du bien fait à leurs âmes. C'est ainsi, au dire
de Tertullien (1), que les premiers fidèles

(1) Ad. ux. lib. Lib. II.

allaient de quartier en quartier soulager leurs
frères malheureux pour les confirmer dans la
foi. M. Desgenettes accueillit les premiers
fondateurs des Conférences, dans cet esprit
apostolique, comme ses aides et ses coopéra-
teurs privilégiés. Il s'empressa de les mettre
en rapports suivis avec la sœur Rosalie, une des
puissances les plus angéliques de la charité
parisienne.

Elle leur fit faire, dit son historien (1),
l'apprentissage de leur œuvre, elle in-
diqua les familles qu'ils devaient visiter,
dirigea leurs premiers pas dans cette carrière
que Dieu devait tant agrandir et ne cessa
jamais de s'intéresser à leurs progrès. Elle
voulut avoir une Conférence dans sa paroisse ;
elle en était l'âme, la soutenait de ses avis
souvent même de ses secours et trouvait dans
chacun des associés un auxiliaire et un serviteur dévoué.

Ce n'était pas assez pour M. Desgenettes
d'entourer le berceau des conférences de Saint-
Vincent de Paul d'une sollicitude maternelle. Il
leur procurait aussi de précieux et dévoués concours. De tous ses nombreux et fidèles

_____

(1) M. de Melun. — *Vie de sœur Rosalie*, p. 123.

néophytes il savait faire aussitôt, pour elles, les plus zélés confrères.

Fondateur de la grande maison qui porte encore son nom à Paris et reste l'une des plus artistiques dans l'iconographie religieuse de France, M. Letaille, alors dans la force de l'âge et la plénitude du talent, fut la plus belle conquête qu'il leur fit. Jusqu'à trente ans il était resté indifférent et sceptique. Elevé au lycée Louis-le-Grand où il avait eu les princes d'Orléans pour camarades, il en était sorti avec tous les succès littéraires pour son intelligence mais avec une irréligion complète pour son âme.

La jeunesse d'alors valait encore moins cher que celle d'aujourd'hui. Les événements de Juillet venaient de la lancer à travers tous les écueils d'une mer d'utopies. L'effervescence générale l'emportait si loin que pour se dire et se montrer catholique il fallait être un héros véritable au milieu d'une société démontée qui croyait assister au naufrage décisif du trône et de l'autel.

Telle était la jeunesse contemporaine ; et, loin d'y faire exception, M. Letaille interrogé plus tard sur le souvenir ordinairement si vivace de sa Première Communion répondait lui-même : « Non, il ne m'en reste aucun, si ce ce n'est celui d'un congé ou d'une grande promenade aux Champs-Elysées ! »

Mis en relation avec les communautés religieuses de Paris pour la production, et l'écoulement de ces belles images qui sont aujourd'hui dans tous nos livres de piété, M. Letaille voyait fréquemment à la maison mère des Filles de Charité, rue du Bac, sœur Grandt, secrétaire générale de la Congrégation, lui demandant tantôt des conseils pour la construction de ses gravures, tantôt des paroles évangéliques pour les y encadrer avec plus de justesse et d'à-propos. Celle-ci, ancienne Supérieure de la maison de la Haye, femme éminente sous tous les rapports, en profitait pour rappeler discrètement l'ardent jeune homme au devoir et à Dieu. Digne émule de la sœur Rosalie, bien que moins célèbre parmi nous, cette cornette blanche finit par en imposer tellement à M. Letaille que le riche et brillant spéculateur des saintes images disait d'elle : « Je ne sais ce qui se passe en moi : mais quand je suis devant cette sœur je me sens tout transformé, je me tiens comme un petit garçon et je sors sage comme une image, moi-même !

Dans cette âme inculte, mais non pas hostile,

sœur Grandt pouvait facilement faire croître les plus belles fleurs et germer les plus saintes vertus. Elle était bien la digne fille de ce M. Vincent qui disait à ses premiers enfants : « Une fille de la Charité doit être un puits de Jacob au bord duquel toutes les âmes fatiguées auront le droit de boire et de se reposer. »

« Aimez-les ces âmes et soyez toujours prêtes à mourir pour leur donner la vie de Jésus-Christ. » Il avait proclamé lui-même qu'il leur assignait pour monastère les maisons des malades, pour cellule les chambres des pauvres, pour cloître les rues de la ville, pour grille la crainte de Dieu et pour voile la sainte modestie. « Jamais, dit M. de Melun, il ne fut mieux inspiré de Dieu que le jour où, frappé de toutes les privations imposées aux pauvres, il voulut leur donner en une seule personne, la piété et la ferveur de la religieuse, l'expérience du médecin, les soins de la garde-malade, l'affection de la mère, la patience éclairée de l'institutrice, l'humble dévouement de la servante, en créant pour eux la fille de Charité. »

A l'exemple de l'illustre général romain qui avait pris ces énergiques paroles pour devise : « *Des actes, pas de phrases* » Sœur

Grandt amena d'abord M. Letaille au confessionnal du Curé de Notre-Dame-des-Victoires, puis dans les mansardes des pauvres et enfin à la Conférence de Saint-Vincent de Paul.

Elle lui inspira un amour passionné pour Jésus-Christ et la Vierge sa mère, un grand mépris du monde et un zèle tout brûlant pour le salut des âmes les plus humbles et les plus délaissées. Aux leçons de pareilles écoles on est bientôt transfiguré.

Dès lors, la maison de M. Letaille devint un vrai patronage catholique. Il en ouvrait les portes aux jeunes gens chrétiens venus à Paris pour leurs études, leur donnant des chambres à côté de celles de ses employés, gagnant leurs cœurs pour mieux conquérir leurs âmes à Jésus-Christ. Non seulement Directeur, mais Excitateur et Règlementaire de cette Communauté domestique, il se faisait tout à tous.

Chaque matin, à six heures, c'était merveille de le voir et de l'entendre appeler ces jeunes gens, allumer leurs bougies, les recevoir au salon, s'agenouiller avec eux, leur donner l'exemple de la prière unie à l'oraison, laisser aller son âme aux plus suaves méditations, assigner l'emploi de la journée pour chacun et les conduire le soir en visite chez les pauvres ou chez la bonne Mère Notre-Dame des Victoires. Il parlait de Jésus, de Marie, de saint Vincent de Paul avec une telle foi, un tel amour et une telle ardeur qu'on restait suspendu à ses lèvres dans le ravissement de l'entendre.

On raconte que la Supérieure des Carmélites de l'avenue de Saxe avait coutume d'appeler au parloir toutes ses religieuses dès que la visite de M. Letaille était signalée. Là, derrière les doubles grilles et les noirs rideaux, immobiles, invisibles, silencieuses, toutes, elles tombaient à genoux et, tandis que M. Letaille parlait de l'abondance du cœur, elles restaient comme ravies en extase devant les accents émus de son ardente piété.

Après les pieux exercices de son Archiconfrérie, M. Desgenettes recevait chaque jour dans la sacristie de Notre-Dame-des-Victoires une multitude empressée de visiteurs et de solliciteurs. Il congédiait promptement les puissants et les mondains pour s'attarder avec les humbles et les petits. Toutes les prédilections de son cœur sacerdotal tombaient comme, celles du Divin Maître, sur les enfants et les adolescents.

Un matin de 1844 il se presse, plus que de coutume, avec toutes ces grandes dames et tous ces hauts personnages qui l'avait accueilli, et se trouve enfin seul à seul avec un jeune homme dont l'attitude modeste et réservée l'avait déjà frappé.

— Et vous, cher enfant, que désirez-vous de moi?

— M. le curé, je suis un de vos compatriotes, et je viens avec ces lettres de Mme la marquise de Perrochel et de mon oncle l'abbé Foucher, curé de Champfleur, solliciter votre appui et vos conseils pour terminer mes études et choisir une carrière à Paris. » Ce jeune homme s'appelait M. Louis Roussel.

« Il est né en 1825, dit M. Maxime du Camp, dans le département de la Sarthe, à Saint-Paterne, mince bourgade, où Henri IV séjourna jadis. A portée d'horizon, verdoie la forêt de Perseigne, que fréquentent les loups, et dans laquelle j'ai vu il y a cinquante ans, des bandes de bûcherons, de charbonniers et de sabotiers vivre comme des nomades, tribus sylvestres qui dormaient sur la mousse, et dont les huttes me faisaient envie. La nature y a des soubresauts:

là, sèche, plate, dure ; ailleurs, à quelques
enjambées plus loin, humide, délicate et
frissonnante de feuillées. Au long de la
Sarthe, à Saint-Léonard-des-Bois, à Fresnay-
le-Vicomte, il y a des paysages charmants,
« faits pour le plaisir des yeux » comme
l'on disait au siècle dernier. Le soir, dans
la plaine, l'odeur des chanvres monte comme
un parfum enivrant. La race est forte, ergo-
teuse, méfiante, d'opinions profondes et parfois passionnées ; elle a fourni plus d'une
recrue aux chouans qui tenaient la campagne
et faisaient la chasse aux bleus.

« La femme tisse la toile et rêve ; l'homme
penché vers la terre, laboure et cache, dans
le sillon, un fusil de braconnier. Là, le pay-
san est lent à se mouvoir, mais lorsqu'il a
reçu l'impulsion et qu'il s'est mis en marche,
rien ne l'arrête. »

Comme le Sauveur aimant le jeune homme
de l'évangile, dès qu'il l'aperçut, le cœur
de M. Desgenettes fut aussitôt gagné. Son
protégé avait d'ailleurs toutes les qualités
du terroir, la taille élancée, l'œil vif, un
entrain rayonnant, et par dessus tout, cette
foi vive et tenace qui est la compagne inséparable d'une solide piété.

« C'est fort bien, dit le vénérable pasteur, j'ai votre affaire. M. Letaille vous recevra de ma part et vous serez chez lui comme chez votre père... Mais non... c'est moi qui veux être le vôtre à Paris... et je vous donnerai de plus Notre-Dame-des-Victoires pour mère. »

Ravi d'obliger le digne et vénérable Curé, heureux de faire une si bonne recrue pour son bataillon sacré, M. Letaille accueillit M. Roussel à bras et cœur largement ouverts. Il en fit son ami, son confident, son compagnon et complice dans les œuvres de charité, que la conférence lui suggérait de plus en plus nombreuses et pressantes. Ensemble ils dévalisaient, après les travaux de chaque jour, les armoires de Mme Letaille, pour aller chaque nuit, s'asseoir aux chevets désolés des pauvres, des infirmes, des paralytiques, des abandonnés. Tobie ne fut pas mieux initié par Raphaël dans les voies du Seigneur, que cet adolescent par ce maître, dans celles de la charité.

Les jours de fête, de repos et de liesse chrétienne se passaient très régulièrement à Notre-Dame-des-Victoires sur le cœur de M. Desgenettes. Puisque nous venons de nommer Tobie, il est juste de rappeler ici que M. Letaille avait grand soin d'initier et de former de ses mains délicates, tous ces jeunes chrétiens à l'accomplissement d'une œuvre de charité, qui, pour tendre à disparaître de nos mœurs, n'en est pas moins l'une des plus méritoires des œuvres extérieures de miséricorde : la sépulture des morts.

Chaque jour M. Letaille et des jeunes amis remplissaient ces austères devoirs avec le plus pieux empressement. Lorsque, mis en présence de certaines hideurs plus repoussantes que les autres, ils paraissaient défaillir, comme saint Yves, le grand Breton, le maître se chargeait seul de coudre les cadavres dans leurs linceuils, en déchirant les fils avec ses dents !

A la même époque, le sanctuaire de Notre-Dame-des-Victoires devint le berceau, comme le centre d'une œuvre nouvelle qui, répandue aujourd'hui sur toute la terre, produit les plus merveilleux fruits de salutaires bénédictions. Dès 1840, quelques âmes d'élite avaient eu la pensée d'organiser, à Paris, l'Adoration Perpétuelle du Très-Saint Sacrement, afin, disaient-elles, *que Notre Seigneur soit ici-bas l'objet de nos incessantes adorations, comme il l'est déjà dans le ciel pour les anges, et comme il le sera dans l'éternité pour les élus.* En pratique, l'œuvre présentait de sérieuses difficultés pour être réalisée dans une ville comme Paris. Dès 1848 (1), quelques saintes femmes s'étaient associées pour réaliser l'adoration nocturne dans leurs maisons. Malgré de nombreux obstacles, elles prirent le titre de zélatrices, et justifièrent bientôt ce nom en trouvant chacune un nombre d'adorateurs suffisant pour remplir successivement les douze heures de la nuit. Au bout de six mois, la nouvelle association comptait trois cents membres.

Le 29 janvier, Mgr de La Bouillerie, qui dès le début s'était complètement dévoué à la grande œuvre de l'Adoration du Saint-Sacrement, présida la première réunion de l'Adoration, à Saint-Louis-d'Antin. Sa parole enflamma tous les cœurs. On se promit de travailler sans relâche à la propagation d'une œuvre qui procurerait des adorateurs à Jésus-Christ. Depuis cette époque, il y a

---

(1) *Charité à Paris*, Gouraud, p. 261.

chaque mois une réunion de tous les associés. Le plus grand nombre de ces personnes
dévouées ne sont pas, comme on pourrait
le croire, riches ou aisées; la plupart des
adoratrices sont des ouvrières et des domestiques. Tandis que quelques femmes ado-
raient Notre-Seigneur dans leurs maisons,
plusieurs jeunes gens obtenaient la permission
de le faire au pied du tabernacle. Parmi
eux, Dieu se choisit un nouveau Paul converti sur le chemin de Damas; il le conduisit jusqu'au Carmel, d'où il ne descendit
que pour aller raconter à ses frères les
merveilles de Jésus-Eucharistie; et, quand
les yeux et la voix remplis de pleurs, on
l'entendit chanter dans toutes les églises de
de France son sublime cantique :

> Ils ne sont plus les jours de larmes !
> J'ai retrouvé la paix du cœur,
> Depuis que j'ai trouvé les charmes
> Des tabernacles du Seigneur !

il attira devant les autels les foules age-
nouillées de fidèles adorateurs.

Nous avons été le témoin ému des suprêmes
ardeurs de cette âme eucharistique, quand elle
vint exhaler à Spandau en 1870, ses der-

nières énergies avec ses derniers accents
pour le salut des âmes. Martyr de l'armée
française et victime de Jésus-Hostie, il s'écriait
allongé sur son lit d'agonie, en lui tendant
les bras pour en faire son viatique :

« Ah! le voici mon ami! Mon unique et
dernier ami. »

A Paris, M. Letaille et M. Roussel eurent
l'honneur et le bonheur de faire partie, dès
la première nuit, de cette grande œuvre de
l'adoration perpétuelle du Très-Saint-Sacrement, fondée par l'infatigable zèle de ce
grand apôtre juif converti comme Paul sur
le chemin de Damas, qui fut Hermann Cohen,
devenu carme déchaussé, sous l'humble nom
de Père Augustin du Très-Saint-Sacrement.

Cette nuit d'adoration passée à Notre-Dame
des Victoires et présidée aussi par Mgr de
La Bouillerie ne fut pour ces privilégiés
qu'un céleste ravissement. Ils étaient douze
ayant chacun deux heures à passer devant
Jésus-Hostie.

Aujourd'hui ce n'est plus une nuit par
mois qui est consacrée à Notre Seigneur dans
le Sacrement de son amour, ni douze
membres seulement, mais tous les jours et
toutes les nuits de l'année sont employés à

Paris à cette œuvre d'expiation, et plus de quatre mille hommes de toutes les conditions y prennent part avec empressement. En France, comme dans l'univers catholique, l'Adoration nocturne s'est propagée avec une rapidité et une ferveur qui tiennent du miracle.

L'Œuvre de la première Communion, fondée depuis à Auteuil, ne fut en réalité qu'une étincelle de ce feu sacré porté par Jésus-Christ sur la terre qui semblait se rallumer alors au sanctuaire béni de Notre-Dame des Victoires.

En cette nuit plus radieuse que le soleil, réjouissez-vous, ô Reine du Divin Amour! La féconde rosée de vos grâces ne tombe pas sur une terre ingrate! De ce foyer qui est tout lumière et charité vont jaillir des rayons capables de réchauffer et de rendre à la vie les plus chétifs et les plus délaissés des enfants du Christ!

Celui qui sait tout faire concourir à l'accomplissement de ses secrets desseins, commence par frapper du sceau de l'épreuve, ceux qu'il destine à ses œuvres de prédilection. Tout pénétré des grands exemples de vertu qu'il a chaque jour sous les yeux, M. Roussel éprouve depuis longtemps le

plus irrésistible attrait de se consacrer entièrement au service de Dieu et des âmes en
recevant le sacerdoce.

Il allait s'en ouvrir à ses protecteurs et à
ses amis quand la maladie vint inopinément
l'allonger sur un lit d'hôpital. C'était là que
le doigt de Dieu l'attendait pour lui en
ouvrir les voies.

Étendu sur sa couche de douleurs, avec
la même simplicité que dans son village,
M. Roussel continue à faire publiquement
ses fervents exercices de piété. A cette
époque, on ne parlait pas encore de laïciser
les hôpitaux, mais l'impiété ne respectait
pas plus qu'aujourd'hui la liberté de conscience.
Quand certains malades virent ce jeune homme
faire le signe de la Croix, réciter son chapelet et se tourner en adoration vers le
Saint Autel de la Chapelle, ce fut une explosion de rires, de moqueries, de quolibets et
d'injures.

Ce flot de ricanements et de sarcasmes
attire l'attention de la sœur chargée de la
salle. Elle accourt et rétablit l'ordre. Depuis
ce moment, elle s'intéresse plus vivement
à son malade. Elle le fait parler. Elle apprend
son désir d'entrer au Séminaire. Elle en

informe M. Letaille et M. Desgenettes. Elle sait si bien faire que, bientôt après sa sortie de l'hôpital, son malade est admis à Saint-Nicolas du Chardonnet.

Il s'y trouvait encore pendant les tristes journées de juin 1848. On le vit, de sa propre initiative, aller jusque sous le feu des barricades ramasser à travers les rues, des soldats blessés, et sur ses tremblantes épaules les porter au Séminaire qu'il transformait ainsi en ambulance.

En 1849, il entrait à Saint-Sulpice; et, cinq ans plus tard, après avoir passé par des épreuves qui rappellent celles qu'avait déja subies le curé d'Ars, il eut le bonheur d'y être ordonné prêtre par Mgr Sibour.

Fénelon mourant écrivait à Louis XIV en lui recommandant la maison et la société de Saint-Sulpice (1). « Sire, on ne peut rien trouver de plus vénérable, de plus apostolique et de plus maternel dans votre royaume. » Toutes les sacerdotales tribus qui ont été formées depuis deux siècles dans ce cénacle français que le Pape Léon XIII appelait naguères

_____
(1) Cambrai, 6 janvier 1715.

lui-même une école de vertus et de piété (1)
savent, et confirment ces magistrales paroles.
Loin d'être comme on a cru pouvoir le dire,
la pépinière des Évêques de France, Saint-
Sulpice mérite d'être appelé bien plutôt, la
pépinière de ces prêtres modestes, zélés,
pieux, doctes, et pardessus tout, ardemment
dévoués aux intérêts de l'Église comme de
la patrie.

A ces deux causes les plus saintes et les
plus nobles d'ici bas, chacune de ses générations lévitiques donne des légions de serviteurs toujours soucieux de sacrifices et
d'abnégations pour elles, et, parfois vaillants
jusqu'à l'héroïsme du martyre. Chacune voit
éclore dans son berceau sacré des inspirations salutaires, des idées fécondes, des
œuvres sublimes dont l'efficace vitalité répand
au loin la vertu de Jésus-Christ pour mieux
attirer à lui les âmes qui s'en éloignent
d'avantage. Tantôt ce sont les internats chrétiens, tantôt les universités catholiques, tantôt
les œuvres ouvrières, tantôt celles des prêtres
du Très-Saint-Sacrement ou des frères de
Saint-Vincent de Paul.

(1) Bref du 10 Juillet 1886, à M. Icard.

L'Abbé Roussel s'y trouvait au moment où M. Leprévost fondateur de cette dernière, et M. Planchat son illustre martyr, y élaboraient ensemble le projet d'une Société dont chaque membre, s'engagerait par serment, à consacrer toute leur vie aux pauvres enfants de la classe ouvrière. Malgré les sollicitations paternelles de M. Desgenettes qui le réclamait pour vicaire à Notre-Dame des Victoires, il n'hésita pas à s'engager dans leurs rangs pour faire ses premiers pas dans le champ des apostoliques labeurs. Les attraits intimes de la grâce ne le trompaient pas.

L'œuvre capitale de M. Leprévost, est celle des patronages d'apprentis. Premier vice-président général des Conférences de Saint-Vincent-de-Paul, et plus tard président de la Conférence de Paris qui essaima celle de la paroisse Saint-Sulpice, il avait acquis plus que personne l'expérience du peuple, et s'était convaincu de l'impérieuse nécessité qu'il y avait pour assurer son salut de fonder sans retard, des *œuvres ouvrières* à peu près inconnues en France jusqu'alors.

L'idée de faire diriger ces œuvres par une association de prêtres ne fut que le couronnement de cette première pensée. L'entre-

prise qui devait obtenir plus tard un si large
et fructueux succès fut essayée modestement
d'abord au Patronage de Grenelle. Nommé
aumônier de la maison, l'abbé Roussel donna
libre carrière à son infatigable activité. Il bâtit
une chapelle magnifique, trouva des ressources
abondantes, et par son désintéressement, son
affabilité, sa joyeuse humeur, gagna les cœurs
de tous les jeunes gens, qui accouraient en
foule se grouper autour de lui.

Ayant accepté en même temps l'aumônerie
de la caserne du Gros-Caillou, il attirait par
centaines, de jeunes et charmants soldats au
patronage, devenu pour eux une maison paternelle, en même temps qu'une école et une
véritable paroisse.

Il eut son école de caserne aussi remplie de
militaires que son patronage de Grenelle l'était
d'ouvriers. Il les conviait tous, parfois, aux plus
charmantes fêtes présidées par les notabilités
religieuses ou militaires de Paris. Le bienveillant concours des musiques régimentaires
donnait à ces réunions un éclat et un entrain
sans pareils : et les discours de ces orateurs
choisis, pénétraient jusqu'à la moelle, toutes
ces jeunes âmes, tantôt par leur éloquence
entraînante, tantôt par leur grave simplicité.

Ceux de Mgr Bourret, alors professeur de droit canonique à la Sorbonne, devenu depuis l'un des membres les plus éminents de l'épiscopat français par les talents et les services qu'il a déployés sur le siège de Rodez, sont encore légendaires à Grenelle. C'est un maître de la parole, autant que de la plume, alliant la doctrine à l'érudition, une rare fécondité d'esprit à la connaissance familière d'une langue qui, pour lui, n'a pas de secrets. Il ne s'en sert pas pour le vain étalage de faux brillants qui éblouissent, mais il s'attache à donner à l'expression de sa pensée cette vigueur à la fois simple, sobre et ferme qui, dans la parole comme dans l'homme, est le cachet de la pleine virilité.

A cet immense auditoire d'ouvriers, tout panaché de shakos et de képis, il avait le secret bien rare de faire les plus spirituelles conférences qui emportaient, à chaque instant, de véritables tempêtes d'applaudissements. Avec sa typique « *Histoire d'une pipe* » dont s'est inspiré sans doute plus tard l'un de nos plus dignes romanciers, esquissant toutes les péripéties de la vie sensuelle et antichrétienne, depuis l'enfant qui, sans en porter lui-même encore, se met à lui faire sa culotte jusqu'à l'ouvrier impie qui casse la sienne sans penser à ses devoirs et à son éternité, il exposait, sous leurs réelles couleurs, à ces esprits en haleine, toutes les scènes d'une existence qui n'est pas chrétienne et qui devrait l'être. — C'était le vrai genre, nous disait un vétéran des Œuvres à Paris, et nous ne l'avons plus retrouvé depuis le départ de Mᵍʳ Bourret pour votre lointaine Rouergue.

Plus illustre encore par ses vertus et sa charité que par sa pourpre romaine, le grand Cardinal Morlot, qui s'était habitué à raccommoder en secret ses habits pour verser de plus larges aumônes dans le sein des pauvres, entoura d'une affection paternelle cet essai naissant de la véritable rénovation sociale et religieuse de notre pays.

Peu de temps avant sa mort, tout brisé déjà par le poids des ans et des responsabilités accumulées sur ses épaules, il voulut porter lui-même à Grenelle dix mille francs pour l'humble chapelle du patronage, devenue un si puissant et si ardent foyer de grâces et de bénédictions célestes.

Mais la misère humaine est comme le puits de l'abîme. Elle apparaît plus large et plus profonde à mesure qu'on la scrute davantage.

MGR. D'HULST.

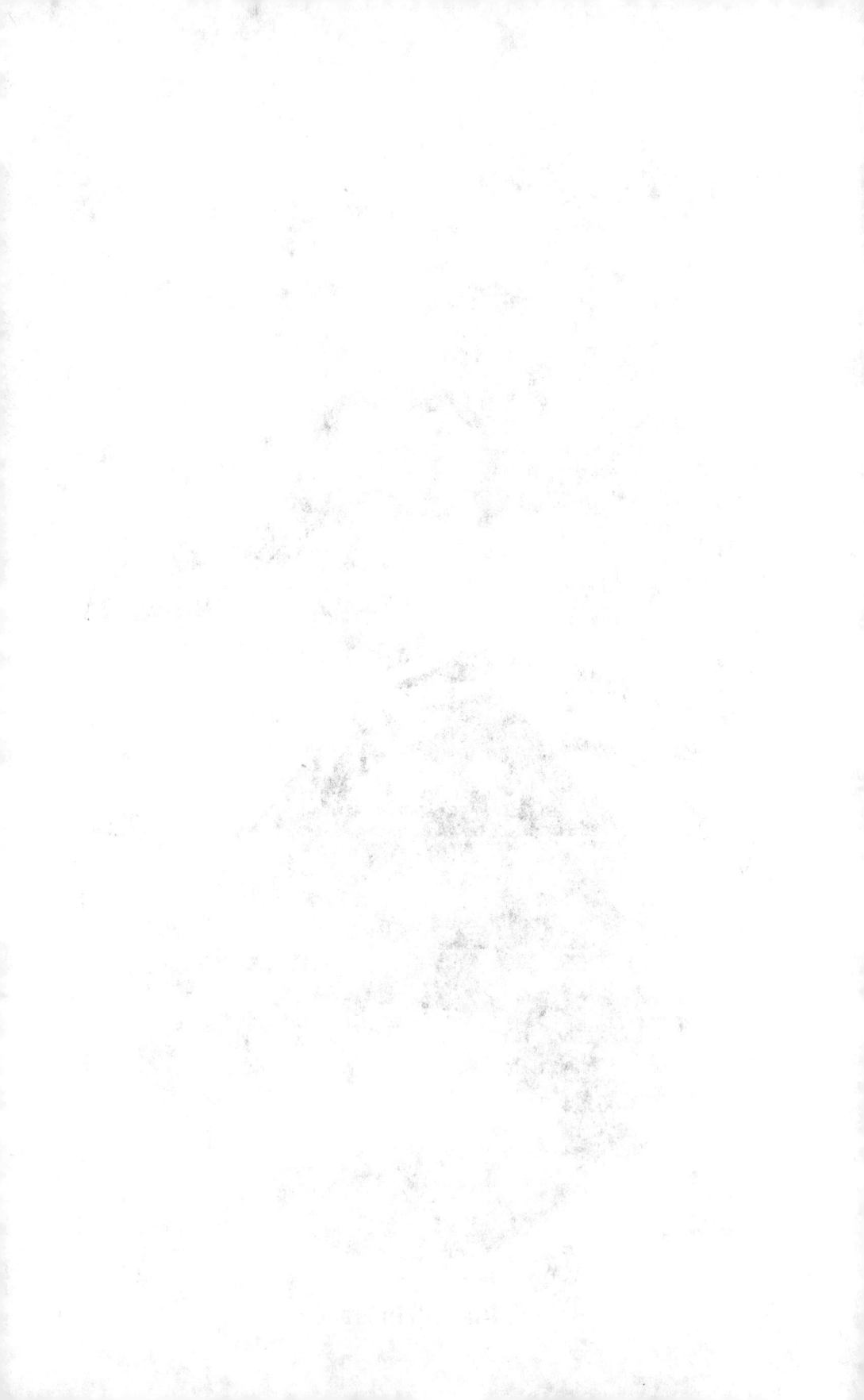

Les grands ouvriers de Grenelle avaient de
petits frères. Parfois ils les amenaient avec
eux au patronage. Plus souvent encore l'aumônier les rencontrait dans ses courses apostoliques à travers le quartier. En foule ils
accouraient souvent à lui. On aura beau faire
et beau dire, les petits enfants aimeront toujours le prêtre de Jésus-Christ, comme les
nourrissons le lait, les vieillards le repos, et
les affligés l'ange de consolation que leur
envoie le ciel. Durant quelques années, il en
recueillit bon nombre çà et là, n'ayant d'autre
but ni d'autre pensée que de leur procurer les
bienfaits de Dieu et de la Religion. Et dans
quel état les trouvait-il !

Paris qui fut toujours la capitale des plaisirs,
est aussi la capitale de la misère. On l'y
rencontre sous toutes les formes. Mais il n'y
a pas de spectacle plus attristant que celui des
enfants abandonnés, de ces « gamins » de
douze à quinze ans, déguenillés, paresseux et
menteurs qu'on voit chaque jour, plus nombreux, errer dans ses rues et sur ses places
publiques.

Interrogez-les ; s'ils consentent à vous répondre, vous reconnaîtrez que vous avez
devant vous de véritables petits fauves. Ils

ne connaissent de la vie naturelle que les
douleurs et les peines. Dès le berceau, ils
ont senti peser sur leur existence le lourd
poids de la misère. Selon toute probabilité,
ils le porteront jusqu'au tombeau. De la vie
morale ils ne savent absolument rien que le
mal. Ils sont fourbes et astucieux comme
le sauvage. Ils ont, comme lui, la haine
du travail et de la règle ; ils connaissent
des raffinements de corruption qu'on ignore.

Cette perversité précoce est-elle coupable ?
On n'oserait l'affirmer, la conscience chez
eux n'existant qu'à peine. Elle ressemble au
membre atrophié qui reste faible et petit, pendant que le corps entier croît et se fortifie.

Ils n'ont jamais entendu parler de Dieu.
La croix n'éveille en eux aucune idée sur-
naturelle. Ils ne connaissent le prêtre que
par les injures dont ils l'ont vu accabler et
par les aumônes qu'ils en ont reçues. L'âme,
le paradis, l'enfer sont pour eux des mots
vides de sens. Ils ignorent le chemin de
l'Église comme celui de l'École. Beaucoup
ne sont pas même baptisés.

Ce spectacle avait déjà ému bien des
cœurs chrétiens, mais quel remède opposer
à un tel mal ?

L'aumônier de Grenelle se dit : « Ces enfants n'ont ni père pour les nourrir, ni mère pour les aimer ; je serai leur père et leur mère ! Ils n'ont point de foyer, je leur donnerai le mien ! Ils ignorent les fortifiantes vérités de la religion, je les leur enseignerai ! Ils ne se sont jamais approchés de la Table Sainte ; je les y conduirai ! De ces malheureux destinés probablement à la prison et sûrement à la misère, je ferai de bons ouvriers et de bons chrétiens ! Ils seront les conquêtes de Dieu et de la vertu. »

Un fait accidentel détermine le plus souvent la vocation des hommes de bienfaisance. Un jour, par hasard, ils rencontrent une brebis malade : ils l'emportent, la réchauffent et la nourrissent ; puis une autre vient se joindre à elle, et bientôt le troupeau est si nombreux qu'il faut bâtir la bergerie. Ce fut à la fin de l'hiver 1865 que l'abbé passant dans une des plus misérables rues de Grenelle, aperçut un enfant d'une douzaine d'années qui fouillait dans un tas d'ordures.

— Que fais-tu là ? lui demanda-t-il.

— Je cherche de quoi manger !

Le prêtre fut tout ému ; il continua ses interrogations, et constata que le petit mal-

heureux était aussi pauvre du côté de l'âme
que du côté du corps; il ne savait ni lire,
ni écrire, il n'avait pas fait sa première
Communion!

Et celui dont l'âge n'aurait dû connaître
que les rires, pleurait à chaudes larmes devant
le prêtre tout attendri! Celui-ci comme frappé
d'une soudaine inspiration d'en haut ! « Dieu
le veut et c'est décidé, fit-il: Je fonderai
une maison spéciale pour la première Communion de ces pauvres petits. »

Dès lors il fut travaillé sans relâche par
une invincible impulsion de se consacrer à
ces enfants qui pullulaient dans ces carrefours perdus. Il résolut de les arracher aux
entraînements du mal dont ils devenaient
la fatale proie et de leur faire connaître,
aimer et servir ce Dieu dont personne ne
leur parlait. Tour à tour il entassa les
petits vagabonds dans sa pauvre cellule
du patronage de Grenelle transformée en
dortoir. A deux siècles de distance on croirait
assister aux débuts de saint Vincent de Paul.

Un soir de 1638, au retour d'une de ses
missions, il trouve sous les murs de Paris
un mendiant occupé à déformer les membres
d'un pauvre petit enfant qui devait servir

ensuite à exciter la compassion parisienne.

— Barbare, s'écrie-t-il, vous m'avez trompé; de loin je vous ai pris pour un homme!

Il prend la victime, et il emporte dans ses bras avec le chétif supplicié, l'œuvre admirable des Enfants Trouvés.

Celle-ci se recrute des petits ramassés au coin de la rue. Il en fallait une autre pour les pêcher dans le ruisseau!

L'œuvre nouvelle prendra cette âme dans le bourbier pour la rapprocher du sanctuaire, et la mettre en contact avec son créateur, la forcera d'être chrétienne par quelque endroit, restera comme un point lumineux dans cette nuit, retiendra cet enfant sur la pente fatale, pour l'empêcher de devenir un petit païen, un gibier de police correctionnelle et de maison Centrale, un héros de barricades et d'émeutes, un insulteur d'uniformes et de soutanes, un massacreur d'otages, un allumeur de pétrole, un fauve, une brute, bien plus dangereux en pleine civilisation que dans les forêts et les déserts! Pour l'enfant du pauvre et surtout pour l'orphelin, l'Œuvre de la première Communion est le tout ou rien le *to be or not to be*. S'il entre dans sa vie de travail, ou de grève sans avoir touché à cette table sainte où se réalise l'égalité évangélique, sans avoir pris sa part de ce pain de munition des combats de l'âme, sans pouvoir se dire qu'il fut un jour dans son passé où il posséda en lui-même quelque chose de meilleur que lui, sans être protégé par un souvenir du Sacrement de salut, tout est perdu même l'honneur ! Regardez son visage, demandez-lui son nom. Ce visage, vous le reconnaîtrez au jour de ces révolutions, qui finiront par réduire à néant notre malheureuse France ! Ce nom, vous le retrouverez plus tard sur une liste de factieux, d'incendiaires, de communards, de scélérats, ou de proscrits ! Voilà ce que peut conjurer une première Communion bien préparée et bien faite !

Mgr Darboy venait de succéder à Mgr Morlot. Avant de se consacrer entièrement à l'œuvre projetée, pour mettre la main à sa fondation, il était convenable, et même nécessaire d'obtenir la haute approbation de Sa Grandeur. L'abbé Roussel lui soumit ses humbles projets dans un mémoire explicatif :

« Des hommes généreux et charitables, persuadés que l'avenir de la société dépend de la première éducation de l'enfance, ont tout sacrifié pour soustraire aux funestes conséquences du mauvais

exemple, toutes les catégories d'enfants les plus délaissées. Ainsi le pays s'est doté d'un grand nombre
d'établissements de bienfaisance destinés à répondre
aux besoins des différents âges.

« Il restait une lacune bien regrettable à combler.
Personne n'avait songé, jusqu'à ce jour, à ces enfants ou adultes de 12 à 20 ans, si nombreux à Paris
et dans les environs, échappant à l'action des paroisses, sans faire la première Communion. Il en est
qui ne sont pas baptisés. On les rencontre vagabon-
dant et errant sur les places publiques, déguenillés,
insolents et querelleurs. C'est ce qui arrive trop souvent aux enfants d'ouvriers, quand la famille est
nombreuse ou que les parents viennent à mourir.

« A l'heure du mariage ces jeunes hommes refusent
de paraître à l'Église, dans la crainte qu'on les oblige
de faire leur première Communion.

« On conçoit ce que deviennent alors ces jeunes
gens. Plusieurs descendent jusqu'au crime et occupent de leurs tristes exploits les annales des Cours
d'assises. Nous venons d'en avoir un bien triste
exemple dans cette horrible affaire du pénitencier de
l'île du Levant. Ce qui s'est passé là, est exceptionnel
assurément ; ce qui ne l'est pas, c'est l'état de perver-
sion précoce où descendraient les générations que
n'éclaire pas et ne refrène pas la religion. Ceux qui
ne tombent pas ainsi dans le crime, deviennent
presque toujours des mauvais sujets de la pire
espèce, un fléau pour l'Église, pour la famille et pour
la société. C'est à cette grande misère que nous vou-
drions apporter remède en recueillant ces enfants

dans une maison spéciale pour leur procurer l'instruction, et l'éducation chrétienne. »

Il était digne de cet archevêque de Paris, qui, en les bénissant, allait tomber martyr cinq ans plus tard sous les coups des insurgés parisiens, de bénir aussi cette œuvre naissante fondée en faveur de leurs plus malheureux enfants. En l'approuvant d'abord verbalement, il se doutait peut-être qu'il ouvrait un maternel et suprême asile aux fils de ses futurs bourreaux, et murmurait tout bas ces paroles du divin Crucifié : « Père, pardonnez leur!... Ils ne savent pas ce qu'ils font... mais, du moins, je ne laisserai pas leurs enfants orphelins! »

Le 3 mars 1866, Mgr Surat invitait M. Roussel à se rendre chez l'archevêque de Paris qui lui disait aussitôt : « Votre œuvre est bonne, très bonne. Non seulement je l'approuve, mais je veux encore être son premier bienfaiteur. Voici deux mille francs pour les premiers frais. Commencez dès demain, Dieu fera certainement le reste. — Monseigneur, nous serons installés dans une pauvre petite maison d'Auteuil dans quinze jours, à la fête de saint Joseph, le père des orphelins. »

— Et qui les haranguera, ces chers petits-vau-
riens, au jour de leur première Communion ? »

— M. Cathelin, curé d'Auteuil, m'a promis
son paternel concours.

— C'est fort bien... Plus tard je viendrai
le faire moi-même.

Le petit troupeau, composé de six adolescents, de quinze à seize ans, ignorant tout,
même le signe de la Croix, était en effet
réuni, dans un autre Bethléem trouvé à
Auteuil, quand l'approbation officielle fut
envoyée au fondateur par M. Lagarde,
grand vicaire de Paris, avec la lettre suivante :

Archevêché de Paris, 1 juillet 1866.

Cher Ami.

Mgr l'Archevêque a lu avec une entière satisfaction
la lettre que vous m'aviez prié de lui remettre, ainsi
que les divers documents qui en étaient l'appendice.

Sa Grand... a bien voulu me charger expressément
d... vous assurer qu'elle encourageait et bénissait
votre Œuvre qui ne peut manquer de prospérer,
tant qu'elle sera conduite avec la prudence et la
sagesse qui ont présidé juqu'ici à sa direction. Je
serai heureux d'aller bientôt vous visiter au nom
du premier pasteur du diocèse, et m'édifier par moi-
même du bien qui se fait dans votre petite maison.

E. G. LAGARDE,
Vicaire général.

Les rentrées suivantes s'accrurent encore. De ces modestes chiffres de 6, 8, 14, 20 enfants, on arrive aujourd'hui à 400 par an ! Les critiques ne manquèrent pas ; et ce furent comme toujours, ceux que l'esprit de foi et de charité aurait dû gagner les premiers aux intérêts d'une si belle œuvre.

Ils disaient : « Comment un tel homme, sans ressources, sans fortune, sans protecteur, sans aucune des qualités requises pour mener à bonne fin une grande entreprise, ose-t-il se lancer dans la réalisation d'une si folle utopie ? Son échec est certain. » Ils ignoraient ces fins Aristarques le piquant proverbe oriental : « On ne doit pas plus juger l'homme que l'insecte par sa parure ; la mouche à miel brille moins que le papillon. » Ils savaient moins encore l'unique qualité que Dieu demande aux fondateurs de ses œuvres privilégiées.

Un vrai maître en la matière l'a bien dit (1) :

Les hommes qu'il se choisit pour elles doivent avant tout être des âmes de foi. Si leurs vues sont terrestres et leurs pensées seulement humaines, elles ne deviendront

_____

(1) *Les Œuvres*, p. 37.

jamais des leviers assez forts pour soulever le monde et transporter les montagnes. Si, au contraire, faibles et chétifs instruments dont se raillent les hommes, n'ayant pour eux que charité, et mépris pour elles-mêmes, n'estimant que la gloire de Dieu et le salut du prochain, elles agissent par des motifs vraiment surnaturels, alors! on les voit, ignorantes, confondre les savants ; pauvres, distribuer des millions en aumônes; malades et infirmes de corps ou faibles de cœur et d'esprit, opérer des guérisons et des conversions qui tiennent du prodige; commencer, poursuivre et achever des entreprises dont se reconnaissent incapables des gens à qui est accordé toute la plénitude de la force, de l'intelligence et du talent. Il en est ainsi parce qu'une âme de foi, c'est dans la main de Dieu le plus souple et le plus docile de tous les instruments. Avec elle et par elle, Dieu fait tout ce qu'il veut. » Une fois de plus il allait prouver qu'il y a des folies qui sont la vraie sagesse, parce qu'elles descendent en droite ligne de la sublime folie de la Croix.

Auteuil semblait être le berceau vraiment prédestiné par la Providence pour devenir celui de l'œuvre de la première Communion

et des Apprentis-Orphelins. « Sur le charmant
côteau qui longe les bords de la Seine,
disent ses historiens (1), depuis Paris jusqu'à
Saint-Cloud, s'étage Auteuil l'un des plus riants
quartiers de la capitale compris entre le Point-
du-Jour et Passy. Tour à tour collège des Drui-
des qui avaient bâti leurs autels sur la partie la
plus élevée de la forêt voisine dite du Rouvret
ou Bois de Boulogne, fief des Abbés du Bec,
prébende des chanoines de Sainte-Geneviève
et domaine national en 1793, le petit village restait jusqu'en 1860 l'un des plus solitaires de Paris. Il devint à cette époque
l'un de ses plus gracieux faubourgs par
l'application du système de larges rues et de
grands boulevards si promptement et si habilement exécutés de nos jours. Une terre si riche
de jardins, de vignes, de prairies et de
bosquets, devait être naturellement le rendez-
vous central des institutions bienfaisantes
ou charitables de la capitale. Elles s'y grou-
pèrent en grand nombre et les maisons de
Sainte-Périne et Chardon-Lagache, les couvents
de l'Assomption et des Pères de la Miséricorde,
les pensions, les collèges et les écoles normales

(1) *Histoire d'Auteuil* par Mᵐᵉ de Feuardent. P. 4, 6, 10.

vinrent s'installer bientôt dans ses sites les plus coquets.

Auteuil n'est pas moins fertile en précieux souvenirs du vieux temps. Ici se trouvait la demeure du terrible chancelier d'Aguesseau. Au temps des fameux prodiges du diacre Pâris, il y forgeait ses boucliers jansénistes contre la bulle *Unigenitus*. Là, celle du bon La Fontaine, cette fleur des Gaules qui dans l'arrière saison semble avoir recueilli tous les parfums du sol natal. Plus loin, celles de Racine, de Boileau et de Molière où furent créés leurs immortels chefs-d'œuvre et qui virent parfois leurs si piquantes comédies intimes.

Voisines étaient les demeures de Mme Récamier et de M. de Genoude si souvent hantées par Chateaubriand, Lamartine et toute la pléiade des grands hommes de la Restauration. A la mort de leur mère, le grand poète y composa pour les enfants de ce dernier, ces vers touchants qui semblent écrits pour les futurs orphelins d'Auteuil.

Pauvres petits enfants, qui demandez sans cesse
A votre père en deuil, ce que c'est que la mort,
Et pourquoi vos berceaux s'éveillent sans caresse
Et quand donc finira le sommeil qu'on y dort.

Taisez-vous! grandissez! vous n'aurez plus qu'en
[songe
Ces baisers sur le front, ces doigts dans vos cheveux ;
Ce nid sur deux genoux où votre col se plonge,
Ce cœur sur votre cœur et ces yeux dans vos yeux !

Vous n'aurez qu'une vague et lointaine mémoire
De tout ce qu'au matin la vie a de plus doux ;
Et l'amour maternel ne sera qu'une histoire
Qu'un père vous dira seul en pleurant sur vous !

Tout meurt. Tout peut mourir. Toute chose est mor-
[telle ;
Mais l'amour d'une mère est vainqueur du trépas
Et lorsque de doux fruits demeurent après elle
Son âme est dans les cieux et son cœur ici-bas.

A quelques pas se trouvait une habitation plus modeste, mais non moins riche en souvenirs, celle de Mme Helvétius, que les grands esprits de XVIIIe siècle avaient appelée « l'Égérie d'Auteuil. » Durant l'affreux hiver de 1789, elle y nourrissait de ses mains délicates des foules de petits orphelins et de petits moineaux transis par le froid, en répétant les admirables accents du poète d'Athalie composés en ces lieux :

« Aux petits des oiseaux il donne la pâture
« Et sa bonté s'étend sur toute la nature.
« Chaque jour je l'invoque, et d'un soin paternel
« Il me nourrit des dons offerts sur son autel.

Près du jardin de Boileau subsiste encore le *château invisible* ainsi appelé parce qu'on ne peut l'apercevoir d'aucun côté, bien qu'il jouisse d'un vue très étendue, étant caché dans un replis de terrain et perdu dans un bouquet somptueux d'arbres, de folles verdures et de fleurs. Notre illustre tragique Alexandre Soumet en goûta longtemps les charmes. Il y composa sa touchante élégie qui ne pâlit pas à côté des vers de Lamartine et de Racine.

LA PAUVRE FILLE.

Ah! pourquoi n'ai-je pas de mère?
Pourquoi ne suis-je pas semblable au jeune oiseau
Dont le nid se balance aux branches de l'ormeau?

Rien ne m'appartient sur la terre !
Je n'eus pas même de berceau !
Et je suis un enfant trouvé sur une pierre
Devant l'Église du hameau !

Loin des bras qui m'ont repoussée,
J'ai pleuré quatorze printemps ;
Reviens ma mère ! je t'attends
Sur la pierre où tu m'as laissée !

La rue La Fontaine située dans les bas-fonds et sur un sol argileux était alors ordinairement impraticable. Les eaux des sources voisines la transformaient en un véritable cloa-

que. Pour remédier à cet inconvénient, on avait
pratiqué des deux côtés, au pied des nombreux
saules qui la bordaient, des rigoles où les
eaux s'écoulaient tant bien que mal et allaient
se répandre ensuite dans les terrains servant
à la vaine pâture des animaux du village.

« Ces terrains étaient fréquemment envahis
par les débordements du fleuve, il fallait
alors attendre leur desséchement, pour y
faire paître les troupeaux de vaches laitières.
La mère Champagne fut la dernière bergère
chargée du soin de les conduire dans ces
prés fleuris qu'arrose la Seine. Chaque matin
elle faisait retentir les rues du village des
sons bruyants de son cornet à bouquin à la
grande satisfaction de ses pensionnaires qui
trépignaient et beuglaient d'aise en attendant
que les portes de leurs étables fussent
ouvertes. Chaque animal était désigné sous
le nom de son propriétaire et des *hue!*
Pralines; hue! Clérissole! etc., venaient activer
la marche des retardataires. »

A cette époque il y avait encore à Auteuil,
dit M. Maxime du Camp, des parcs, des jardins,
de véritables châteaux, des maisonnettes, des
prairies où paissaient les bestiaux ; des champs
où travaillaient les moissonneurs; des chau-

mières de paysans, des rues non pavées,
des sentiers circulant à travers les herbes et
les guinguettes, où le dimanche on dansait
sous les grands arbres. Les fortifications
ont englobé le village et l'ont soudé à
Paris, dont il forme aujourd'hui le soixante
et unième quartier. Encore un peu, et ce qui
reste des ombrages d'autrefois aura disparu :
le moellon a pris possession des vieilles allées,
l'ardoise a remplacé la cime fleurie des acacias ; où le crin-crin des ménétriers a grincé,
il y a des magasins de confection pour
dames, et dans les clos que labourait la
charrue, on a élevé des établissements hydro-
thérapiques qui, parfois, servent de prison
d'État.

L'Abbé Roussel apprit qu'une villa abandonnée était à vendre, 40, rue La Fontaine,
à Auteuil. Une villa, voilà bien le langage
emphatique du Parisien, qui ne peut plus
désigner les choses par leur nom, qui appelle
les portiers des concierges, les rhumes des bron-
chites et le mérinos du cachemire ! La villa
était une masure, je pourrais aussi bien dire
une baraque située au bout d'une allée de
vieux peupliers, au milieu d'un terrain que
les chardons, les chicorées sauvages et la

folle avoine avaient envahi. A la rigueur, on
pouvait loger dans la maison, à la condition
d'y être mouillé, les jours de pluie, de remplacer par un papier les vitres absentes, et
de dormir avec les portes ouvertes, parce
que les portes ne fermaient pas. L'Abbé
marchait au milieu des hautes herbes, faisait
le tour de la maison, la jaugeait du regard,
la réparait, l'agrandissait, la meublait par
l'imagination. « Il faut l'avoir et je l'aurai ! »

Le 3 mars 1866, l'Abbé Roussel visita
pour la première fois cette masure-baraque
dont il voulait faire sa maison. A l'extrémité
d'une petite allée de peupliers, ébranchés ou
pourris, elle était solitaire, délabrée, ruinée,
ouverte à tous les vents, et si abandonnée
que le propriétaire et les rats eux-mêmes
dédaignaient de l'habiter. Sept étroites
chambrettes formaient tout le logis. Les murs
avaient des lézardes, et la toiture quelques
crevasses à ciel ouvert. En visitant celle
dont il voulait faire sa chapelle, il sortit de
sa poche un petit groupe de la Sainte-Famille
qu'il avait l'habitude de porter sur lui, et le
plaçant sur l'humble cheminée qui en faisait
tout le décor, il murmura secrètement cette
ambitieuse parole qui valait la plus fervente

prière ! « *Saint Joseph vous y êtes, tâchez d'y
rester maintenant ?* Y laissant installé le
Père de la Sainte-Famille, il conclut aussitôt
le contrat. C'était cent francs par mois.
Quinze jours plus tard en la fête du Père
de Jésus et de l'Époux de Marie elle devenait, en même temps que son foyer, l'asile
de ses enfants.

Sous un modeste hangar extérieur on pré-
parait le vivre et le couvert. Dans les
deux salles du rez-de-chaussée, on étudiait
le catéchisme et on travaillait. L'une de
celles du premier étage se transformait en
oratoire. La chambre de l'Abbé était le
dortoir commun. Plusieurs des premières nuits
on dut dormir sans lit, sans paillasse, sans
traversin, par terre avec de simples couvertures ! Les sœurs de charité du Panthéon
envoyèrent bientôt tout ce luxueux ameublement. Pour une telle œuvre, les premiers
dons ne devaient-ils pas venir de Saint
Vincent de Paul ?

Dans une page exquise le fondateur lui-
même raconte ces modestes origines aux lecteurs de *La France Illustrée* : « Dès que
nous eûmes l'approbation de l'Archevêché,
nous allâmes trouver tous les enfants inscrits,

sur nos listes, leur donnant rendez-vous pour le 19 mars dans notre nouvelle maison. Ce jour-là, ainsi que nous l'avions demandé à Saint-Joseph, nous commençâmes à nous établir tant bien que mal : les enfants couchaient avec les couvertures ou matelas que quelques charitables voisins nous apportèrent.

Les premiers jours, on déblayait les cours, et le jardin, on entassait les pierres, on nivelait les allées. Trois mois après, en notre chapelle provisoire installée dans une modeste chambre, M. l'abbé d'Hulst vint célébrer la messe pour la première fois. Nous étions alors en tout huit ou dix personnes. Il n'y avait pour nous tous que les quatre ou cinq chambres du premier étage, et les trois pièces d'en bas, toutes dans un état lamentable.

Le reste était un terrain vague et encombré de ronces. Peu à peu tout cela fut nettoyé, réparé, approprié ; mais notre premier soin fut de bâtir la chapelle primitive sur la porte de laquelle nous fîmes placer le même groupe grandi de la Sainte Famille qui nous avait tant protégé, avec cette inscription tirée des saintes écritures ;

« *Prenez cet enfant et nourrissez-le ; c'est*

moi qui vous en récompenserai. » Puis s'élevèrent peu à peu nos premiers ateliers.
Ainsi, tout prospérait et fructifiait quand la
guerre vint interrompre nos travaux, sans
détruire l'œuvre fondée par la charité.
Une fois cette cruelle épreuve de la patrie
traversée, nous les reprîmes jusqu'au jour
où la *France Illustrée* fut fondée avec notre
imprimerie et cette pauvre maison où nous
étions si dénués de ressources devint, dès lors,
le centre du vaste établissement que nous
dirigeons aujourd'hui. Ainsi ce fut une rude
Genèse !

D'un bout de l'année à l'autre, il fallait vivre
dans cette masure humide, avec cette diffé-
rence que, selon les saisons, l'humidité était
où, très froide ou très chaude. L'été, ce logis
sans air évaporant au frais de la nuit toute sa
chaleur du jour, s'emplissait de buée comme un
cabinet de bains. L'humidité d'hiver valait
mieux encore. Le froid tombait avec des
scintillements d'étoiles, montait de la terre par
les fentes des cloisons et la minceur du plan-
cher ; mais on pouvait se blottir dans ses
couvertures, ramener ses genoux jusqu'au
menton et se réchauffer au bout d'une couple
d'heures. Quelquefois toute cette installation

primitive se changeait soudain en véritable
habitation lacustre. Quand grondait la foudre,
quand brillaient les éclairs, quand tombaient
les raffales, il fallait dormir avec un parapluie
ouvert, sur son chevet ; et quand l'hiver
gelait toutes les vitres, force était de procéder
aux matinales toilettes avec la neige s'étalant
aux fenêtres ou ramassée dans l'enclos
voisin !

Ne crains rien cependant, petit troupeau du
Seigneur ! Elles s'agrandiront tes étroites
cours ; elles s'espaceront tes minces chambres !
ils se multiplieront tes modestes rangs !
Lorsque une œuvre commence comme celle-ci
à poindre dans l'obscurité avec une mansarde
pour tout espace, avec la vie d'un seul homme
pour tout avenir, avec l'aumône pour tout
capital, il ne faut pas dire : — C'est peu de
chose.

Non ! Un atôme de charité entre les mains
de Dieu peut créer un monde, et celui qui
protège le brin d'herbe contre la tempête, veille
aussi sur l'humble berceau des grandes œuvres.
Quand on lance un vaisseau à la mer, sa
première évolution est un mouvement de
tangage qui fait osciller ses mâts et gémir ses
ais. Mais bientôt, il reprend son équilibre, et

il se précipite dans le large, à pleines voiles, affermi contre les secousses, et défiant, avec les cris des oisifs qui le regardent, les courants ennemis qui sifflent en vain sur ses bords.

CHAPITRE II

L'ŒUVRE FONDÉE

> Et pénétrant en cette demeure, ils y
> trouvèrent Jésus avec Marie sa mère.
> (*St-Math*. II. 11.)

Nature de l'œuvre. — Son esprit et son recrutement. — Le gamin de Paris. — Les évadés et les fidèles. — Le Catéchisme perpétuel. — Le grand jour. — Influence des cachets de première Communion. — Pleurs des adieux. — Nouvelle condition sociale de la classe ouvrière à Paris depuis 1870-71. — Absolue nécessité d'un internat et d'une école professionnelle. — Achat de la maison.

SI l'œuvre de la première Communion pour les pauvres enfants abandonnés ou vagabonds avait été créée par un homme, on pourrait dire qu'il a inventé la plus belle et la plus merveilleuse de toutes. Mais, c'est l'Esprit de Dieu qui seul la conçut, et l'éta-

blit. Une constante préoccupation du divin
Maître ne fut-elle pas en effet pour ces
délaissés, réelle et vivante image, à travers
tous les siècles, de cette humanité déchue
qu'il venait transfigurer par sa doctrine et
régénérer par son sacrifice ?

« Prenez bien garde, aimait-il à répéter
aux Apôtres, de mépriser aucun de ces
petits, car le fils de Dieu qui s'est fait le
fils de l'homme, est venu sauver ceux qui
se perdaient. C'est lui qui laisse les quatre-
vingt-dix-neuf brebis fidèles pour aller à la
recherche de celle qui s'est égarée et dont
la joie est si grande quand il l'a retrouvée !
Ainsi sachez-le bien : « Votre Père qui est
dans les cieux veut qu'aucun de ces petits
ne périsse. Tout ce que vous ferez pour
eux c'est à moi-même que vous l'aurez fait. »

Quand ils avaient creusé les fondements
de leurs puissants édifices ou de leurs temples
majestueux, sous la première pierre, les
Anciens ensevelissaient, vivante, une triste
victime, esclave obscur, ôtage surpris ou
soldat captif, dont la mort y devenait pour
eux le gage de la vie. Il leur semblait que
cet holocauste funèbre fait à la base des fondations assurait à leurs œuvres une durée

prospère, comme une éternelle victoire, sur les injures des hommes et des temps.

Ordinairement, tel est bien l'homme que Dieu choisit pour la fondation de ses œuvres. Faites-lui grâce de vos admirations et de vos louanges; adressez-les seulement à Celui qui seul en garde là-haut le mérite et la vertu. Quant à l'instrument dont il se sert ici-bas, loin d'envier son sort, plaignez-le.

Il ne diffère pas beaucoup de celui de ces lugubres ensevelis vivants de l'antiquité. Le divin Maître n'a-t-il pas dit lui-même qu'avant de croître et de mûrir, le grain de froment doit être enfoui et mourir ainsi au fond du sillon creusé pour lui donner vie et fécondité?

D'une part le fondateur de l'œuvre nouvelle sera donc ce mort, enterré vivant à la base de l'édifice, et il devra d'autre part, s'en faire l'architecte et l'ouvrier, pour en dessiner ou construire toutes les diverses parties. Bien plus, comme l'abeille sans cesse haletante, butinant de tous côtés le miel de sa ruche, comme la fourmi glanant partout ses frêles provisions, et comme la mère des petits oiseaux cherchant miette à miette, du matin jusqu'au soir, leur mince becquée, sa vie ne sera plus désormais qu'une éternelle

quête de porte en porte à travers les mé-
comptes, les rebuts, les avanies, les témérités
et les affronts si impitoyables de la mendicité!

Ne vous le représentez pas comme une
figure classique de la charité, le visage attendri,
les yeux humides de larmes, n'ayant plus
comme saint Martin que la moitié de son
manteau ou comme saint Vincent de Paul
avec les bras grands ouverts et tout pleins
de petits enfants. Non! Dès que son idée a
été connue on les lui amène de toutes parts.
Il n'a qu'à se baisser pour les ramasser ses
orphelins, les recueillir, les abriter, les laver,
les habiller, les nourrir, les consoler, les
humaniser, les instruire et leur apprendre à
plier les genoux pour réciter la sublime prière :
Notre Père qui êtes aux cieux! tandis qu'ils
murmurent tout bas : *et vous aussi Notre Père
qui en êtes venu!* Une fois que le bon Pasteur a doucement chargé sur ses épaules le
premier agneau, que la ronce avait déchiré
pour lui entrebailler les portes de la bergerie,
il suffit qu'il les laisse grandement ouvertes,
et par milliers ces tendres victimes vont
accourir. Voyez-les arriver ces pensionnaires
d'un nouveau genre lorsqu'il sont amenés de
tous les coins de Paris et des environs, celui-ci

conduit par un vicaire qui a été obligé de
le renvoyer de son catéchisme parce qu'il
n'avait pu l'y faire assister, celui-là par une
sœur de charité qui remplace la mère absente
ou malade, et quantité d'autres par des
membres de la Société Saint-Vincent-de-Paul,
ou autres associations charitables. Le type
est l'ébahissement et parfois la colère. Rien
ne manque au tableau pas même le *Compelle
intrare* dont parle le Sauveur. C'est cette
douce et souvent énergique pression qu'un
père, ou une mère, un frère ou une sœur,
un oncle ou une tante charitables ont
dû employer pour avoir raison d'un caractère indompté. Une mère vient remercier
l'Abbé avec une expression de joie indicible
en pressant son fils sur son cœur : « A-t-il
été heureux de vous rencontrer ! Je n'espé-
rais pas qu'il fût possible de le dompter ! »

Ce petit sauvage avait fait, en effet, une
scène scandaleuse le jour de son entrée.
A la résistance qu'il opposait à sa mère,
pauvre ouvrière restée veuve avec trois
enfants, au milieu de cris désespérés, il joi-
gnait d'horribles blasphèmes.

De ce cas, il ne faudrait pas conclure
qu'on amène seulement à Auteuil des enfants

indisciplinés. Le plus souvent ils sont très ignorants, et imbus de préjugés, mais, rarement mauvais et incorrigibles.

Ce sont de pauvres enfants abandonnés ou horriblement maltraités, toujours très courageux et souvent vertueux.

Il en est qui ont préféré souffrir la faim plusieurs jours que de voler, d'autres qui n'ont jamais voulu faire connaître à la police les parents inhumains qui les avaient cruellement frappés ou chassés du foyer domestique.

Un juge d'instruction du département de la Seine écrit au directeur :

Monsieur l'abbé,

Je suis chargé d'instruire contre un jeune homme inculpé de vagabondage. Ce malheureux qui paraît intelligent et qui sait lire et écrire a été arrêté, il y a quinze jours errant dans les rues de Paris. J'ai fait prendre des renseignements sur son compte. Ils ont été avantageux. Sa mère s'est remariée avec un paresseux et un ivrogne, tous deux détestent l'enfant et le maltraitent, il est cependant rempli de bonnes qualités pour le travail. J'ai demandé le père, lui ai fait des remontrances. Sur mes ordres, il réclama son fils à la Roquette, mais irrité probablement de mes observations, il le menaça de l'attacher au bois de son lit. Épouvanté, l'enfant s'est enfui de nouveau et s'est fait arrêter deux jours après.

Je ne puis le rendre à des parents indignes de le garder.

Il m'a semblé que cet enfant intéressant ne méritait pas d'être enfermé. Je viens donc solliciter votre concours.

C'est à vous que la Justice fait appel pour admettre cet infortuné dans votre établissement.

La Supérieure de l'hôpital des enfants-Malades écrit à son tour :

Un pauvre petit, âgé de quatorze ans, a été trouvé sur les fortifications, épuisé par la faim et grelottant de fièvre... Transporté à l'hospice, la pancarte de son lit porte cette inscription : *Sans asile*. Je viens vous en demander un pour lui, car il n'a pas fait sa première Communion.

Cet enfant a un excellent naturel et est capable de devenir un bon sujet si on l'arrache à cette vie de vagabondage, qui ne saurait lui être imputée.

Une dame de charité écrit de son côté :

J'ai parmi mes malades une pauvre veuve, qui n'a pour toute demeure qu'une étroite mansarde au cinquième étage. C'est plutôt un grenier. Son ameublement consiste en une mauvaise chaise, une malle et une petite paillasse pour elle et son fils âgé de douze ans.

Cet enfant soigne sa mère, avec beaucoup de tendresse. Mais ils sont tous les deux épuisés, à bout de force et de ressources. En les laissant plus longtemps dans cet état, on exposerait ce pauvre enfant à ne plus trouver, le matin à son réveil, que le cadavre inanimé de sa mère ! Elle serait à l'hospice déjà depuis longtemps sans cet enfant qui fait tout son souci. Le voulez-vous ?

Mais il ne faut pas croire que toutes les demandes se fassent par écrit. Généralement les timides mères viennent raconter à l'Orphelinat leurs poignantes angoisses. Souvent elles arrivent en cachette du père qui n'aime pas les curés et qui ne voudrait pas que l'enfant fît sa première Communion à l'église car les camarades se moqueraient de lui.

D'autres fois, la pauvre mère est seule obligée de travailler nuit et jour, pour donner du pain aux petits. Le père est mort ou bien il s'est enfui trouvant le fardeau trop lourd.

Parfois aussi, quoique plus rarement, le père s'en est allé d'un côté, la mère d'un autre, et le petit est resté là, seul sans soutien, et sans pain, errant dans les rues. Son corps est affaibli par la fatigue, son cœur brisé par le chagrin et sa tête troublée par la perspective de la plus affreuse misère.

Que peut devenir cet enfant sous l'empire de la faim qui le presse, ou de l'homme pervers qui le guette quelquefois comme une

MGR. DE SÉGUR

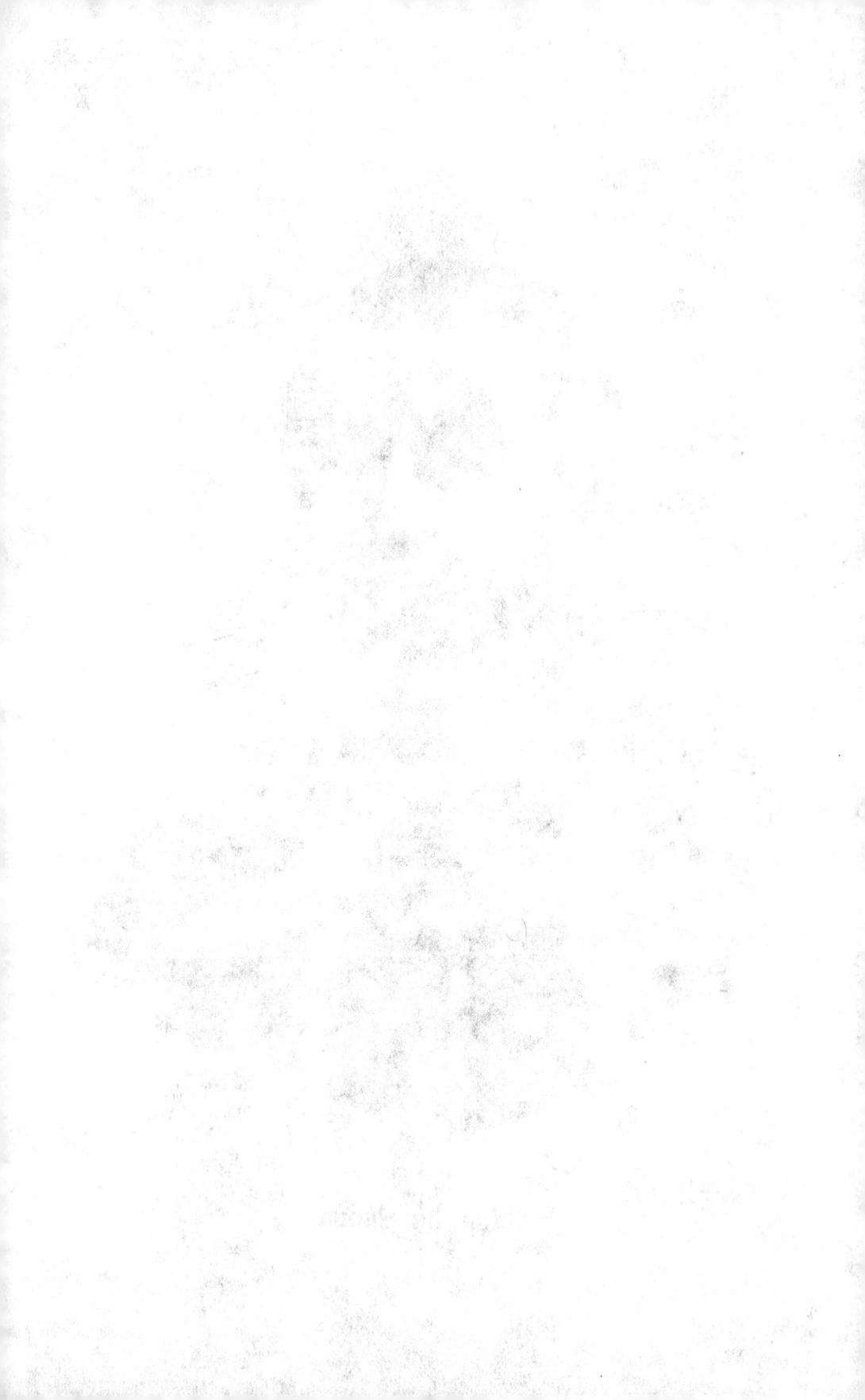

proie pour s'en emparer ? A moins d'une vertu héroïque, il est évident que le pauvre enfant va devenir un mauvais sujet, peut-être même quelque célèbre scélérat.

Il n'y a pas de rentrée à l'asile d'Auteuil qui n'amène quelques vagabonds trouvés un matin, couchés sur un banc des jardins publics, habitués à passer des nuits glaciales à la belle étoile, presque morts de froid et de faim, restés seuls au monde. A 12 ans leur figure porte déjà les rides atroces de la souffrance, et leur âme ignore tout ce que Dieu réserve de joie à ceux qui le connaissent et qui l'aiment.

On le sait, le nombre des jeunes vagabonds s'accroît chaque jour dans Paris, et met sans cesse en péril la sécurité des gens paisibles.

Les journaux de la Capitale ne sont plus qu'une nomenclature quotidienne de forfaits de tous genres. Il n'y a pas longtemps encore on comptait avec terreur un nombre relativement restreint de crimes et de délits ; aujourd'hui il n'y a plus à compter, ils sont innombrables. La statistique judiciaire établit ces faits avec une précision irréfutable. Aussi l'asile d'Auteuil s'impose-t-il le devoir de recevoir toujours parmi ses postulants les jeunes gens de quinze à seize ans de préférence aux plus jeunes. C'est l'âge terrible pour ces pauvres isolés ; s'ils n'ont une forte armure, trempée dans les eaux sacrées de la grâce, ils restent exposés à céder aux sinistres exemples qui produisent sur leur âme sans défense cette implacable fascination que le serpent des forêts de l'Inde exerce sur les oiseaux errants loin de leurs nids.

Ces rentrées sont vraiment pittoresques. En fait de costumes et de types, les observateurs pourraient trouver là de bien curieuses études. Alors Auteuil ressemble à la célèbre Cour des Miracles. Miracles en effet ces haillons changés en habits confortables, ces visages sombres ou noircis, rajeunis tout à coup et devenus ouverts et joyeux, ces chevelures hérissées et incultes, réduites à la « Titus » réglementaire ; miracles surtout ces âmes défiantes, et bientôt ravies par les sublimes mystères de leur union divine, avec la vertu de Jésus-Christ.

Avouons-le, regrettant la rue où ils vivaient en vagabonds et les misérables réduits qu'ils n'avaient jamais quittés, quelques-uns ont l'air de se raviser pour dire avec le bon La Fontaine :

« Enfermé, dit le loup, vous ne courez donc pas où vous voulez ?... Cela dit, maître loup s'enfuit et court encore. »

Parfois si ces petits louveteaux ne le disent pas aussi bien que le naïf poète, ils le font encore mieux, surtout les premiers jours. Les voyez-vous escalader les grilles et les toits, comme les écureuils grimpent et volent à travers les arbres de la forêt. N'essayez pas de les retenir, encore moins de les atteindre. Vous saisiriez plutôt le vent dans la plaine et l'oiseau dans l'air. « Parmi ces nouveaux, dit M. Maxime du Camp, les évasions ne sont pas rares, la régularité de la vie les déroute. Se lever, manger, jouer, travailler, se coucher à des heures invariables, c'est très pénible pour ces natures que le vagabondage a ballottées dans tous les hasards de l'imprévu ; ce qu'ils ont fui, la veille, avec horreur, les sollicite aujourd'hui d'un attrait irrésistible ; c'est un rêve qu'il faut ressaisir ; une porte est entre-bâillée, ils décampent. L'équipée ne se prolonge guère ; ils reviennent, l'oreille basse, la mine déconfite, le ventre creux, ou ils sont ramenés par un sergent de ville, qui les a découverts grelottant et pleurant sous une porte cochère. On les sermonne un peu, pas bien fort, et l'on s'empresse de leur donner à manger avant de les reconduire à la classe, ou au catéchisme.

« *Nul n'est gardé de force dans la maison,* » c'est

là le premier principe de l'abbé Roussel,
principe excellent que les élèves n'ignorent pas
et qui les retient près de leurs maîtres mieux
que les consignes, les concierges, et les grilles.
Lorsqu'un enfant a passé seulement six semaines
dans l'Orphelinat, il est extrêmement rare
qu'il cherche à se sauver. La discipline, du
reste, est fort douce. Je demandais à M. Roussel
de me montrer *les arrêts*. Il me rit au nez et
me répondit. *Des arrêts ! A quoi bon ? Je n'en
ai pas besoin, nous ne sommes pas ici à la Petite-
Roquette.* Bon abbé, je sais plus d'un collégien
qui voudrait vous avoir eu pour maître !
Dans ce petit nombre d'évadés se recrutent
souvent bientôt les meilleurs sujets de l'œuvre.
P. D. est orphelin de père. Sa mère malheureuse
et faible de caractère l'amène, mais il s'évade
deux fois, et son caractère indompté lui procure
quelques semaines après... la maison de correction. Ce fut de cette retraite forcée qu'il
écrivit à sa mère une lettre où nous remarquons
ce passage : « Je n'ai que ce que j'ai mérité.
« Le peu de temps que j'ai passé à Auteuil, m'a
« fait aimer la prière et je pleure, toute la
« journée en pensant à la peine que je t'ai faite.
« Je t'en prie, va trouver M. Roussel et demande
« lui de me recevoir à la prochaine rentrée.

« J'apprends mon catéchisme. Je ferais ici ma
« première Communion si je le voulais. Mais je
« veux m'en souvenir et je ne le pourrais pas si
« je la faisais en prison ! … »

« La leçon fut salutaire. Reçu une troisième
fois c'est à lui que l'on donna quelque temps
après la porte à garder. — « Veille bien, lui dit
l'abbé, à ce qu'aucun enfant ne sorte sans
permission. »

— N'ayez pas peur, M'sieu. Ça m'connaît. »

Parfois au milieu de ces tourbes d'enfants
sans famille, en surgissent quelques-uns qui
portent les plus glorieux noms de l'Eglise et de
la France. Ainsi le 7 décembre 1877 le R. P.
E. Raguet des Missions étrangères envoie
au jeune Borie orphelin d'Auteuil, neveu de
Mgr Borie évêque et martyr, ces admirables
lignes.

Mon cher petit ami,

Je suis heureux de vous envoyer deux portraits
de votre vénérable grand-oncle.

C'est un grand bonheur pour vous d'appartenir
à une famille qui devait donner à l'Eglise un digne
évêque et qui lui a donné un saint martyr ; mais,
c'en est un plus grand encore de recevoir dans votre
cœur ce Jésus que votre oncle prêchait aux infidèles,
et pour qui il a répandu tout son sang ! Puissiez-vous

être toujours digne de ce double bonheur. Lorsque vous aurez reçu Notre Seigneur Jésus-Christ, veuillez dire une petite prière pour tous ceux qui veulent l'imiter.

« Ils arrivent donc de partout les pauvres petits, dit M. Maxime du Camp. Le vent a enlevé ces mauvaises graines sur des terrains en friche ; il les a portées jusque dans le jardin de l'abbé Roussel ; on les y cultive. Paris est le rendez-vous des déshérités de l'univers, ils viennent y tenter la fortune, qui se montre rétive ; ils se débarrassent de ce qui les gêne, surtout de leurs enfants. L'abbé le sait bien, lui qui les recueille et qui n'est pas difficile dans ses choix. Il y a des Belges, des Italiens, des Brésiliens, des nègres, des Russes ; les provinces de France semblent avoir envoyé un spécimen de leurs mar- mots ; si chacun ne parlait que son patois, ce serait la tour de Babel. Au milieu de cette foule, le Parisien se distingue au premier coup d'œil ; *le pâle voyou*, qu'a chanté Auguste Barbier, se fait reconnaître ; la bouche est ironique, le regard est impudent, les membres sont grêles, mais agiles ; il a *du son* sur le visage et une manière *d'hausser* les épaules qui dénonce un fond d'imperturbable philosophie. On a essayé de le poétiser, et l'on a eu tort ; c'est la fleur du ruisseau ; et il en garde le parfum. J'ai examiné ces petites frimousses ; beaucoup sont spirituelles, quelques-unes dénotent de l'intelligence ; pas une n'est jolie, pas une n'est régulière ; plusieurs sont absolument laides, et quelques-unes ont été ravagées par la variole. La plupart de ces gamins portent des cicatrices à la tête, souvenir de la vie errante, blessures du vagabondage qui, comme l'image tatouée sur le bras du malfaiteur, constituent une preuve d'identité dont la trace sera persistante. »

Ne cherchez donc pas à Auteuil les gracieux enfants de Dickens avec une carnation toute fraîche, un teint de rose délicate, une chair transparente, et des yeux tout naïfs de candeur au physique, avec une sensibilité tenant de la tendresse, une ardeur d'affection et un besoin d'être aimé allant jusqu'à la cajolerie au moral.

Ils n'y sont pas.

Dans le passé tous ont souffert, et portent sur leur visage l'empreinte féroce qu'y tracent impitoyablement les serres de la douleur. Dans l'avenir, tous souffriront et ce nymbe mystérieux que le malheur pose sur nos visages s'élargira plus encore pour eux. Tous ces essaims d'in-

vincibles et douces illusions, d'espérances
délicieuses, de visions charmantes qui passent
devant les yeux de notre esprit au jeune âge,
leur furent inconnus. A peine adolescents ils
sont las de la vie, car ils en savent déjà la
cuisante trame. Ainsi, même à 12 ans, ils
paraissent déjà de petits hommes.

Celui qui n'a pas souffert, dit l'Esprit-Saint,
que sait-il? — Ceux qui ont souffert savent
donc quelque secret? Oui, ils connaissent
celui de l'existence et de l'éternité : se défier
de soi et compter sur Dieu seul. En général
ils sont fils de simples et malheureux ouvriers ;
mais on abrite parfois dans leurs rangs les
plus extraordinaires infortunes. Tantôt ce sont
celles des grands et des princes déchus ou
déshonorés. Ces hautes existences ont des
complications si diverses, un passé si accidenté,
tant de phases terribles qu'on n'en saurait
jamais avoir le dernier aspect. « On dirait ces
phares tournants qui ont de longues alterna-
tives d'ombres entre les éclats intermittents
de leurs feux. » Tantôt ce sont celles des
voleurs, des incendiaires, et des assassins dont
le père est recherché par la justice tandis que
l'enfant, honni de tous, ignore qu'il devra peut-
être aller pleurer demain au pied de l'échafaud.

Venez, pauvres petits, vous réchauffer, vous purifier, vous abreuver, vous nourrir, et vous cacher sur un cœur sacerdotal! Venez, le prêtre catholique fera de vous les nourrissons de Dieu et les fils bien-aimés de la Vierge-Marie.

En effet, pour aller à Dieu, il n'y a qu'une seule voie, dit saint Bernard, celle qu'il a prise lui-même pour venir à nous, c'est Marie.

Quand, à Bethléem, la terre est admise pour la première fois à reconnaître son Sauveur, ce qui lui est présenté d'abord, c'est l'enfant Dieu avec Marie. Le trône où le roi des cieux reçoit, les premiers tributs de la terre, ce sont les bras de la Vierge. *Entrant dans la maison, ils trouvèrent l'Enfant avec Marie sa mère.* « Entendez-le bien, disait le Cardinal Pie. La maison, c'est l'Église et quand on entre dans cette maison ce que l'on trouve, ce n'est pas seulement Jésus, c'est Jésus avec sa mère. On ne trouve Jésus qu'avec Marie et par Marie. Séparer le fils de la mère, c'est diviser ce que Dieu a voulu être uni.

« Marie est donc le temple du Seigneur, le sanctuaire de l'Esprit Saint, la porte du Ciel, le canal des grâces, la joie, l'espérance, et l'amour de tous les vrais chrétiens. L'âme qui ne reflète pas l'image de ce miroir de jus-

tice n'a pas la vie, mais la mort dans son sein ;
et le Christ ne veut pas reconnaître pour ses
frères, ceux qui ne l'auront pas reconnue pour
leur mère. Il l'a proclamé du haut de sa Croix :
Voici votre mère ! »

Mais, si telle est Marie pour les chrétiens,
que sera-t-elle pour ces enfants, recueillis par
Elle et pour Elle dans l'asile d'Auteuil ?
N'ayant presque jamais connu les tendresses
ineffables de leur mère terrestre, les cœurs
de ces orphelins s'éprennent aussitôt du plus
ardent amour envers leur Mère du ciel.
A peine ont-ils franchi le seuil de cet autre
Bethléem, on leur met un chapelet entre les
mains, et vous les entendez dans les cours,
les corridors, les escaliers, la saluer sans cesse
avec le plus filial ravissement.

Et quand, pieusement recueillis dans
l'humble chapelle, ils répètent le cantique
de Stanislas Kotska :

> Elle est ma Mère !
> Comment ne l'aimerais-je pas ?

Vous croiriez ouïr des fils empressés appelant
leur mère.

Cette coutume sainte paraît digne des plus
grands éloges, le chapelet constituant en effet,

la plus douce, la plus facile, et la plus efficace
de toutes les prières.

Que de bien elle fait ici-bas l'auguste couronne de la Vierge ! C'est le livre de ceux qui
ne savent point lire ! la philosophie de ceux
qui ne savent point méditer ! l'avocat qui
plaide seul auprès de Dieu dans la maison
du moribond qui ne peut plus prier ! Quand
le pauvre malade est affaibli, il demande du
regard son chapelet, qu'on lui passe au cou
comme une chaîne d'honneur pour l'attacher au
Ciel en l'unissant à Marie. On l'enroule autour
de son bras comme un ornement qui plaît à la
cour du Roi du ciel. C'est la livrée de la Reine ;
respect à celui qui la porte ! Le chapelet béni
pend à la ceinture du moine et de la religieuse,
il s'égraine lentement sous la main de la
vierge et du Prêtre, sur le prie-Dieu solitaire,
sur les chemins détournés, dans la campagne,
au pied des croix et des statues qui bordent les
grandes routes, sous les arceaux des églises ou
dans le silence religieux de la nuit en attendant
que vienne le sommeil !

C'est le chapelet qu'on dit aux pieds des
madones, quand on attend du ciel un prodige,
c'est le chapelet, que les pieux pèlerins récitent
lorsqu'ils vont, en longues troupes, offrir leurs

vœux ou demander une grâce, dans un sanctuaire aimé, au milieu des landes de Bretagne,
sur les côtes de l'Océan, ou dans les vallées des
Alpes et des Pyrénées !

« Entre tous les hommages que l'on doit à
Marie, disait Saint Alphonse de Liguori, Je n'en
connais aucun qui soit plus agréable à Dieu
que le Rosaire. *Je lui dois mon salut éternel.* »
D'ailleurs comme l'encens rallume le charbon
prêt à s'éteindre, ainsi la prière à Marie
ranime toutes les espérances et toutes les
vertus dans les âmes chrétiennes.

Et celles-ci, plus que toutes les autres, ont
un si profond besoin d'être ranimées.

Durant trois mois, ces groupes d'enfants
sont instruits, du matin au soir, des saintes
vérités de la Religion. Sans relâche, on
leur apprend le catéchisme. Quand on a
dégrossi toutes ces têtes pour y ébaucher un
suffisant à peu près; quand on a garni
toutes ces fugitives mémoires; quand on a
initié tous ces esprits récalcitrants, il faut, sans
trève ni merci, recommencer avec d'autres qui
arrivent de plus en plus informes et nombreux. Imagine-t-on les difficultés, les labeurs,
les angoisses et les efforts d'une tâche inva-
riablement si ingrate ? Et ses mérites aussi ?

Un catéchiste héroïque du diocèse d'Arras qui l'a remplie durant quinze ans, M. l'abbé Lépingle, s'y est prématurément consumé. Tous les orphelins d'Auteuil l'appelaient : *Bon Papa*. Ils le rendirent tel, en effet, car à peine parvenu à la maturité de l'âge, ils lui avaient fait atteindre la seconde enfance de l'extrême vieillesse. Il mourut naguère au milieu d'eux en véritable saint (1).

Le Pontife-martyr qui venait d'approuver et d'instituer l'œuvre du catéchisme perpétuel d'Auteuil l'avait toujours tenu comme l'une des plus importantes de l'église.

Pour peu que vous ayez observé l'enfance disait-il (2) « cet âge mobile, impressionnable, inattentif qui se porte tout au dehors et refuse de se ramener au dedans, ne voyez-vous pas que la fonction de catéchiste est une des plus difficiles et qu'il faut une netteté d'esprit une sûreté de doctrine, un choix et une précision de termes, une souplesse de langage, une dextérité d'explication,

(1) Les dignes et modestes prêtres collaborateurs de l'œuvre d'Auteuil nous ayant demandé de taire leurs noms vénérés, ce désir sera religieusement respecté dans ces pages. S'ils ne s'y trouvent pas consignés, comme nous l'aurions aimé, ils n'en seront que mieux inscrits dans le livre de l'éternelle justice.

(2) Lettre pastorale de Mgr Darboy, 1862.

un secret d'intéresser et de plaire, un tact
et une prudence qui sont bien moins le
produit des aptitudes naturelles que le résultat
laborieux de l'expérience et des efforts
réfléchis ! »

Apprendre le catéchisme aux déshérités du
monde, c'est remplir en effet la plus sublime
mission dont le ciel puisse investir un homme
ici-bas.

Sans rappeler ici les incomparables accents
dont les Pères et les Docteurs de l'Église ont
célébré le rôle du catéchisme et des catéchistes
dans le monde, contentons-nous de citer un
témoignage que les plus féroces ennemis de
la Religion ne peuvent pas récuser eux-
mêmes.

Proudhon qui a publié sur la Religion et
la Science sociale de si profondes observations, étudiant le Décalogue dans le catéchisme
catholique, s'écrie. « Quel magnifique sym-
bole (1) ! Quel philosophe, quel législateur que
celui qui a établi de pareilles catégories et
qui a su remplir ce cadre ! Cherchez dans tous
les devoirs de l'homme et du citoyen quelque
chose qui ne se ramène point à cela, vous ne

_____

(1) *De l'Utilité de la célébration du dimanche. I. 13.*

le trouverez pas. Au contraire si vous me montrez quelque part un seul précepte, une seule obligation irréductible à cette mesure, d'avance je suis fondé à les déclarer hors de la conscience, et par conséquent arbitraires et injustes. »

En fait le catéchisme chrétien n'est pas seulement la plus salutaire école de l'homme ; il en est aussi la plus fortifiante consolation. En 1827 le général Scherdan incrédule et athée était l'un des plus célèbres coryphées de l'impiété dans l'Amérique du Nord. Son fils âgé de 18 ans tombe gravement malade. Ce pauvre enfant paraissant n'avoir plus que quelques instants à vivre, fit appeler son père, lui prit la main et lui dit :

« Mon cher père, je vais mourir dans quelques minutes, dites-moi donc bien sérieusement, je vous en prie, si je dois croire ce que vous m'assurez si souvent : qu'il n'y a ni Dieu, ni ciel, ni enfer, ou bien si je dois m'en tenir au catéchisme que j'ai appris de la bouche de ma bonne mère ? »

Le général américain fut, pendant quelques moments, comme frappé de la foudre ! Enfin il se pencha sur le lit du malade et lui dit d'une voix entrecoupée de sanglots :

« *Mon enfant, crois seulement ce que t'a dit le caté-chisme de ta mère !* ... »

Qu'on s'imagine l'étonnement des incrédules qui se trouvaient présents ! L'un deux interrogé sur ce qu'il pensait, répondit :

« *Il est commode de vivre d'après la Libre-Pensée, mais il faut mourir dans la Religion chrétienne !* »

L'académicien Legouvé raconte une anecdote non moins instructive, sur le savant Littré, mort chrétien après avoir été le Voltaire obstiné de l'incrédulité contemporaine.

Le jour de la naissance de sa fille, Littré dit à la mère :

«Ma chère amie, tu es catholique. Élève ta fille dans les habitudes de piété qui sont les tiennes. Seulement j'y mets une condition. Le jour où elle aura quinze ans, tu me l'amèneras ; je lui exposerai mes idées, et elle choisira.

La mère accepte ; les années s'écoulent. Un matin elle entre dans le cabinet de son mari : — Tu te rappelles ce que tu m'as demandé, et ce que je t'ai promis. Je viens tenir ma promesse. Ta fille est là, prête à t'entendre avec tout le respect et toute la confiance que lui inspire un père chéri et vénéré. Veux-tu qu'elle entre ?

— Oh certes oui ! Mais pourquoi ? pour que je lui expose mes idées ! Non ! non, mille fois non ! Quoi ! tu as fait de notre enfant une créature

bonne, simple, éclairée, droite, tendre et heureuse!
Heureuse! Ce mot qui, chez un être pur, résume
toutes les vertus! Et tu crois que je vais jeter mes
idées au travers de ce bonheur et de cette pureté!
Mes idées! mes idées !... Elles sont bonnes pour
moi! Qui me dit, qu'elles seraient bonnes pour elle?
Qui me dit que je ne risquerais pas de détruire ou
d'ébranler ton œuvre? Oh! oui, que notre fille
entre, pour que je te bénisse devant elle, de tout
ce que tu as fait pour elle, et qu'elle t'aime encore
un peu plus qu'auparavant! »

De tels enfants sont dignes d'engendrer à
la grâce de Dieu, ceux-là mêmes qui leur
donnèrent la vie! Puisse l'œuvre du catéchisme perpétuel et de la première Communion
d'Auteuil mériter un jour à notre France
dégénérée la même vertu, et opérer le même
salut!

Après trois mois de catéchisme les enfants
de l'œuvre sont admis à la première Communion, quatre fois par an, aux douces fêtes
de Saint-Joseph, du Très-Saint Sacrement, de
la Nativité, et de l'Immaculée Conception.
A chacune de ces dates les nouvelles séries
de deshérités sont convoquées, pour occuper
les places des privilégiés qui les quittent.
Il ne se passe pas de jours dans l'année sans
que parents, amis, protecteurs, curés, vicaires,

sœurs, dames de charité, confrères de Saint-Vincent de Paul, patrons, officiers et magistrats, les sollicitent pour eux. Parfois des hommes de trente, quarante, cinquante ans, et souvent des vieillards sont admis sur le soir de leur vie au grand Sacrement. Quand le jour approche une pieuse retraite les prépare tous, immédiatement à l'acte divin qu'ils vont accomplir.

Quels brûlants désirs, quelles saintes ardeurs, qu'elles sublimes avidités remplissent alors ces âmes transfigurées ! Le cerf altéré ne soupire pas davantage après l'eau des fontaines, le famélique après la table bien servie, l'enfant après le sein de sa mère ! Nous les avons vus, préparés et reçus au céleste banquet. Ils semblaient tous dire avec Sainte-Catherine de Gênes. *Hâtez vous, prêtre de Jésus-Christ ! vite ! faites passer sans retard, dans l'intime de nos cœurs ce pain qui doit en être la seule nourriture et dont les délices nous ont été jusqu'ici refusés. Nous brûlons d'en être rassasiés ; car il est toute notre ambition, toute notre joie, toute notre vie !*

M. Cathelin, curé d'Auteuil, M. Lagarde, grand vicaire de Paris, M. de Borie, curé

de Saint-Philippe du Roule, Mgr de Ségur,
Mgr d'Hulst, alors vicaire de Saint-Ambroise,
aujourd'hui successeur des Ravignan, Lacor-
daire, Félix et Monsabré dans l'illustre chaire
de Notre-Dame de Paris, furent les premiers
investis de ce suave ministère.

On ne le remplit pas sans répéter dans

le secret de son âme ces incomparables
accents de Thomas d'Aquin.

> O miracle inouï! Le pain des anges
> Se fait le pain des hommes !
> Le pauvre, le serviteur et le petit
> Se nourrissent de Dieu !

Alors quelque chose du Ciel qu'ils possèdent
dans leurs cœurs passe sur leur visage transfiguré. Et de leurs lèvres s'exhale comme l'encens, ce cantique (1) vraiment inspiré pour eux.

> Mon bien-aimé, je crois et je t'adore ?
> Je fais serment, en ce jour, en ce lieu
> De ne jamais oublier cette aurore
> Du plus beau jour de l'homme et du Bon Dieu!

> Abandonné sans amour sans caresse
> Sans un abri, sans un morceau de pain,
> J'ai rencontré ton cœur, pour fuir dans ma
> [détresse
> Ta chair, ton sang pour ne plus avoir faim !

> Né pour souffrir telle était mon histoire !
> J'étais perdu, mais recueilli par toi,
> Je suis mon Dieu, l'héritier de ta gloire
> Et plus heureux à ton autel qu'un Roi !

> Pour bien marcher il faut un viatique
> Fait d'un baiser, d'une larme et d'un pain

(1) Les paroles de ce cantique remarquable sont l'œuvre du
R. P. Dulong de Rosnay. La musique en est due à l'illustre com-
positeur Charles Gounod.

Hostie amour, banquet Eucharistique
Soyez ma force et l'espoir en chemin.

Merci mon Dieu ! je reviens à la vie
Nourri de toi, régnant à ton foyer.
Rends-moi chrétien, ta fidèle copie,
Ton petit frère, ô Jésus ouvrier !

Alors enfin leurs voix suppliantes, qui ont le privilège de remuer tous les échos du Ciel, murmurent ensemble cette touchante prière :

« Seigneur Jésus ! vous avez promis d'accorder tout ce qu'on demanderait à votre Père en votre nom. Cette promesse est encore plus vraie pour ceux qui vous ont reçu dans leur cœur ! Animés d'une filiale confiance, nous vous supplions aujourd'hui par cette bonté dont, il y a un instant, nous avons ressenti les effets de récompenser tous ceux qui nous ont fait du Bien, ceux qui nous ont instruits, ceux qui nous ont secourus dans nos besoins et surtout dans celui que nous avons de vous connaître et de nous unir à vous. Jamais nous ne comprendrons le bien qu'on nous a fait, mais vous, ô Seigneur, vous le comprendrez. Payez avec votre bonté les dettes de notre cœur. Donnez à ceux de nos bienfaiteurs qui sont en vie, votre grâce et votre protection, à ceux qui sont morts, le repos éternel. Protégez l'Œuvre de la première Communion qui nous a recueillis ; procurez à beaucoup d'autres enfants, le bonheur dont nous jouissons, et faites qu'avec eux, nous soyons réunis dans le Ciel ! »

Après avoir présidé dans l'église paroissiale d'Auteuil, la deuxième première Communion de ces orphelins, parmi lesquels se trouvaient déjà quelques adultes, le vénérable M. de Borie, ce Nestor sacerdotal du clergé de Paris, disait au Fondateur :

J'aime beaucoup votre œuvre pour deux motifs ; l'un est général, c'est le bien inappréciable qu'elle opère ; l'autre m'est personnel. A douze ans, j'ai été moi aussi renvoyé du catéchisme de première Communion à laquelle je ne fus admis qu'à quatorze. Or, je dois ma vocation et ma persévérance à cette circonstance, parce qu'elle m'a fait comprendre le grand acte que j'accomplissais trop tard comme vos enfants !

Au lendemain du jour de la Fête-Dieu 1878, qu'il avait passé à Auteuil, l'illustre Paul Féval écrivait cette ravissante page :

« Mon impression reste si vive que je n'ai pas peur de faiblir à l'exprimer. J'ai vu bien souvent l'effrontée comédie politique et sociale qui patauge dans ses millions, en faisant mine de se dévouer au peuple. Ah ! je les connaissais ces pensionnaires que vous disputez à la borne où les hurleurs d'utopies athées les jettent mourir ! Ils m'avaient fait peur et compassion ces enfants vieillards dont la maigreur maladive semble fléchir sous le poids énorme de nos rapines publiques, de nos hypocrisies et de nos blasphèmes.

« Il faut des milliers de ces maigreurs, pour ballonner

une seule bédaine de tribun ; mais il ne m'avait pas encore été donné de contempler à son heure sacramentelle, le miracle de ces résurrections. Jeudi dernier, j'ai vu à travers les larmes de mes yeux cette bienheureuse bande de petits Lazares. Je cherchais la souffrance qui était burinée naguère sur la pâleur de leurs fronts, et je n'y trouvais plus que joie. Cher prêtre, modeste et ardent, soyez remercié au nom de l'adoré Jésus-Christ ! Soyez récompensé dans votre Œuvre, même par le secours de son Divin Cœur !

« Il était là, le généreux chrétien qui a donné un patrimoine aux orphelins. J'ai serré ses mains avec une tendresse respectueuse. Elles étaient là ces belles âmes de saintes, ces mères adoptives de vos premiers Communiants. J'aurais voulu baiser leurs doigts qui raccommodent l'humble vestiaire et apportent sans cesse le pain quotidien.

« Ils sont là vos collaborateurs et vos amis, et je leur demandais où ils avaient mis toutes ces faces d'agonie, pendant que je voyais se dérouler devant moi la jeune et bienheureuse procession des sauvés de l'abîme. Leur sourire content me disait à mesure qu'ils passaient : C'est moi ! mais je ne me reconnais plus moi-même ! La grâce de Dieu a créé en moi un cœur pur et mis à nouveau l'esprit droit dans mes entrailles ! »

Aux délices de la Première Communion succèdent les augustes grandeurs de la Confirmation. Les enfants sont faits soldats de Jésus-Christ. Selon l'usage adopté dès l'origine dans la maison, on leur impose alors les prénoms de leurs protecteurs. Par ce moyen, l'enfant se souvient toujours de son bienfaiteur et prie pour lui. On réalise ainsi une admirable alliance chrétienne, entre le pauvre qui bénit et prie, et le riche qui donne et protège. Quelques âmes généreuses ont compris et adopté ce mode touchant de charité chrétienne. Une pieuse dame très affligée de la mort de son mari, a même imaginé une plus ingénieuse pensée. Elle envoie chaque trimestre avec la petite somme pour l'entretien d'un orphelin un souvenir mortuaire portant le texte ci-contre gravé au verso, comme cachet de première Communion.

Tous ceux qui ont quelque expérience des âmes savent les salutaires effets que les cachets de première Communion remis en ce grand jour exercent sur les enfants. L'histoire d'Auteuil doit en rapporter un remarquable exemple.

MGR. DE SÉGUR

Un soir de 1793, un pauvre orphelin frappait à la porte d'un château abandonné. Les habitants du pays ne voyant plus le châtelain, le croyaient émigré ; mais il restait dans sa

---

X.... .... (Noms de l'enfant)

A fait sa première Communion

le .... 18 ......

Il a pris à sa Confirmation les noms

de *A. C.*

En souvenir de son bienfaiteur

le Commandant *A. C.*

Décédé le ....

---

maison, dérobé à tous les regards, partageant sa retraite avec un saint prêtre. Le pauvre enfant fut recueilli.

Par l'attachement qu'il témoigna de suite à celui qui lui sauvait la vie, il se concilia son affection. Le prêtre ayant reconnu son intelligence, résolut de le préparer à la première Communion. Les deux proscrits, à tour de rôle, l'instruirent des vérités de la religion. Le grand jour arriva. Il communia au milieu de la nuit, dans un souterrain où les fidèles s'étaient rendus furtivement un à un. Là, sur un autel grossier dressé à la hâte, le prêtre célébra les saints mystères.

L'office divin terminé, le prêtre remit au bienheureux enfant un cachet de première Communion. C'était une petite gravure sans art, comme on les donnait avant la Révolution. B.. se promit de la conserver comme un trésor.

A quelque temps de là, un saint évêque proscrit vint chercher un refuge auprès du châtelain. On profita de son arrivée pour faire confirmer le jeune orphelin.

La Révolution touchait à sa fin.

Le commerce et l'industrie venant à renaître, l'enfant entra dans une imprimerie. Il s'y trouva en rapport quotidien avec des littérateurs et des savants qui venaient corriger leurs épreuves. A cette époque on n'avait pas encore trouvé le *siccatif* pour sécher l'encre d'imprimerie. Il fallait attendre longtemps avant de pouvoir tenter la correction des épreuves ; et littérateurs et savants de s'impatienter ! Un jour l'un deux se plaignit au jeune homme. Celui-ci lui répondit :

« Si comme vous j'étais plongé dans les sciences, depuis longtemps j'aurais trouvé le remède ! Tu as raison, mon ami, dit le savant qui avait déjà remarqué sa mine intelligente. Viens chez moi et ensemble nous chercherons. »

On travailla ensemble on écrivit diverses solutions. De retour à l'imprimerie, l'enfant essaya les mélanges indiqués et réussit. Tout heureux il rapporta la chose au chimiste qui lui dit. « Garde ton secret et profite de la découverte. »

Comprenant que c'était le chemin de la fortune, il se fit fabricant de siccatif. Ses succès ne le détournèrent pas de la religion. Il resta sincèrement religieux. Les grandes guerres de l'Empire le firent soldat. Avant son départ, il confiait toute sa petite fortune à un ami. « Une seule chose me préoccupe, lui disait-il, le sort réservé à mon cachet de première Communion. Le reste m'importe peu, mais cette image sera la première chose que je vous réclamerai, si Dieu me fait la grâce de survivre. C'est elle qui m'a préservé des mille folies du jeune âge. »

Il revint sain et sauf, et 'a première chose qu'il redemanda fut son humble cachet de première Communion. La fabrique avait pris de l'extension. Il profita de la fortune pour faire le bien autour de lui. En souvenir de ses bienfaiteurs, il tenait à donner les cachets et les cadres aux enfants de la première Communion d'Auteuil. Quand il reçut la première visite du fondateur de l'œuvre, il lui fit traverser ses splendides appartements pour le conduire dans sa chambre devant un magnifique cadre. Une pauvre petite estampe vieille et démodée se trouvait dans ce cadre. Là, devant cette précieuse relique, le vieillard raconta cette histoire, et dit en terminant :

« Comptez sur moi pour les cachets de vos enfants, Monsieur l'abbé. J'ai été pauvre orphelin, apprenti, imprimeur, comme la plupart d'entre eux. S'ils restent aussi, en vrais catholiques, fidèles à leur première Communion, le Bon Dieu les bénira tous comme moi ! »

Après tant d'heures enivrantes passées dans la maison de Dieu, il en vient une cruellement inévitable, celle de la séparation. Elle sonne quatre fois par an et toujours comme un glas

funèbre. Ils vont partir ces chers enfants pour
laisser à d'autres abandonnés leurs places
attendues avec impatience ! — Ah ! que ne
peut-on centupler les efforts et les ressources
pour les garder ensemble !

De ceux qui partent, beaucoup ont les yeux
pleins de larmes et leur Père tristement ému,
ne peut s'empêcher de retenir les siennes. On
l'entend s'écrier :

Que vont-ils devenir ? Au lieu de ces jardins où
ils se récréaient si gaiement sous une tendre surveillance au lieu de cette règle qui leur avait appris
l'ordre, la propreté, la bonne conduite et la piété, que
trouveront-ils ?... Chers enfants qui reviendrez ici,
vous y trouverez toujours le même dévouement et le
même cœur ! N'oubliez jamais Auteuil, Auteuil où
tant de grâces sont venues transformer et inonder
vos âmes ! Tous, tous persévérez ! Nos vœux et notre
affection vous suivront soit que vous deveniez
de bons ouvriers, soit que vous rentriez dans ce
milieu désolé où nous vous avons trouvés et où vous
apporterez les bénédictions d'une sainte première
Communion, qui vous laisseront la force de donner le
bon exemple et de résister au mauvais ! Mais vous
viendrez nous revoir et vous nous trouverez toujours
les bras ouverts pour vous protéger et vous encou-
rager. Oui, lorsqu'en vous regardant partir, nous
sentons nos paupières humides, ce n'est pas parceque
nous avons assez fait pour nous attacher à vous c'est

parce que nous n'avons pas pu faire davantage
encore ! Un temps viendra peut-être où notre maison
plus vaste et nos bienfaiteurs plus nombreux nous
permettront d'en appeler et d'en garder un plus
grand nombre pour les instruire, les élever et leur
donner un état. Demandons-le à Dieu avant de nous
séparer ! »

Tel devait être en effet le couronnement
nécessaire de l'Œuvre d'Auteuil.

Il était cruel pour elle de voir ses enfants
d'adoption lui échapper immédiatement après
la première Communion.

Le lendemain du jour où Dieu cou-
ronnait lui-même par sa présence tant de
précieuses leçons et prenait possession de ces
âmes, commençait pour elles la dangereuse
émancipation de l'apprentissage. La boutique
ou l'atelier remplaçait la classe et trop
souvent de coupables distractions, la prière.
Quelques-uns reparaissaient de temps en
temps quand la famille était éprouvée par
la maladie, le chômage ou la misère, mais pour
le plus grand nombre, les liens qui les avaient
unis à leurs maîtres étaient brisés. Ils ne
les rencontraient plus que dans la rue où
quelquefois leur conscience intimidée n'osait
plus les reconnaître. Abandonnés, sur une

terre mouvante et inconnue, sans conseils
pour les avertir, sans bras pour les empêcher
de tomber, beaucoup cédaient aux mauvais
conseils du voisinage, se laissaient prendre
aux pièges cachés, et rejetaient loin d'eux
comme un vêtement puéril, les pieux enga-
gements qu'ils avaient contractés. Quand la
fièvre de la jeunesse était tombée, quand
ils étaient fatigués des joies qui corrompent,
ils venaient en pleurant se jeter dans leurs
bras, comme l'enfant prodigue, mais pour
beaucoup il était trop tard. La santé,
l'honneur perdus, ne se retrouvaient pas ; le
goût du travail revenait à grand'peine et les
années d'égarement pesaient douloureusement
sur la vie. Ils s'imposait donc de fonder un
asile pour les garder pendant le temps de
l'école et de l'apprentissage pour leur
apprendre à se défendre contre la corruption
et suffire à leurs besoins (1).

On ne l'a pas encore assez remarqué, la
révolution sociale et nos désastres de 1870-71
ont ouvert à Paris, depuis vingt ans, une ère
nouvelle dans l'état de nos classes ouvrières.

Autrefois les patrons gardaient chez eux

(1) Vᵗᵉ de Melun, *vie de sœur Rosalie,* page 69.

leurs apprèntis pour les former, sous leurs yeux, tout en les chargeant des labeurs secondaires de leurs maisons. C'était un surcroît de charges, de dépenses et de tracas qu'ils subissaient, parce qu'il était consacré par la coutume séculaire de nos corporations de France.

A la fin du Second Empire la position réciproque de l'apprenti et des patrons n'était déjà plus tenable par suite des caprices et du mauvais esprit des premiers comme des exigences des seconds.

Entre eux c'était un Vésuve toujours en ébullition. Dans tous les ateliers, l'objet exclusif des entretiens comme des complots qui fait le pain quotidien du prolétaire contemporain ne roulait que sur trois sujets exclusivement en honneur : 1° contre le patron, 2° contre la religion et les mœurs, 3° contre le gouvernement.

Notre économie politique ne doit pas chercher ailleurs que dans ce cratère subversif les fétides sources de la Commune de Paris et du Socialisme contemporain. — Une transformation radicale en a découlé pour la classe ouvrière. Ne voulant plus désormais se charger de leurs apprentis que pour les quelques heures consacrées au métier, les patrons les ont mis poliment à la porte en leur disant : « Nous ne voulons plus de « vous. Nous avons à conduire nos familles « aux fêtes, aux bals, aux théâtres, aux « bois. De votre côté allez où vous vou- « drez. »

Au lieu de réagir contre cette lamentable rupture, l'autorité judiciaire donnant désormais toutes ses faveurs *aux nouvelles couches* est venue la consommer. Dans tous les cas de contestation entre apprentis ouvriers et patrons, le conseil des Prud'hommes de Paris a brisé les contrats qui liaient les uns et les autres, donnant toujours tort aux maîtres et les condamnant à une indemnité envers leurs employés.

« Dehors! dehors! » ont répété les patrons d'un concert unanime. Et les pauvres apprentis sans foyer et les humbles ouvriers sans famille sont restés seuls, dans la rue, livrés à eux-mêmes ou plutôt à la démoralisation et à l'anarchie.

Les motifs rationnels de cette situation sont bien simples. Le patron ne veut plus faire d'apprentis comme autrefois, c'est-à-dire nourrir et loger les enfants. La cherté des loyers, et l'exiguité du logement sont les premiers obstacles à cette vieille coutume. On tient à son indépendance. On veut être chez soi, chaque soir, aller partout le dimanche sans avoir la surveillance d'un enfant qui n'est pas le sien, et tous les ennuis d'une éducation difficile, souvent ingrate, presque toujours coûteuse. D'un autre côté, les familles d'ouvriers, de petits employés ou de serviteurs en place, sont dans l'impossibilité de surveiller leurs enfants pendant les quatre ou cinq ans de l'apprentissage. Ceux mêmes qui pourraient exercer cette surveillance et faire ces frais, sentent que leur sollicitude ne tiendra pas devant les mauvais.

L'instruction et la formation des enfants du peuple constituent donc tout à la fois une question sociale et religieuse d'une importance majeure qui pourrait peser d'un poids considérable sur les destinées de notre pays selon qu'elle serait résolue dans un sens chrétien ou païen. Autrefois cinq ans d'apprentissage étaient exigés. Ensuite, chacun devait exécuter son chef-d'œuvre. Venaient cinq ans de compagnonnage, en voyages à travers la France pour se perfectionner et mériter enfin la maîtrise. C'était long ! mais celui qui achevait la route savait manier le fer s'il était forgeron, le bois s'il était menuisier, l'or s'il était bijoutier. On tenait à l'honneur de la corporation. On se serait déshonoré de faire de la camelote. Aujourd'hui comment a-t-on remplacé le talent et le savoir? Par l'argent et l'amour d'en amasser. Il suffit d'avoir des moyens pour être patron ; et, il en est dans l'ébénisterie surtout qui ne sauraient pas seulement clouer deux planches (1). Au fond le progrès moderne en est donc arrivé non pas seulement à démoraliser, mais encore à défaire les corps d'état.

En véritable mère du peuple, l'Église catholique ne pouvait se désintéresser d'une telle situation. Elle ouvrit ses admirables patronnages de Grenelle, Montparnasse, etc, etc... et, sur la puissante initiative de M. de Mun, elle fonda l'œuvre non moins populaire des cercles catholiques d'ouvriers. Mais ces enfants de treize, de douze, quinze ans rejetés sur le pavé de la Capitale au lendemain de leur première Communion pouvaient-ils rester oubliés et abandonnés ? Non ? L'œuvre du patronage s'imposait à l'asile d'Auteuil comme

(1) *Histoire d'un petit Homme*, par M. R. Halt.

à toutes celles qui
s'occupent des en-
fants du peuple.

« Cette œuvre,
dit M. Gouraud (1)
est une phase nou-
velle dans la cha-
rité. Ces enfants
adultes, répandus

(1) *Charité à Paris.*
p. 65.

dans la ville, sortant des écoles pour aller apprendre un métier n'ont-ils pas à redouter des dangers plus grands que ceux qui ont menacé leur berceaux ? Le patronage organise la protection des faibles par les forts, et constitue une adoption sérieuse. Chaque membre est un tuteur consciencieux et dévoué dont les efforts tendent à protéger l'enfant, et à lui faciliter d'apprendre un état.

Pour être complète, l'Œuvre d'Auteuil, tout en étant une école, devait donc forcément devenir un atelier. Après avoir donné l'éducation à ses enfants, elle leur devait aussi une profession.

Devenu un père de famille aussi tendre que vigilant, son fondateur voyait de trop près les écueils où venaient se briser le plus grand nombre de ses fils, au seuil de son asile, pour hésiter à le transformer en chrétien chantier.

De quel œil pouvait-il les suivre, sortant de chez lui pour se réfugier sous des hangars, dans des écuries, le long des parapets de la Seine, en des lieux de perdition ou sur des chantiers souvent plus funestes encore par le déplorable milieu qu'ils y rencontraient ? Pour le plus grand nombre il eût

été préférable de les savoir jetés au fond de
la mer avec une pierre au cou, que laissés
en pâture aux scandales de certains ateliers.

Qu'est-ce donc que l'atelier tel qu'il existe
parmi nous? L'atelier (1) est un lieu où le
travail du corps n'exclut pas les conversations
incessantes. L'atelier est un déplorable mélange
d'hommes faits, de jeunes gens et d'enfants,
c'est une réunion d'ouvriers plus ou moins
habiles au choix du patron qui les utilise mais
qui leur demande rarement quel est leur degré
de moralité. Supposons un instant, ce qu'on
peut presque nier, que ce jeune enfant qui
va débuter dans cette nouvelle carrière ait
reçu une éducation suffisante dans sa famille
ou à l'école ; dès le premier jour le voilà en
butte aux persécutions de tous ; l'un se moque
de ses pratiques religieuses dont un bout de
scapulaire ou de chapelet lui révèle le secret ;
l'autre tourne en ridicule ce que l'enfant avait
appris à respecter : les prêtres, sa religion avec
son dogme, sa morale, ses cérémonies, son
culte. Tous attaquent sa pudeur par des plai-
santeries obscènes, des conversations im-
mondes, des gestes indécents. Chacun lui

(1) *Œuvres de Jeunesse*, T. I. p. 37.

parle sans gêne des choses qu'il n'avait jamais entendu nommer. Semblables aux trois Hébreux dans la fournaise quelques-uns résistent à ce torrent brûlant où il leur faut demeurer malgré eux ; mais le plus grand nombre, que peut-il devenir ? Les uns sont timides et lâches, ils succombent par entraînement. Les autres finissent par trouver qu'après tout cette religion de la chair qui paraît être celle du très-grand nombre est beaucoup plus commode et répond mieux aux désirs des passions. L'enfant qui rougissait d'abord et gardait le silence finit par s'habituer aux plus sales propos. Il sourit malgré lui. Bientôt il prend part à la conversation. Il a honte d'en savoir moins que ceux qui se moquent de sa simplicité. Peu à peu, quelquefois même tout d'un coup, cet enfant devient comme les autres.

L'usine et l'atelier ouvrent vite les yeux des enfants. Ils les dépravent plus vite encore.

Là ce ne sont que plaintes sourdes, grondements de révolte, crises malsaines sur les droits de l'ouvrier, l'avenir du peuple, la tyrannie du capital, les aspirations des travailleurs, la haine des gouvernants ; ce ne sont surtout que laves de blasphèmes contre Dieu, ses ministres et sa religion !

On ne saurait comparer l'éducation des enfants du peuple avec celle des enfants riches. Dans la haute classe, c'est habituellement la mère qui a le soin de ses enfants et qui dirige leur éducation. Le père absorbé par ses fonctions ou ses affaires, heureux d'ailleurs de savoir ses enfants bien guidés, se prête à cet arrangement, y trouvant la sérénité du repos. Dans le peuple au contraire, les pères tout occupés par leur métier refusent aux mères le soin d'élever les enfants et la haute main sur leur éducation. Ils les obligent même à venir s'asseoir avec eux dans les cabarets ou dans les lieux de plaisir. Ils font tout enfin pour les affaisser jusqu'à leur bassesse au lieu de s'élever jusqu'à leur dignité. Que de pauvres mères mariées à des ouvriers pervertis et débauchés viennent chaque jour chercher à l'asile d'Auteuil un moyen de sauver leurs enfants et de le mettre à l'abri des mauvais exemples de son père! L'utilité de l'école professionnelle d'Auteuil parait donc évidente. Il est un devoir impérieux, après celui d'assurer aux enfants une forte éducation chrétienne, c'est de chercher à développer en eux les aptitudes spéciales dont le Seigneur a pu les douer. Un grand

nombre d'inventeurs et d'artistes célèbres ont
pris naissance dans les rangs populaires les
plus obscurs. Souvent c'est une circonstance
fortuite qui a fait jaillir de leur âme cette
étincelle divine, dont la négligence aurait à
jamais éteint le principe.

Les jeunes apprentis d'Auteuil sont bien
placés pour profiter de tous les progrès de
l'art. Chaque année on leur fait visiter les
belles expositions de l'Union Centrale, des
Beaux-Arts appliqués à l'industrie, aux
Champs-Elysées. Là tous les produits de
l'industrie nationale et de l'art employés à la
décoration et à l'ornementation sont réunis
par groupes, sous l'intelligente direction des
artistes et des fabricants de Paris. Là, tous
ces jeunes ouvriers imprimeurs, menuisiers,
graveurs, etc., peuvent admirer les chefs
d'œuvre des travaux qui les occupent chaque
jour, dans les divers emplois du papier, du
bois, des tissus.

On les voit s'arrêter avec curiosité devant
les magnifiques meubles sculptés exposés par
les principaux maîtres, devant les livres splendides sortis des presses des imprimeries
célèbres, étudier avec une attention extrême
les procédés de gravures au moyen de la

photographie, et de la galvanoplastie ; plusieurs ne peuvent s'arracher aux curieux métiers de la manufacture des Gobelins, si habilement manœuvrés par l'un de ces artistes dont la réputation s'étend jusqu'aux limites du monde. Quelques-uns rêvent devant le clavier de la machine à composer, d'autres, devant les superbes broderies des maisons de Saint-Quentin et de Lille.

Ils s'intéressent à toutes ces merveilles, et comprennent le prix et le but du travail.

Qui peut dire si quelqu'une de ces promenades ne vaudra pas à la France quelques nouveaux émules, solidement chrétiens, des Gutenberg, Boule, Jacquart et Kolping. Il est du moins permis de le souhaiter.

Depuis le jour de sa fondation 19 mars 1866 jusqu'en janvier 1870 l'œuvre d'Auteuil recueillit pour les nourrir, les abriter et les élever trois mille cinquante orphelins âgés de douze à dix-huit ans, dont un bon nombre n'étaient pas même baptisés.

En présence des nombreuses demandes qui affluaient chaque jour à sa porte, il était temps d'agrandir ses humbles locaux et de leur donner la stabilité nécessaire pour l'avenir. On y vivait au jour le jour et en garni. Il

était de la plus extrême urgence d'être propriétaire et chez soi.

Après avoir pris les plus autorisés conseils,
le fondateur soumettait le 2 février 1870, à
tous ses protecteurs, la circulaire suivante :

« L'œuvre de la première Communion des enfants
abandonnés commença il y a bientôt quatre ans,
sans autre appui que la Providence dans une maison
louée à Auteuil. Son but était de recueillir les enfants
vagabonds de douze à dix-huit ans sans famille, pour
les instruire pendant trois mois, leur procurer le bienfait d'une première Communion et les placer ensuite
dans d'honnêtes maisons pour leur apprendre un
état.

« En ce moment, elle compte quarante jeunes gens
et comme personnel, deux ecclésiastiques, deux religieuses et quatre auxiliaires sous-maîtres, il est su-
perflu de dire combien ils sont pauvrement resserrés
dans un local devenu trop étroit et qu'il est urgent
d'asseoir cette œuvre sur un terrain indépendant, si
l'on veut assurer son avenir et son extension.

« C'est dans ce but que M. l'abbé Roussel, approuvé et encouragé par ses supérieurs, entreprend
l'acquisition de l'immeuble qu'il avait loué jusqu'à ce
jour et dont il pouvait être bientôt dépossédé.

Il ose compter sur la bonté de Dieu pour disposer
les cœurs d'une centaine d'âmes chrétiennes à entrer
dans son projet.

« Le voici dans sa simplicité. Pour réaliser les

55, 000 fr. nécessaires, il demande à 110 personnes un prêt de 500 fr. garanti par l'immeuble sans intérêts et qu'il s'engage à rembourser dans onze ans, par voie de tirage au sort, à raison de dix obligations par année. Le pauvre prêtre qui fait cet œuvre a le plus vif désir de témoigner sa reconnaissance à ceux que Dieu choisira pour l'aider à faire le bien. Après avoir acquitté la dette matérielle il compte acquitter la dette spirituelle, en priant pour eux, et en mettant dans son humble chapelle et sous les yeux de Notre-Seigneur les noms des cent dix souscripteurs, qui mériteront bien légitimement, par cette coopération, le titre de fondateur, »

Les noms bénis de ces amis de la première heure méritent d'être enregistrés en ces pages comme dans un livre d'or. Ce furent :

S. G. Mgr DARBOY, archevêque de Paris.
— Mgr BUQUET, évêque de Parium.
MM. CATHELIN, curé d'Auteuil.
    DE BORIE, curé de Saint-Philippe-du-Roule.
    TAILLANDIER, curé de Chaillot.
    DEGUERRY, curé de la Madeleine.
    HAMON, curé de Saint-Sulpice.
    GAYRARD, curé de Saint-Vincent-de-Paul.
    SIMON, curé de Saint-Eustache.
    CHEVOJON, curé de Saint-Ambroise.
    DE BRÉON et DE FRÉDRO, vicaires à Saint-Philippe-du-Roule.
    HOUSSAYE ET BRETAGNE, vicaires de la Madeleine.
    l'abbé MARBEAU, vicaire à Saint-Honoré.

MM. l'abbé DE GIRARDIN.

    LECLERC, aumônier de Louis-le-Grand.

    VALLET, directeur de l'institution Notre-Dame d'Auteuil.

    le frère LIBANOS, directeur du pensionnat de Passy.

    La Supérieure du couvent de l'Assomption.

M. et Mme C. Dognin. — Mme Cousin. — Mme Desbouillons. — Mme Baudoux. — M. Chesnon. — Mme Lafond. — M. Vestier. — Mlle La Fonta. — Baronne de Chastard. — Mme Josserand. — M. L. de Tourville. — M. Hocard. — M. Ch. Hamel. — Mme Picque. — Mme Didier. — M. Oudry. — M. Blondel. — Mme Baraul. — M. Parguez. — Mme A. Blanchet. — Comte Frédéric. — M. Charles Demion. — M. Plantier. — M. Sajou. — M. Betencour, capitaine des pompiers de Paris. — Mlle de la Touche. — Mlle Mignon. — M. et Mme Gosselin. — Mme Robert. — M. Ch. Letaille. — M. Moulun. — Mme Corcellet. — M. Crevecœur. — Vicomte Rœderer. — M. Queille. — M. Baumard. — M. et Mlle Blanchet. — M. de Marolles. — M. et Mme E. Dognin. — MM. et Mme Vallot. — Baronne de Saint-Quentin. — Mme Eustace, née Sainte-Claire. — Mme Bonvalet. — Mme Coste. — Comtesse de Mesnard. — M. et Mme Caplain. — M. Boumard. — Mlles Lorillon. — M. et Mme E. de Margerie. — Mlle Hermand. — M. et Mme de Montbrun. — Comte Pillet-Will. — Mlle Gagez. — Mme de la Paquerais. — Comtesse Pontgibaud. — Mme Locard. — Mme de Montjulin. — Mme Jouet. — M. et Mme Turgis. — Mmes Casenave. — Vicomtesse de Janzé. — Marquise de Tamisier (1)

---

(1) Durant dix ans, les actions ont été remboursées par tirages réguliers.

Ainsi, à la veille de nos suprêmes épreuves, l'œuvre était fondée. Les premiers mois de l'année 1870-71 voyaient le nouveau Bethléem se transformer en Nazareth. Les derniers allaient en faire aussitôt un autre Golgotha.

CHAPITRE III

L'ŒUVRE DÉVELOPPÉE

> Et l'enfant croissait, et il se fortifiait.
> Il était rempli de sagesse et la grâce
> de Dieu était en lui.
>
> (*St-Luc* II. 30.)

Siège de Paris. — Les Orphelins transplantés dans la Sarthe.
— Cercle Militaire d'Auteuil. — Un aide de camp, jambe
de bois. — Le jeune héros de Villemomble. — Le petit
Sauveur de l'Église et du curé de Saint-Eustache. — Les
Orphelins de la Commune. — Mgr Lamazou. — Ama
nesciri. — Nouvelles merveilles de Notre-Dame des Vic-
toires. — Fondation des ateliers de l'imprimerie et de la
France Illustrée. — L'Église Catholique et la Presse.
— Construction de la Chapelle. — Érection canonique
de la Confrérie de Notre-Dame de la première Com-
munion et de la Persévérance, par Son Eminence le
Cardinal Guibert.

VOICI les jours de tribulations, d'angoisses,
de misères, de calamités et de tempêtes !
Il n'entre pas dans notre modeste cadre

d'en écrire la déplorable histoire. Elle est admirablement résumée dans cette page de saint Grégoire le Grand, parlant de l'invasion des barbares et du sac de Rome impériale.

« Vous ne voyez partout que deuils et vous n'entendez partout que gémissements. Les campagnes sont ravagées, les villes détruites, les coups frappent chaque jour sans relâche, et les fléaux de la céleste justice ne prennent pas de fin parce qu'au milieu de ces fléaux nos mœurs ne se corrigent pas.

« Et cette Capitale qui paraissait être la reine des nations, dans quel état la voyez vous ? Accablée sous le poids d'immenses douleurs, foulée aux pieds par ses ennemis, dépeuplée de ses citoyens, encombrée de ruines, il semble qu'elle ait vu s'accomplir sur elle la malédiction prononcée : *Malheur à la ville de sang ! J'en ferai un grand bûcher. Placez le vase sur le feu et dans ce vase mettez les os et les chairs ; et consumez jusqu'à ce que le vase lui-même soit fondu par les flammes !* »

Ceux qui ont eut le malheur de vivre en 1870-1871 savent que c'était bien celà. Dans un ciel serein jamais plus soudaine tempête n'éclata comme la guerre franco-allemande sur la France et Paris. Déclarée sans aucun motif, engagée sans apprêt, conduite sans plans, poursuivie sans raison, terminée sans honneur, elle ne fut qu'un cataclysme inouï dans l'histoire des peuples et une implacable suite de vertigineux désastres dont la patrie mutilée portera le deuil éternel !

Un grand sentiment de résistance animait les cœurs français, et spécialement les Parisiens fièvreux. Mais le tiers de la France étant occupé déjà par l'ennemi, et toutes nos armées captives ou bloquées restant impuissantes, Paris se sentait étreint dans un cercle impitoyable de fer et de feu !

Hugo avait beau crier.

« Tocsin, ! Tocsin ! Que de chaque maison · il sorte un soldat ! Que le faubourg devienne régiment, que la ville se fasse armée ! Les Prussiens sont huit cent mille ! Vous êtes quarante millions d'hommes. Dressez-vous et soufflez-sur eux ! »

Toutes ces belles phrases restèrent sans écho. Publiées le 16 Septembre 1870, elles recevaient une réponse inplacable quatre jours après, avec l'investissement de la Capitale.

Quel spectacle à travers les routes, les chemins, les sentiers, les voies ferrées, et les étia-

ges de ses alentours !... De tous les Départe-
ments limitrophes, les voitures, les charrettes,
et les bateaux affluent. Les populations fuient
devant l'ennemi et de toutes parts accourent
à Paris.

On se presse, on s'entasse à toutes les
barrières comme à tous les octrois supprimés,
les uns pour sortir, les autres pour entrer.

Le maréchal Niel réputé le dernier grand
ministre de la guerre de Napoléon III avait dit
lui-même.

« Quel développement ne faudrait-il pas donner
aux troupes assiégeantes pour envahir Paris ? Un
développement de vingt lieues. Quelle armée ennemie oserait au cœur de la France se placer sur un
cercle de vingt lieues ? Ah ! il serait bientôt forcé !
Non ; il n'est pas possible d'investir Paris. Il faut
qu'on l'attaque par quelque côté, isolément ; mais
alors ce ne sera pas Paris qui sera assiégé, c'est
l'assiégeant qui sera enveloppé de tous les côtés.
C'est évident, Paris ne saurait être assiégé. »

Telle avait été l'opinion universelle jusqu'à
ce jour. Oh ! quelle amère déception ! Paris
n'était plus qu'une immense souricière !
Victorieuses partout, les armées allemandes
marchaient sur une place sans armée, aux
grandes portes largement ouvertes !

Il fallait l'avertir et le réveiller, ce Paris endormi, abusé, mystifié. A la voix du canon d'alarme il fallait lui dire enfin : Ton agonie commence !... Les arrêts de Trochu s'en chargèrent. Les uns ordonnaient de déverser les eaux du canal de l'Ourcq dans les fossés de la place. Les autres d'incendier à l'approche de l'ennemi les forêts, les bois et les bâtiments qui pouvaient compromettre la défense. Le brave général voulait même que le fond des fossés des fortifications fut garni de fagots et de branchages imbibés de matières liquides incendiaires pour être livrés aux flammes. On avait quatre jours pour organiser le blocus et il aurait fallu des millions de bras et toutes les eaux de France et tous les pétroles d'Amérique pour exécuter ces ordres insensés.

Ils ne le furent pas ; et le 20 septembre 1870, Paris fut aussi habilement et aussi étroitement étranglé que l'avaient été Strasbourg et Metz. Au mois d'octobre 1870, les maires de Paris avaient opéré le recensement de la capitale. Le chiffre de la population s'élevait à deux millions trente-six mille âmes non comprise l'armée qui comptait vingt-deux mille hommes. Le Gouvernement n'avait calculé ses approvisionnements que pour un million huit cent mille.

L'émigration produite par la panique et l'immigration des gens fuyant devant les Prussiens, ou chassés en grand nombre de leurs foyers par les mesures défensives que Trochu avait dû prendre, ne s'équilibrèrent pas et l'immigration fut bien supérieure. Trochu ordonna aussi l'expulsion de Paris de toutes les bouches inutiles. Les timorés même les plus belliqueux en paroles lui obéirent seuls. Les patriotes se contentèrent de mettre leurs femmes et leurs enfants en sûreté dans une ville de province ou bien aux bains de mer, et rentrèrent dans la ville menacée. Bismarck et de Moltke employèrent trois mois pour organiser ce qu'ils appelaient *l'heure psychologique*, c'est-à-dire le bombardement de Paris. Le 10 janvier 1871, le gouvernement français publiait une protestation restée historique contre cet acte inouï de vandalisme accompli en violation de toutes les règles de la guerre inscrites au code des nations et sans même l'avoir dénoncé.

« L'ennemi a commencé le bombardement de nos forts le 30 décembre et, six jours après, celui de la ville. Une pluie de projectiles dont quelques-uns pesant 94 kilogrammes, apparaissant pour la première fois dans l'histoire du siège, ont été lancés sur la partie de Paris qui s'étend depuis les Invalides jusqu'au Muséum. Le feu a continué jour et nuit sans interruption, avec une telle violence que, dans la nuit du 8 au 9 Janvier, la partie de la ville située entre Saint-Sulpice et l'Odéon recevait un obus par chaque intervalle de deux minutes.

« Tout a été atteint. Nos hôpitaux regorgent de blessés, nos ambulances, nos écoles, les musées et les bibliothèques, les prisons, l'église Saint-Sulpice, celles de la Sorbonne et du Val-de-Grâce. Des femmes ont été tuées, dans la rue, d'autres dans leur lit ; des enfants ont été saisis par des boulets dans les bras de leurs mères, une école de la rue Vaugirard a eu quatre enfants tués et cinq blessés par un seul projectile.

« Au Val-de-Grâce, deux blessés ont été tués dans leur lit. Cet hôpital, reconnaissable à la distance de plusieurs lieues par son dôme, porte les traces du bombardement dans ses cours, dans ses salles de malades et son église dont la corniche a été enlevée. Tels sont les actes de l'armée prussienne et de son Roi présent au milieu d'elle. Le Gouvernement les constate pour la France, pour l'Europe et pour l'histoire. »

Rien de plus cyniquement vrai. Les prouesses allemandes se sont exercées à Paris sur les malades des hôpitaux et les petits enfants des écoles. Les hospices de

la Piété, de la Salpétrière, de la Charité,
du Midi, Necker, Cochin, de Lourcine, les
Jeunes Aveugles, l'asile Sainte-Anne, les
Enfants Malades, l'école des Frères de Saint-
Nicolas, contenant des milliers d'infirmes, de
blessés, d'aliénés ou d'orphelins, tels furent
les objectifs de leurs horribles attentats.

Les orphelins d'Auteuil furent plus heureux
que leurs frères de Saint-Nicolas. Pour obéir
à l'ordre du gouvernement de faire sortir
toutes les bouches inutiles, M. Roussel rendit
à leurs familles ceux de ses enfants qui en
avaient, et fit partir pour la Sarthe vingt-trois
orphelins dépourvus de tout soutien.

Le dernier train livré au public les emporta
loin des dangers comme des horreurs du siège.
Il les confiait aux soins éclairés de son oncle
M. le curé Roussel, et de sa nièce, vénérable
fondatrice des sœurs de l'Enfant-Jésus. C'était
la fuite en Égypte pour échapper aux coups
de nouveaux assassins !

Dans une gracieuse esquisse sur les enfants
d'Auteuil, M. Antonin Rondelet a bien résumé
cette période historique de l'œuvre. « C'est
dans la Sarthe, dit-il, que les pauvres orphelins passèrent ces dix longs mois de siège.
C'est là que, conservant en eux la grâce de

leur première Communion, ils firent sans aucune
exception et sans aucun relâchement, l'édifi-
cation des populations qui les environnaient,
et, qui n'avaient guère l'habitude de recevoir
de si bons exemples du voisinage et du contact
des gamins de Paris. »

Pendant ce temps le Directeur de l'établissement d'Auteuil était resté dans sa chère
maison, à la façon de ces vaillants capitaines
qui ne peuvent se résoudre à quitter le navire
sur lequel ils se sont embarqués, même lorsque
ce navire fait eau, et que la tempête le met
en perdition.

On sait la situation stratégique d'Auteuil et
de Passy, durant le siège. A partir de la maison
de la première Communion, le terrain remonte
par une pente insensible, jusqu'au chemin de fer
de ceinture et jusqu'à la ligne de fortification.
Il y a là un relèvement très marqué du sol
et comme un emplacement préparé d'arrière-
garde aux avant-postes de combat plus rap-
prochés de Saint-Cloud. Aussi ces riches villas,
ces habitations luxueuses, ces rues parcourues
jadis par des grandes dames avec des robes de
soie, des chérubins aux cheveux blonds et
des serviteurs en livrée, tout était livré a
des essaims de soldats aux uniformes les plus

imprévus. On se serait cru transporté sur l'extrême frontière au milieu de quelque place forte. Après tout, il est bien vrai de dire, qu'à ce moment Paris était en face de l'ennemi, la dernière limite de la France.

On vit bientôt circuler parmi les militaires ces petits billets d'invitation.

RÉCRÉATIONS

OFFERTES GRATUITEMENT AUX MILITAIRES
40, Rue de La Fontaine, 40
A AUTEUIL, PRÈS PASSY ET LE PONT DE GRENELLE

M. l'abbé Roussel met sa maison à la disposition des Militaires.

Ils y trouveront tout ce qu'il faut pour écrire à leur famille, s'instruire et se recréer, des jeux, et des classes du soir, enfin une chapelle où ils pourront entendre la messe le Dimanche, à toutes les heures du matin.

Voici donc la maison d'Auteuil transformée en véritable Cercle Militaire. Il s'y disait chaque matin quatre messes, et tous les soirs, on se réunissait pour chanter des cantiques, entendre une instruction, et recevoir la bénédiction du Très-Saint Sacrement. Ces mêmes hommes qui, dans les temps ordinaires, auraient probablement dédaigné les secours spirituels ainsi offerts, accouraient en foule à ces exercices religieux ; ils se pressaient à l'envi dans l'étroite enceinte de la petite chapelle.

Les chiffres sont plus éloquents que les paroles. La Communion a été distribuée à quatre mille soldats. Plus de cinq mille confessions ont été entendues. Un Révérend Père Dominicain, et trois aumôniers travaillaient ensemble cette vigne du Seigneur. Qui pourrait dire les bonnes résolutions prises par ces âmes vaillantes et raffermies ainsi dans leur foi, en présence de la mort ?

Auteuil était principalement occupé, à cette époque, par des hommes que leur passé de dévouement et d'abnégation semblait prédisposer au noble rôle qu'ils ont été appelé à jouer pendant le siège.

C'étaient d'abord les mobiles Bas-Bretons, conduits comme au temps du moyen âge, par leurs gentilshommes. On se retrouvait, comme au temps des périls sociaux, réunis autour du même drapeau, et à genoux au pied de la même croix, pour défendre la société menacée, et pour travailler en commun à l'œuvre patriotique de la libération du territoire.

A côté d'eux, les gendarmes, à peu près tous mariés, et laissant derrière eux, avec une grandeur d'âme qu'on ne saurait trop

louer, leurs femmes à demi-veuves, et leurs
enfants à moitié orphelins.

Un de ces militaires, père de famille, mais
en retard pour ses devoirs religieux, aborde
un jour M. Roussel d'un air sérieux. — « Je
voudrais bien, monsieur l'Aumônier, que vous
m'aidiez à faire une niche à ma femme !

— Et laquelle, mon ami ? — Elle est
très pieuse. Il y a fort longtemps que je ne me
suis pas confessé, et n'ai communié. Je vous
prie de me nettoyer un peu avant de partir !
Je communierai au pays ! Ah ! ma femme sera
bien heureuse de me voir à côté d'elle à la
Sainte Table ! »

Le croirait-on ? pendant ces jours de détresse
ces braves gens oubliant leurs propres misères, et la ruine qui les menaçait trouvaient
encore moyen de faire le bien !

Dans une de ses instructions du soir, M.
l'abbé, s'adressant à la troupe d'élite des
gardes forestiers, lui rappela que la Providence
les abritait dans une institution consacrée au
service des orphelins. Bien qu'ils fussent tous
mariés, Dieu ne leur avait peut-être pas accordé à tous la satisfaction d'avoir des enfants.
N'était-ce pas le cas de se créer par l'aumône
chrétienne une seconde famille ?

Après l'instruction il voit entrer à la sacristie quatre de ces braves gens qui lui demandent chacun d'adopter un de ces pauvres enfants !

Durant cette période néfaste, l'histoire d'Auteuil doit enregistrer quelques noms très humbles mais très dignes de figurer avec honneur dans ses annales. Le premier est celui de Jean Delbosc. Intelligent et laborieux, énergique et honnête, il était le type accompli de l'ouvrier parisien devant exceller dans le bien ou dans le mal. Jeune encore, abandonné à lui-même, n'ayant rien pour le prémumir contre les dangers de l'atelier, il en avait retenu tous les préjugés antireligieux. Il s'en était même fait l'apôtre. Que de fois, on l'entendit s'écrier pour exprimer à Dieu sa reconnaissance et son repentir : « J'ai eu bien de la chance de trouver l'Œuvre de la Première Communion avant la guerre. J'étais tellement égaré sous tous les rapports que j'aurais sans doute donné dans les horreurs de la Commune ! Que de grâces j'ai à rendre à Dieu de m'avoir envoyé ici pour faire pénitence et bien mourir ! » Ce fut à un accident terrible qu'il dût ce qu'il appelait naïvement une bonne chance. Il s'était broyé la jambe. Porté à l'Hôtel-Dieu, l'amputation fut pour l'aumônier une occasion de lui parler sérieusement. Il lui inspira la pensée d'entrer à Auteuil. Il y vint et se mit à l'étude du catéchisme avec ardeur. Dieu l'en récompensa par une fervente première Communion à la Saint-Joseph 19 mars 1870.

« Je vous en prie, mon Père, disait-il alors, ne me laissez pas retourner dans le monde ; gardez-moi avec vous ! Je voudrais essayer de faire pour les autres ce que vous avez fait pour moi! Il me semble que je pourrais vous aider un peu à faire connaître le bon Dieu à ceux qui l'ignorent comme je l'ignorais! Si vous me laissez retourner dans les ateliers, vous m'envoyez en enfer ! »

On le garda pour lui confier un petit catéchisme. Il y prouva bientôt que le zèle et la charité aidés d'un bon jugement peuvent avec la grâce suppléer à l'étude. Ce n'était là cependant qu'une de ses occupations. Les autres variaient selon les besoins de la maison. Il se prêtait à tout avec empressement et une habileté merveilleuse. La guerre vint bientôt offrir à ce converti une mémorable occasion de servir Dieu et le prochain.

« Après le départ de nos enfants pour la Sarthe, raconte M. le Directeur, notre maison d'Auteuil fut mise à la disposition des militaires. Campés au nombre dix mille dans le quartier, nous en avions à certaines heures de la journée jusqu'à six cents. Il y avait là beaucoup de zèle à dépenser ; notre jeune homme y mit le sien. Les gardes forestiers ayant quitté leurs paisibles habitations pour devenir nos voisins, ne l'ont pas oublié. Ils appelaient Delbosc *la bonne jambe de bois,* ou bien *l'aide de camp à la jambe de bois.* De retour dans leurs foyers ces braves ont écrit des lettres touchantes dans lesquelles il est toujours nommé avec reconnaissance.

« Notre maison d'Auteuil resta confiée à deux de nos anciens enfants Ludovic Hurel, mort bravement et saintement au poste il y a trois ans et notre *Jambe de bois.* L'un et l'autre, ils justifièrent notre confiance. Les Communards vinrent pour piller la maison ; mais Jambe de bois qui les connaissait fit si bonne contenance et son compagnon parla si bien de l'Œuvre que le Chef de bande dût reculer, abandonné des siens et n'osant rien faire ni rien dire !

La tourmente révolutionnaire passée, notre Œuvre reprit son cours ordinaire. Delbosc restait avec une vie épuisée qui devait s'achever

dans de continuelles souffrances. Malgré son
énergie, il fut obligé de garder la chambre.
Cette nature d'élite souffrait de ne pouvoir
plus être utile. Oh ! l'amitié reconnaissante
rend ingénieux. Il le prouva. Il voulut tenir
les livres des tailleurs, et la caisse des
apprentis.

Il conserva ces fonctions pendant deux ans
et demi passés dans son lit. Durant cette
longue maladie, Delbosc ne cessa d'édifier ceux
qui l'approchaient. Sur son visage altéré par
la souffrance, les visiteurs lisaient la foi la
plus vive, le repentir le plus sincère et la confiance en Dieu. Il avait un culte particulier
pour le Sacré Cœur de Jésus, l'Immaculée
Conception de Lourdes, et saint Joseph
protecteur de l'Œuvre.

Afin d'expier dignement ses égarements
passés et d'en obtenir le pardon, il s'humiliait
en public : *Hélas ! disait-il souvent, le bon Dieu a
eu pitié de mes misères ! Qu'il est bon et miséri-
cordieux !* Il aimait à se faire lire la préparation
à la mort. Il y puisait consolation et courage.
Il avait fait d'Auteuil le vestibule du ciel.
Voyant sa fin approcher il demanda les Sacrements. Il attachait tant d'importance au
travail de la maison qu'il ne cessait de prier

Dieu de le faire mourir un vendredi afin d'être inhumé le dimanche, pour ne pas occasionner du dérangement. Sur ses derniers jours il ne cessait de répéter.

« Enfin je serai bientôt délivré ! A la fin de la semaine le bon Dieu m'aura fait cette grâce ! Pourtant cette interminable maladie n'était pas de trop pour expier mon malheureux passé ! » Puis il ajoutait : *« J'ai souffert et j'espère ! Et quand je serai là-haut si j'ai quelque pouvoir auprès de Dieu, je m'en servirai en faveur de l'Œuvre. Oh ! comme je prierai pour ceux qui travaillent à cette tâche sublime ! »*

Enfin il s'endormit dans le Seigneur en murmurant cette dernière parole : *« Mon Dieu, bénissez toujours l'Œuvre d'Auteuil et ses Bienfaiteurs !*

Il serait hors de propos de raconter ici les opérations militaires accomplies durant le siège de Paris. Elles se ressemblèrent toutes. Les assiégés faisaient des sorties sur Villejuif, Chevilly, le Bourget, Thiais, Champigny, Buzenval, etc., etc. Les lignes prussiennes délogées de leurs positions battaient en retraite jusqu'à leurs réserves. Celles-ci donnaient, et leur retour offensif, nous obligeait toujours à rentrer à l'abri de nos forts ou dans Paris. A l'affaire de Villemonble, l'un des six premiers enfants d'Auteuil, L. Dubois à peine

agé de vingt ans, se conduisit avec une intrépi-
dité de vieux soldat. Il s'était confessé la veille.
Ses chefs le virent s'élancer aux avant-postes,
comme un lion, soutenir les premiers feux, re-
lancer ses camarades et tomber enfin lui-même
pour ne plus se relever. Quand ils l'emportèrent
tout sanglant entre leurs bras, il baisait
pieusement encore son scapulaire, son chapelet
et sa médaille en leur disant : *Tenez, quand je
serai mort, vous porterez ces souvenirs sacrés à ma
mère ! Je les ai reçus le jour de ma première
Communion à Auteuil ! Elle les y rapportera !...*
Celle-ci en effet vint en pleurant offrir à la
chapelle d'Auteuil ces reliques toutes maculées
du sang de son héroïque enfant !

Le jeune Paul Broda dont le nom est inséparable des fastes du clergé de Paris en 1870-71
fut aussi un orphelin d'Auteuil. Sa mère
pauvre veuve vendait des légumes sur le
carré de la Halle. On leur doit le salut de
l'église et du curé de Saint-Eustache.

Laissons parler M. l'abbé Couillié alors
vicaire de cette paroisse, aujourd'hui évêque
d'Orléans.

« Les dames de la Halle avaient résolu de sauver
leur curé. L'une d'elles s'offre pour aller porter à

l'Hôtel de Ville une lettre couverte de signatures. — Mais il ne faut pas y aller seule, lui disent ses compagnes.

— *Eh bien ! j'irai, moi !* répond de suite un jeune enfant de douze ans, Paul Broda. Sa mère restée veuve est marchande au détail. La proposition du petit homme est acceptée ; ils partent. Arrivé au premier bureau du Comité Central, Paul frappe à sa façon et est introduit avec la dame déléguée.

A la lecture de la lettre, le citoyen chef du bureau s'écrie : « *Encore ce curé de Saint Eustache !* — Là-dessus, Paul murmure entre ses dents...

— Que dis-tu, toi marmot ? — Je dis qu'il n'a pas un bon feu comme vous, mon curé de Saint Eustache. — C'est qu'il n'a pas de bois. — Pardi, pas de bois, il le donne aux pauvres et son argent aussi ! — Qu'en sais-tu ?.. T'en a-t-il donné jamais à toi ?—Pas à moi, mais à ma mère ; il lui en donne pour acheter ses choux, et maintenant qu'elle a une fluxion de poitrine, c'est lui qui envoie du bon bouillon ! Ces paroles, dites avec l'aplomb que l'enfant de Paris possède, étonnent ces messieurs : Allons, allons ! ton curé ira dans la grande boutique.

— Qu'est-ce que c'est que votre grande boutique ? répond Paul qui a compris ; et de grosses larmes coulent sur ses joues ardentes... mais bientôt, il reprend : vous ne me le rendrez donc pas, mon curé ?...

Qui est-ce qui me donnera à manger ce soir ?..

— Il donne donc beaucoup aux pauvres, ce Curé-là, dit le chef. — Venez voir à l'église, ajoute l'enfant, la queue qu'il y a tous les matins !

— Eh bien ! mon garçon, tâche de trouver quelqu'un qui te donne à manger ce soir, et demain, ton
curé te donnera à déjeuner !

Ce touchant épisode mérite d'être conservé
autant dans les fastes héroïques du clergé de
Paris que dans les modestes annales d'Auteuil.

Durant tous ces tristes événements, l'Orphelinat servit ainsi de cercle militaire et d'ambulance. On y recueillait les blessés, on y
soignait les malades, on y soulageait les
mourants. Quand la jeunesse pleine d'avenir
doit prématurément dire adieu à la vie, à
la famille, à la patrie vaincue, il lui faut
des secours surhumains. Ah ! les soldats français meurent deux fois, quand ils doivent
périr en face de l'ennemi victorieux. Auteuil
leur apprenait à faire ces suprêmes sacrifices
en vrais fils de l'Église et de la France. Hélas !
comme tous les autres boulevards de notre
défense nationale, Paris devait succomber.

La capitulation fut signée le 28 Janvier 1871.
Aussitôt le fondateur se mit en devoir de
ramener au bercail ses brebis dispersées. Il
sollicita un laissez-passer qui lui fut accordé
le 12 février, après mille périlleuses démarches près le préfet de police Crémer à Paris
et près le major Lanshof à Nogent; le 17. Aussi-

tôt, il franchit courageusement par Sèvres les avant-postes prussiens.

En temps ordinaire dit M. le comte d'Hérisson, (1) rien n'est plus facile que de se rendre à Sèvres. Mais à cette époque les choses les plus simples habituellement, devenaient des difficultés insurmontables. Maisons écroulées, palissades arrachées, terrains vagues obstruaient complètement tous les chemins. Pas un arbre qui n'eut reçu de projectiles! Les mitrailleuses françaises avaient fauché les vignes et les jardins, coupant ceps et échalas au ras de terre. En certains endroits une humidité fade marquait les flaques de sang bues par la terre. Ici des casques, là des fusils, plus loin, des sacs, des képis, des sabres, des ceinturons et surtout un grand nombre de gibernes. Il régnait en ces régions un silence solennel, entre les sentinelles avancées, postées sur les deux rives, on aurait entendu voler une mouche, et ont eût dit que la Seine elle-même glissant lentement dans ce paysage désolé avait absorbé le murmure de ses eaux. L'arche du milieu du pont de Sèvres n'existait plus. On l'avait fait sauter avec la dynamite.

_____

(1) *Journal d'un officier d'ordonnance.*

Il fallait traverser le fleuve sur des barques que les factionnaires prussiens avaient trouées commes des écumoires à coups de fusil jusqu'à leur ligne de flottaison. C'était grandiose, mais c'était horrible! Une fois parvenu sur la rive allemande on apercevait braqué sur Paris un cercle de canons aux gueules encore fumantes, étagés sur tous les coteaux de Sèvres d'où ils avaient vomi la destruction et la mort.

En vain Bismarck avait prédit aux hommes d'État français l'éruption certaine de la Commune. Ce nouveau cataclysme plus effroyable que le premier venait bientôt fermer les portes de Paris à ceux qui avaient eu le bonheur d'en sortir. Le directeur d'Auteuil prévoyant dans un très prochain avenir l'urgente nécessité d'ouvrir sa maison aux innombrables victimes de nos dissensions sociales sût mettre ce contre-temps à profit pour se rendre à Londres afin d'y recueillir quelques secours.

Fallait-il compter encore sur Paris pour sauver son entreprise naissante? Paris était la proie des flammes, des pillages et des assassinats! Dieu avait d'ailleurs ses desseins et, de ce voyage de mendicité entrepris pour le salut d'une œuvre expirante en son berceau, il allait faire naître bientôt son entier développement. A la veille des affreux massacres de la Roquette et de la rue Haxo, M. Lagarde envoyait à M. Roussel la lettre suivante pour l'aider à reconstituer son œuvre.

Versailles, le 15 mai 1871.

Je soussigné, Vicaire Général de Paris, certifie que M. l'abbé Roussel a fondé dans notre diocèse à Auteuil, un asile pour les enfants pauvres et abandonnés.

Mgr l'archevêque recommande avec les plus vives instances cette œuvre grandement éprouvée par les derniers malheurs de la France. Les services signalés qu'elle a déjà rendus à la religion et à la société lui méritent toutes les sympathies. Du reste l'insurrection formidable, dont Paris vient d'être le triste théâtre et qui menaçait l'Europe entière, montre bien qu'on ne saurait assez prendre soin de cette partie de la société trop délaissée, souvent élevée sans principes, et préparant les plus lamentables catastrophes.

E. J. LAGARDE

Nos désastres léguaient à Paris des milliers d'orphelins que personne n'osait ou ne voulait recueillir. La maréchale de Mac-Mahon et Madame Thiers en, adoptèrent quelques centaines. M. le duc de la Rochefoucauld-

Bisaccia, M. de la Bouillerie, M. de Talhouët
et M. de Lareinty, fondateurs de l'œuvre de
Convalescence pour les Enfants pauvres, leur
ouvrirent l'asile Saint-Louis dans leur maison
de la rue de Sèvres, n° 67, sous la maternelle vigilance des sœurs de charité.

Le nouvel archevêque de Paris en recueillit
la plus large part en se chargeant de cinq
cents orphelins. » On s'est tourné comme par
instinct, disait-il lui-même (1) vers le successeur du vénérable pontife tombé victime
de nos discordes sociales; et, il m'a suffi
d'un mot prononcé au nom de la charité de
l'Église, pour être mis à même d'adopter
ces pauvres enfants et d'assurer leur avenir.
Ceux qui ont la sollicitude de l'ordre public
voient *un de nos prêtres recueillir de malheureux enfants errant sans abri dans les rues de
Paris, les arracher au vice et à la misère en
les préparant à la première Communion et les
mettant en état par l'apprentissage de gagner
honnêtement leur vie ; Les magistrats envoient
eux-mêmes à ce père des orphelins, les jeunes
vagabonds auxquels ils ne pourraient offrir
d'autre asile que celui de la prison.* »

(1) Troisième lettre à M. le Garde des Sceaux par le Cardinal
Guibert, 28 octobre 1876.

Cet éloge de l'Œuvre d'Auteuil tombé des lèvres si graves et si autorisées de l'Illustre Cardinal Guibert, au lendemain des massacres fratricides de 1870-71, n'a pas besoin de commentaires.

Peu après, M. Lamazou nommé curé de la paroisse d'Auteuil devenait un de ses plus puissants protecteur par son intelligent dévouement et sa féconde activité. Ce prêtre éminent du diocèse de Bayonne avait fait de brillantes études littéraires au petit séminaire d'Oloron dont il fut plus tard professeur. Il vint ensuite au séminaire Saint-Sulpice. Nommé vicaire à la Madeleine, il se consacra tout entier à l'œuvre des catéchismes. Bientôt il conquit l'estime et l'affection de tous par son affabilité, son zèle, la régularité de sa vie, et surtout par son inépuisable charité envers les pauvres. Quand éclata l'insurrection de 1871, M. Lamazou fut arrêté comme l'avait été son vénérable curé M. Deguerry. Détenu pendant dix jours, il racon... dans quelques pages émouvantes, les divers incidents de sa captivité. Son récit intitulé « *la place Vendôme et la Roquette* » a été répandu partout. Curé d'Auteuil, il voulut d'abord bâtir une nouvelle église. Le gros œuvre était à peu près achevé quand il fut nommé évêque de Limoges. Sur ce siège important, il déploya les qualités maîtresses qui l'avaient fait admirer à Paris. Aussitôt à l'œuvre pour achever la cathédrale et augmenter les écoles libres, il était à la hauteur des situations les plus difficiles. Toujours pour les enfants d'Auteuil il fut un ami dévoué. A chaque visite qu'il leur faisait, il laissait une enveloppe contenant des billets de cent francs. Bien souvent, on l'entendait dire :

« Est-on jamais sûr de ses œuvres purement personnelles? puis-je assurer quand j'ai terminé ma messe, que je n'ai cédé à aucune distraction? quand je lis mon bréviaire, que je n'ai pas eu d'absences? au contraire, lorsque je donne à un pauvre, je puis dire sûrement que mon aumône est écrite là-haut à mon avoir et je suis pleinement satisfait. »

Passionnément Mgr Lamazou aima donc nos pauvres orphelins. Il s'en préoccupait sans cesse et quoiqu'il eût bien des charges, jamais, il n'a oublié de leur faire une part dans son budget de charité. Cette sympathie rendait les relations très agréables et très suivies entre le curé et l'orphelinat. Sur un seul point on différait parfois... en politique... mais en écartant ce sujet délicat

MGR. LAMAZOU.

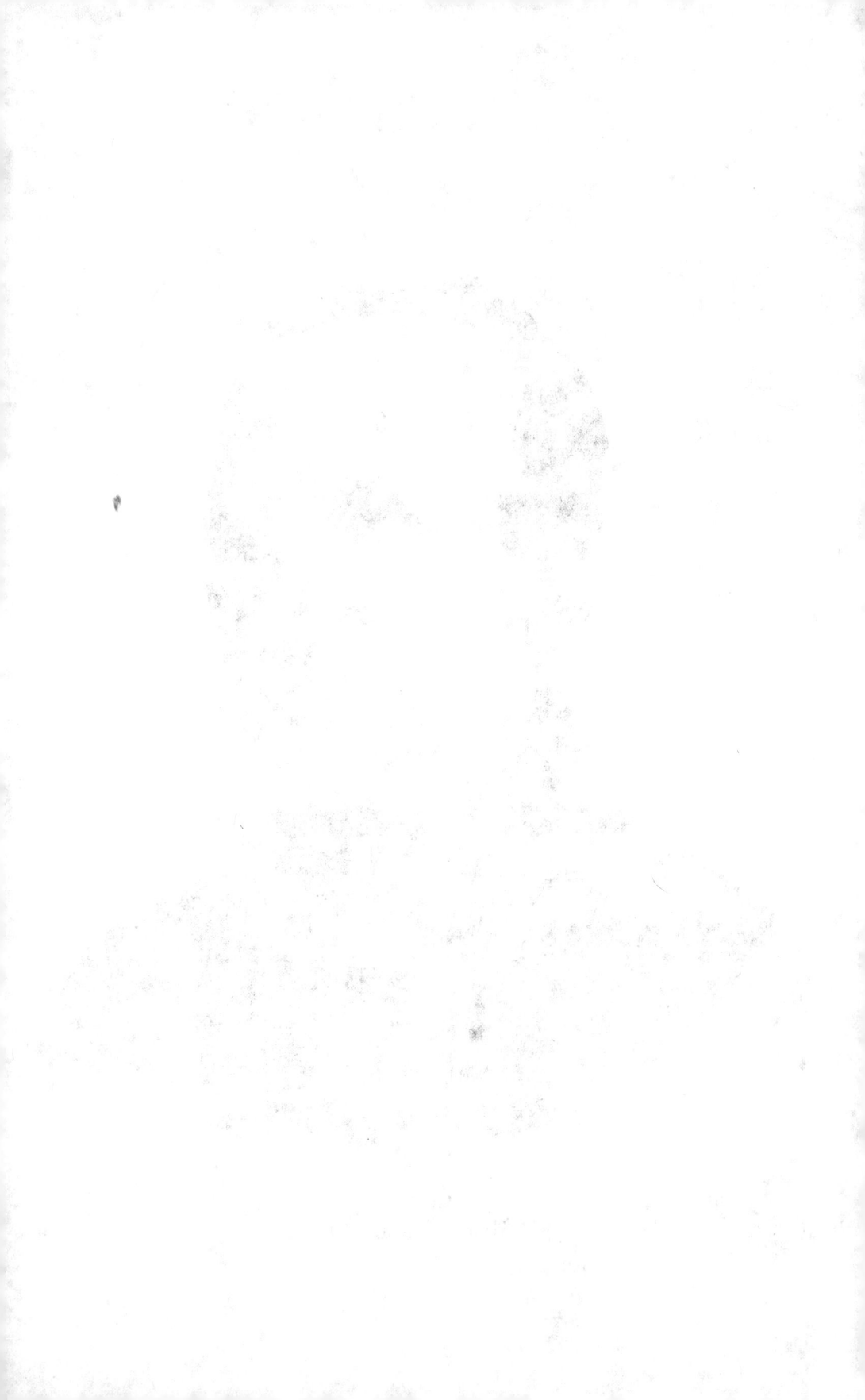

on n'en restait pas moins bons amis et voisins empressés.

Mgr Lamazou fut jusqu'à la fin ce qu'il est convenu d'appeler encore un libéral. Quand .il discutait dans les jardins d'Auteuil ses vues personnelles sur les institutions actuelles, il surgissait parfois quelques vives querelles. Mais ce grand esprit était fait pour bien comprendre un grand cœur ; et il fut convenu bientôt de ne plus en parler pour s'aimer chaque jour davantage.

C'est ainsi qu'escorté à travers les jardins du Vatican par Mgr de Mérode et M. Louis Veuillot, Pie IX les ayant entendus derrière lui, discuter, avec fougue, de semblables questions, s'arrêta soudain, et s'écria, devant toute sa suite, en les faisant asseoir sur un banc de mousse, à ses côtés, et les embrassant paternellement : « *Voyez comme ils s'aiment tendrement!* » Telles devaient être les conclusions pratiques de toute les querelles théoriques entre les enfants. de Dieu et du Pape dans l'Église de Jésus-Christ!

L'œuvre des orphelins d'Auteuil paraissait surtout capitale à Mgr Lamazou parce qu'elle embrasse la plus importante période de la vie, celle de douze et vingt ans. « C'est pendant ce temps, disait-il, que les caractères se forment, que l'intelligence se développe, que les convictions s'affermissent, et que les habitudes se prennent. C'est l'âge des rêves et des excentricités de toute sorte pour notre jeunesse. Si elle est maintenue et bien dirigée, les passions se calment peu à peu, les convictions se tournent vers le bien et les bonnes habitudes deviennent une seconde nature. Voilà ce qui fait l'homme d'honneur et de foi dont notre France a si grand besoin pour se relever. »

Les massacres de la guerre et de la Commune exigeaient l'agrandissement de l'Œuvre d'Auteuil. Mais comment le réaliser? Il y avait à gauche de l'allée principale un terrain magnifique mesurant dix-huit mille mètres et encadrant tout le modeste établissement des orphelins. Le propriétaire en demandait trois cent mille francs. Où, et comment trouver cette imposante somme? La prière d'un côté, la charité de l'autre devaient venir à bout de ce nouveau miracle. Vers le milieu de 1873 un milord anglais venant de Londres frapper à la porte de l'asile d'Auteuil, et dit à son directeur :

« — J'ai entendu parler de votre Œuvre

à Londres et des modestes secours que vous y avez recueillis pour elle, dans votre voyage, au lendemain de la guerre. Depuis lors j'ai l'intime désir de venir à votre aide. Que désirez-vous en ce moment?

— Milord, il nous faudrait ces larges terrains que vous voyez d'ici, avec une maison plus grande pour recevoir et faire travailler de plus nombreux enfants.

— Je vous offre vingt-cinq mille francs pendant cinq ans.

— Milord c'est énorme! mais c'est insuffisant. —

— Vous pouvez réfléchir, Monsieur l'abbé, et compter absolument sur moi. »

C'est alors, dit M. A. Rondelet, que M. Roussel désespérant à bon droit, au lendemain de cette guerre, d'obtenir de la charité publique une somme d'une telle importance, prit un parti que les enfants du siècle ne connaissent pas. De la même façon qu'il demandait à Dieu chaque jour le pain quotidien, il n'hésita pas à demander à Dieu le pain du lendemain.

Il se disposait à partir pour le célèbre pèlerinage du Sacré-Cœur à Paray-le-Monial. Il voulait aller remettre les destinées de son

institution entre les mains de celui qui a dit :
Laissez venir à moi les petits enfants.

Le 28 juin 1873 eut lieu, dans la solitude
de son petit jardin, un de ces actes de foi
semblables à ceux qu'on nous rapporte de la
primitive Église et dont les incrédules se
figurent que la tradition est perdue.

Sur le point de se mettre en route pour
le sanctuaire vénéré, il s'approcha de ce terrain inabordable. Il y avait, malgré la beauté
de la matinée et le rayonnant éclat du soleil
d'été, quelque chose d'attristant à voir se
dérouler devant soi, au milieu de ces campagnes fleuries et parées, ce vaste espace
sans emploi. D'un jour à l'autre il pouvait
se présenter un acquéreur, et, une fois qu'on
se serait mis en frais pour y construire une
de ces villas somptueuses dont s'enorgueil-
lissent ces quartiers, il faudrait renoncer
pour jamais à revendiquer en faveur de la
charité l'espace conquis par le luxe.

Le prêtre tenait dans sa main un certain
nombre de médailles du Sacré-Cœur, de celles
que le pauvre achète et porte sous ses haillons. Il les jeta de toute sa force, par-dessus
la haie chancelante, sur ce terrain si désiré.
« Mon Dieu dit-il, si vous voulez que cette Œuvre

grandisse, changez en or ce cuivre consacré à votre Sacré-Cœur! » En même temps les orphelins étaient conviés par leur Directeur à la plus fervente neuvaine de prières.

L'intervention de la Providence divine ne tarda pas. Il n'était pas encore parti pour ce pèlerinage qu'Elle récompensait déjà son acte de foi. Deux personnes se trouvaient à la gare en même temps que lui. Elles avaient l'une vis-à-vis de l'autre une égale disposition à se voir, sans s'être jamais rencontrés face à face. C'étaient le propriétaire des terrains de la rue La Fontaine et ce généreux bien-faiteur qui semblait avoir juré de faire à l'abbé plus de libéralités que celui-ci n'aurait jamais pu en prévoir. Là au milieu des allées et des venues, des colis reçus ou emportés, ils furent présentés l'un à l'autre, sans qu'aucun des deux eût pu s'y attendre cinq minutes auparavant. C'est à partir de ce moment que toutes les difficulté. furent en voie de s'aplanir.

La veille du jour de Noël 1873, ce mys-térieux anglais envoya en une seule fois un billet à ordre d'une valeur de deux cent mille francs, avec ces belles paroles :

« Je vous ai dit que j'avais acquis par la prière l'intime conviction que Notre Seigneur voulait venir à votre aide. Dans quelle mesure ? Je ne pouvais le déterminer. En tout cas, il ne paraissait pas me fournir les moyens de vous secourir assez efficacement. Or, il doit nécessairement arriver un jour où ces moyens sont d'accord avec sa volonté, qui serait sans cela inexécutable ; hypothèse impossible. J'avais donc redoublé mes prières, samedi matin, après la Communion ; et, en rentrant chez moi, je recevais une lettre qui me permettait d'élever la somme que je vous destinais au chiffre de celle que je vous envoie, avec le plus grand plaisir. J'ai cru devoir vous signaler ces circonstances, qui passeraient inaperçues pour tout esprit sans foi, mais qui vous montreront l'intérêt que la Providence porte à votre Œuvre et augmenteront votre confiance envers Elle. J'espère bien maintenant que toutes choses se termineront à souhait... »

Signé : AMA NESCIRI (1).

Avec son chèque de deux cent mille francs, l'heureux Directeur court annoncer la bonne nouvelle au Curé d'Auteuil. — « Avez-vous songé, lui dit le grave Pasteur, qu'il vous faut encore vingt-cinq mille francs de frais d'acte pour le moins ? Qui vous les fournira ? N'achetez pas avant de les avoir !

Notre-Dame des Victoires, la véritable fondatrice de l'Œuvre d'Auteuil, devait seule com-

(1) *Aimez d'être ignoré !*

pléter le miracle. M. Roussel court à ses pieds
en lui demandant de le parfaire.

Il communique et sa bonne fortune et ses
embarras financiers à l'un de ses plus vénéra-
bles amis préposé au culte du sanctuaire.

« C'est merveilleux, répond celui-ci, voilà
vos vingt-cinq mille francs ! Une personne est
venue me les remettre ce matin pour la première
bonne œuvre qui frapperait au cœur de Notre-
Dame des Victoires. C'est la vôtre ! »

Dès lors les terrains limitrophes furent
annexés suivant toutes les règles de la justice.
M. Roussel eut le droit d'y pénétrer avec son
petit troupeau. Plus heureux que Moïse, il lui
fut donné d'entrer dans la terre promise. Grâce
à ces aumônes magnifiques, en quelques semaines
une construction légère put s'élever comme par
enchantement, pour agrandir le réfectoire et
donner place à deux nouveaux dortoirs bientôt
entièrement pleins.

Les nouveaux terrains ont été reliés, à droite,
et à gauche par une large voie de communica-
tion, où se déploie dans les jours de fête, le cortège des processions solennelles. Sur le point
culminant, en remontant vers les hauteurs de
Passy, une construction basse renferme dans sa
partie inférieure les plantes qu'il est nécessaire

de protéger pendant l'hiver et les instruments
de jardinage destinés à être sortis pendant les
heures de travail. Le rez-de-chaussée forme une
longue salle qu'en souvenir du bienfait reçu, on
est convenu d'appeler galerie du Sacré-Cœur.

Les dames du quartier y viennent chaque
mardi, travailler à la lingerie des Orphelins.

La longue et large bande de terrain qui, à
droite, en entrant, borde le passage primitif,
a été consacré aux installations de la typo-
graphie. Tout s'y trouve, depuis la fonderie
de caractères et le clichage, jusqu'à l'impression,
au brochage et à la reliure des livres. Aussi
bien est-il temps, pour terminer cet exposé
par ce qu'il a peut-être de plus intéressant,
de faire connaître l'organisation actuelle de
l'Œuvre et le double but qu'on y poursuit.

On comprendra, en présence des résultats
que je ne crains pas de qualifier de gigantes-
ques, pourquoi ce terrain devrait être tout
entier couvert de constructions monumentales,
pourquoi un pareil établissement devrait voir
se multiplier les ressources, au lieu d'attendre
chaque jour comme l'oiseau des champs, sa
nourriture la plus élémentaire d'une aumône
et d'une grâce spéciale de la Providence.

De nos jours, après l'or, le plus puissant et

le plus efficace agent de la corruption dans le monde, est sans contredit la mauvaise presse. Par elle Satan règne en vainqueur, et les ravages qu'il opère par le souffle d'impiété dont il l'inonde sont incalculables. Avec elle, il jette au peuple comme une pâture empoisonnée, les plus corruptrices doctrines, déchaînant ainsi par les journaux, les livres, et les brochures, sa tempête éternelle d'impiété. L'antiquité n'avait connu que les orateurs du forum. Nos pères n'entendaient que ceux de la tribune. Aujourd'hui le journalisme fait de Satan le parleur de tous les foyers. Comme le vent entraîne tout, et les feuilles des bois, et la poussière des grands chemins, et les flots des mers, et les nuées du ciel, ainsi par la presse l'opinion entraîne les multitudes mobiles.

« A commencer par l'Évangile et à finir par le Contrat social, toutes les Révolutions qui ont changé en Bien ou en Mal l'état de la Société humaine n'ont eu d'autre cause que la manifestation de grandes vérités ou la propagation de grandes erreurs, » a dit le grave penseur M. de Bonald.

« Je connais la presse, ajoutait L. Veuillot. S'il s'agissait d'en faire présent au monde j'hésiterais ; et vraisemblablement je m'abstiendrais ! Mais il ne s'agit plus d'installer au milieu de la civilisation cet engin destructeur. Il s'agit de vivre avec lui, de neutraliser et d atténuer le mal qu'il peut faire. » « En effet, dit un sagace observateur, (1) les sociétés secrètes dont le projet avoué est la destruction de l'Église et même de toute idée chrétienne couvrent le monde. Presque tous les journaux leur appartiennent. Une foule de chrétiens n'ont plus qu'une foi vacillante. Les ordres religieux, *le sel de l'Église*, sont traqués de toutes parts. Des négations audacieuses comme on n'en avait jamais entendu, s'affichent au sein des peuples catholiques en France, en Belgique, en Italie, en Autriche, en Espagne, et partout. Les sectes protestantes galvanisées par la Révolution rallument de toutes parts les ardeurs de leur propagande et présentent au peuple un moyen soi-disant religieux de ne pas avoir de religion. Le règne de l'injustice ne finira donc qu'avec a mauvaise presse. Elle irrite le pauvre et l'ouvrier contre leur sort, et allume dans leur cœur le feu de la convoitise avec toutes les fureurs de l'envie. A

_____

(1) — *Les œuvres* p. 211.

celui qui souffre, elle apprend à blasphémer et à maudire son sort, et elle persuade à celui qui subit une injure, vraie ou prétendue, de la laver dans le sang de son ennemi. Au paresseux elle enseigne tous les moyens de traîner une existence inutile et d'écarter tout ce qui pourrait le sortir de sa lâche et dégradante oisiveté !

« Quelle est la raison de la puissance de la presse? L'invention de l'imprimerie avec tous ses inimaginables perfectionnements. Depuis Gutenberg, la science et l'art ont apporté aux machines de tout genre et de toute nature de tels progrès techniques que l'imprimerie est la première arme de précision des guerres modernes dans les luttes du capital, du paupérisme, des passions populaires et du parlementarisme.

« La Presse « *Eclair* » que nous avons vu fonctionner dans le palais de Gambetta crachait à l'heure 80.000 exemplaires de sa « *République Française* ». Quelle mitrailleuse des intelligences et de la liberté!

« La première fois qu'Abd-el-Kader vit marcher une presse : « *C'est le canon de la pensée!* » s'écria-t-il, canon hélas! avant tout au service de l'erreur mitraillant l'Église!

« Ce n'est pas tout, elle rend tributaires de sa puissance toutes les forces vives qui sont la gloire de notre temps. Entendez la clameur des grandes cités. *Cette arme est à nous !...* crient à l'envie la Franc-Maçonnerie, et l'impiété. Et la Papauté et l'Épiscopat répondent :
« Hélas ! oui : la presse est à la merci de l'erreur, des passions, de l'enfer, contre la vérité, la justice, la liberté de Dieu ! C'est le monstre aux cent têtes, qui, après toutes les ruines, menace encore d'une destruction totale, la civilisation chrétienne ! »

« Est-ce assez triste ? Les catholiques sont en arrière d'un siècle... Ils sont désintéressés de la Presse ; ils n'ont écouté ni la Papauté ni l'Épiscopat.

« Où réside donc l'espérance et où trouver le remède ? D'abord dans la puissance de Dieu ayant à la fin raison de toutes les révoltes, et puis dans l'Église ayant raison de la Presse, la baptisant et en faisant un apôtre.

« Le Pape Léon XIII si visiblement inspiré de Dieu pour donner à tous les maux extraordinaires de notre siècle leur antidote sacré, a proclamé en 1883 à la face du monde catholique l'absolue nécessité de s'occuper de la Presse pour le sauver :

« Il importe souverainement de publier et de répandre partout de bons écrits. Ceux qu'une haine mortelle sépare de l'Église savent combattre avec la plume et s'en faire une arme redoutable pour le mal. De là ce déluge de mauvais livres. Ce mal immense gagne tous les jours du terrain... Il faut en arrêter la violence... Aux écrits il faut opposer les écrits; que cet instrument, si puissant pour la ruine devienne puissant pour le salut des hommes et que le remède découle de la source même du poison! »

L'épiscopat américain entre pleinement dans ces vues du Saint-Siège. Tout récemment l'évêque de Leavenworth, au Kansas, a chargé le Rev. Kinsella, éloquent prédicateur, de faire des conférences dans toutes les paroisses de son diocèse sur l'importance de la Presse. C'est un moyen fort ingénieux de stimuler le zèle des catholiques. Confirmant ses précédentes déclarations, Léon XIII adressait aux fidèles Américains en 1890 les paroles suivantes :

« Aujourd'hui la Presse et l'Église doivent s'unir pour élever le genre humain. Les journaux ont maintenant la plus grande puissance sur terre. Ils doivent m'aider à répandre l'esprit de religion, et avec, les principes de morale et de charité. »

Telle est l'entreprise éminemment catholique et française que le Directeur de l'Œuvre d'Auteuil voulut essayer aussi avec ses chétifs orphelins. On commença modestement avec une petite presse à bras et un ouvrier dans une étroite chambre! Bientôt on put acheter deux machines et monter des ateliers. La fondation du grand journal « *La France Illustrée* » fut décidée. Mgr de Ségur qui s'était, dès l'origine, vivement intéressé à toutes les œuvres d'Auteuil écrivait à cette occasion :

Le 14 novembre 1874.

Cher Ami,

Vous savez combien j'aime votre grande Œuvre de Notre-Dame de la Première Communion, ainsi que les Œuvres d'apprentissage et de préservation qui s'y rattachent. Le bon Dieu les bénit d'une manière quasi-miraculeuse ; et je l'en remercie de tout mon cœur.

Votre pensée de fonder des ateliers d'Imprimerie, afin de préserver la foi et l'innocence de vos chers enfants d'adoption et de former pour l'avenir de bons typographes chrétiens, vient évidemment de Dieu. Je souhaite le plus entier succès à *La France Illustrée* que l'on vous conseille d'entreprendre. Dieu me fait la grâce de détester de plus en plus les journaux, et les illustrés plus encore que les autres ; mais, étant donnée la frivolité, et la rage universelle de ne lire que des journaux, un journal honnêtement illustré, rédigé chrétiennement, devient une nécessité.

Que *La France Illustrée* remplace donc, s'il se peut, toutes les autres feuilles de ce genre, plus ou moins immorales, m'assure-t-on !

J'ose espérer que tous les directeurs d'Œuvres catholiques, surtout d'Œuvres de jeunesse, voudront vous aider dans votre entreprise, faisant ainsi un double bien : coopérer à la fondation d'un journal amusant et moral, et développer en alimentant régulièrement le travail, l'atelier d'Imprimerie que vous avez annexé à votre Sainte Œuvre.

† L. G. DE SÉGUR

Le premier numéro de *La France Illustrée* parut le 8 décembre 1874.

Le texte comprend : des chroniques, des revues, des nouvelles, des romans, des critiques scientifiques, artistiques et littéraires, des articles de variétés, des délassements hebdomadaires, un bulletin financier, des annonces, des courriers qui, placés en dehors du journal, parlent principalement de l'Œuvre. Les gravures signées de nos meilleurs artistes reproduisent les ouvrages de peinture et de sculpture les plus célèbres de nos Musées et de nos Expositions, les actualités intéressantes, les portraits des personnes remarquables. *La France Illustrée* a le double mérite d'offrir une distraction utile morale agréable et variée, tout en étant créée dans un but de charité. Elle devait se faire vite une place distinguée au milieu des feuilles périodiques qui l'avaient précédée. Elle se fit aussitôt remarquer par l'intérêt de sa rédaction et le choix de ses gravures. On y trouvait en effet une chronique de la semaine, des articles sur les événements qui préoccupent l'opinion publique, des romans que tout le monde peut lire. La rédaction et l'illustration en sont confiées à des hommes d'un talent reconnu (1). Le Journal sort des ateliers des Apprentis-Orphelins. Ils tiennent à prouver que, par reconnaissance pour leurs bienfaiteurs, ils deviennent d'habiles ouvriers.

(1) RÉDACTEURS. — MM. des Granges. — Barthélemy. — P. Féval. — Ch. Buet. — Zénaïde Fleuriot. — Aimé Giron. — Léon Gautier. — Raoul Bonnery. — E. de Margerie. — X. Marmier.— G. du Valon.— Maxime du Camp.— Raoul de Navery. — A. de Pontmartin. — Saint-Genest. — A. de Salier. — Albéric Second. — Mis de Ségur. — E. Simonot. — Venet. — Oscar Havard, etc., etc.

DESSINATEURS. — MM. Adrien Marie. — Bocourt. — E. Bouard. — Castelli. — Cham. — Clairy-Guyot. — Kauffmann. — Worms. — Clerget. — Debat-Ponsan. — Yan d'Argent. — Férat. — Gérard. — Giacomelli.— Lepère. — Cte de Gourcy. — Job. — Lix. — E. Julien. — Léonce. — E. Mathieu. — Deroy. — Karl Fichot. — Mery. — Neymark. — E. Morin. — E. Robert. — de Paredes. — Poirson. — Thadée, etc.

La France Illustrée est un journal qu'on devrait trouver dans tous les salons, tous les cercles d'ouvriers et les parloirs d'institutions catholiques. Son propre mérite, joint à la cause charitable pour laquelle il a été fondé, lui mérite une prospérité croissante dans l'avenir.

« Le Bien et le Beau voilà notre devise à l'ombre de la glorieuse bannière de la Croix, dit son vaillant Directeur. Nous chercherons dans notre France, au milieu des vieilles archives, dans le trésor de sa riche nature et de son art national, les éléments du texte aussi bien que des illustrations. Nous suivrons chaque province pour y récolter les monuments religieux les plus célèbres, les châteaux, les palais historiques, les musées, les champs, les monts et les vallées illustrés par nos armes.

La *France Illustrée* pénètre parfois dans la calme solitude des cloîtres. Une Carmélite, depuis longtemps clouée sur un lit de douleur, avait obtenu de sa digne Supérieure l'autorisation de nous écrire pour nous dire jusqu'où allaient les bontés de sa mère qui lui apportait toutes les semaines *la France Illustrée*. Nous avons appris qu'avant d'entrer dans le cloître cette martyre volontaire avait reçu une brillante éducation, et qu'elle

dessinait parfaitement avec le goût et le
talent d'un artiste. La Supérieure ne l'avait
pas oublié! Elle donnait à cette âme altérée
par la souffrance, quelques gouttes de ses
consolations les plus délicates et les mieux
goûtées!

La France Illustrée porte un lointain rayon
de pardon aux malades de l'hôpital Nou, et
leur aumônier, M. Hillerau, écrit cette touchante page :

« Notre terre calédonienne compte plus de treize
mille enfants de la France jetés par la justice loin de
leur pays. C'est l'expiation que la société exige de
ceux qui ont failli! Depuis bientôt dix ans, je vis
au milieu d'eux ; je les vois de près et je bénis Dieu
de m'avoir placé là. Sans doute nous avons de
grandes tristesses, des spectacles hideux, des impuis-
sances navrantes! Mais le tableau ravissant d'une
mort bien chrétienne ne fait-il pas oublier tout le
reste. Or, à l'hôpital Nou, les morts qui emportent
l'espérance d'une éternité bienheureuse, sont en
grande majorité. Souvent il arrive de reconnaître que
la justice de Dieu s'est unie à celle des hommes, pour
frapper une âme ici-bas afin de lui faciliter le chemin
du ciel. « Mon père, ai-je entendu dire plus d'une
fois, si j'étais resté dans le monde, j'étais perdu! »
Pour sauver cette pauvre âme il a fallu l'école du
bagne! C'est que le bagne est l'enfer pour un bon
nombre, mais pour plusieurs aussi un Purgatoire, où

le trésor d'une belle âme formée par une mère chrétienne, nourrie du pain de vie et puis traînée dans la
fange, retrouve au creuset, son éclat et sa valeur aux
yeux de l'Éternel. L'un deux, je le dis pour vos enfants de la première Communion, me répétait en me
serrant les mains avec effusion.

« Mon Père, quand on a fait une bonne première
Communion, on ne peut mourir sans se confesser ! »

« Que de cordes sensibles restent encore dans ces
natures ! La mère, la famille, la paroisse et surtout la
première Communion, voilà des souvenirs qu'on n'é-
voque jamais en vain ! Et votre religieux journal les
ravive tous ! Ces choses n'étonnent pas quand on
sait le prix de la semence jetée avec la grâce de Dieu
dans les âmes des enfants. Tôt ou tard, après de longs
jours bouleversés et stériles, cette terre fécondée
donne une riche moisson ! Semez ! semez ! n'y eut-il
qu'un épi mûri au feu brûlant de l'adversité, les anges
de la terre et du ciel le cueilleront avec ravissement ! »

La France Illustrée est la joie des Œuvres
d'ouvriers. « Nous goûtons avec délices au
Cercle catholique de Fribourg, nous écrivait
son aumônier, votre excellente Revue ; nous
trouvons là, a la fois un aliment pour l'intelligence et un délassement agréable, faisant
diversion aux tristesses politiques et religieuses. Un de vos derniers numéros con-
tient autr'autres l'histoire allégorique d'un
crocodile que je veux reproduire dans l'*Ami*

du Peuple, journal fribourgeois spécialement
destiné aux campagnes et à la classe ouvrière. »

Dès 1875, les ateliers nécessaires à l'imprimerie furent installés dans un bâtiment
spécial. Trois presses mécaniques dont deux
à retiration du format double-Jésus, furent
montées. On y ajouta un laminoir à quatre
cylindres, et la maison Artige, de Grenelle,
fut chargée de fournir une bonne machine à
vapeur de huit chevaux. A la suite de l'atelier
des machines, on installa la salle de composition, pouvant contenir trente ouvriers. Dès
lors, on pouvait se hasarder à entreprendre
des travaux pour le dehors.

Les difficultés à surmonter furent nombreuses; d'un côté, les apprentis, tout nouveaux dans la partie, avaient besoin d'une
surveillance continuelle, et d'une formation
sûre et rapide; d'un autre côté, la place de Paris
se montrait peu empressée à confier ses ouvrages à des mains jeunes et inhabiles. Mais,
petit à petit, l'imprimerie sut se créer une
clientèle; si tout n'était pas parfait dans
l'exécution de ses ouvrages, du moins on
s'accorda unanimement à louer le goût et
la bonne impression des livres sortant de

ses presses. Des travaux de luxe lui furent
confiés, entre autres des journaux illustrés
hebdomadaires et semi-mensuels. A cette époque
le besoin se fit fortement sentir d'adjoindre
aux ateliers déjà existants une clicherie.
Bientôt une autre sorte de pénurie se mani-
festa ; les caractères composant le matériel de
la composition avaient été achetés d'occasion
et par conséquent déjà plus ou moins usés ; il
fallut songer à les remplacer, et la meilleure
manière de parer à cet inconvénient, tout en
restant dans l'esprit de l'Œuvre des Apprentis
Orphelins, était certainement de créer un
nouvel atelier, une fonderie. Ce fut la maison Vve Foucher qui monta ces deux ateliers,
clicherie et fonderie.

Dès lors, il semble que l'imprimerie ne
pouvait plus rien attendre, n'ayant plus qu'à
utiliser son matériel et ses cinq ateliers :
fonderie, composition, clicherie, imprimerie,
brochure. Mais une seule machine à fondre ne
fut pas suffisante, une deuxième d'une puissance plus grande fut acquise. Une presse à
percussion, un coupe-papier de grand format,
furent aussi achetés pour la brochure, en même
temps que l'on établissait les appareils pour
la fonte des rouleaux.

C'est dans cette extension que les années 1876 et 1877 se passèrent.

Quatre-vingts apprentis, dirigés par vingt ouvriers, furent habilement occupés sans interruption.

De nombreux livres, pour plusieurs librairies de Paris ou pour des particuliers furent exécutés; onze journaux s'imprimèrent à la fois; de fines gravures, tirées sur papier de luxe, sortirent bientôt de ses presses.

Le local devenait encore insuffisant : pour permettre de satisfaire à toutes les demandes des clients, de nouvelles constructions étaient faites, et chacun des ateliers de l'imprimerie des Apprentis-Orphelins était doublé.

A l'Exposition de 1878, on pouvait voir un détachement des apprentis faisant fonctionner journellement trois presses Marinoni, deux machines à fondre de MM. Foucher, et la machine à composer de M. Delcambre. M. Marinoni, le célèbre inventeur des presses qui portent son nom, ne craignit pas de choisir douze orphelins pour faire manœuvrer ses machines d'une supériorité incontestable sur tout ce qui a été fait jusqu'à présent. Ces chefs-d'œuvre à imprimer furent exposés dans la galerie des machines. C'est là que

des milliers de visiteurs
purent voir travailler
les jeunes ouvriers
d'Auteuil, admirer d'un
seul coup les merveil-
leux instruments et l'ha-
bileté non moins sur-
prenante de ceux qui
les faisaient mouvoir,
devenus en quelques

années sous une direction paternelle et chrétienne, dociles, laborieux et habiles ouvriers.

Les ateliers d'Auteuil ne sont pas de ces antres infernaux comme on en voit au Creuzot, à Bessèges, ou Decazeville, dont on a dit avec raison : « Il faut crier pour s'entendre parler, tant le bruit est assourdissant. Ce qui fait le caractère vif, pressé, haletant de tout ce grand travail, c'est un ébranlement perpétuel du sol et de l'air, une trépidation continue, quelque chose comme l'effort d'une bête énorme qu'on aurait emprisonnée sous l'usine et dont la cheminée béante crache autour la respiration brûlante et les plaintes atroces. » Non ! le travail des chers orphelins d'Auteuil est calme, régulier, ardent, heureux. Allez, et parcourez leurs rangs pressés ou simplement, jetez un coup d'œil furtif sur eux à travers les vitrages qui les abritent, et vous direz aussitôt : *C'est ici le modèle de l'atelier humanitaire et chrétien.*

« De l'aveu de tous, observe M. Drouin de Lhuys, l'atelier tel qu'il est ordinairement constitué, au lieu de développer les forces de l'enfant use son corps, engourdit son intelligence, flétrit son cœur, étouffe même en lui l'esprit de métier. Funeste aux mœurs publiques autant qu'à la morale privée, il déprave l'homme dans l'apprenti, le citoyen dans l'ouvrier, et il est impuissant à le former » C'est bien ainsi qu'on l'a compris en joignant à l'œuvre de la première Communion d'Auteuil une École professionnelle d'apprentis.

Pourquoi les maîtres chrétiens de notre pays malgré leur dévouement à l'instruction de l'enfance n'exercent-ils sur elle qu'une influence trop souvent peu durable? Cela tient évidemment à ce que le plus grand nombre de leurs élèves, les quittent à cet âge de douze ans où cette influence serait plus que jamais nécessaire. L'école professionnelle d'Auteuil les prend précisément à cet âge pour les conduire jusqu'à celui de dix-huit à vingt, ans et les retenir ainsi pendant les cinq et six années de leur jeunesse, pour leur apprendre un état, les affermir dans la foi et les préparer à soutenir dignement les épreuves et les luttes de la vie.

Qui pourrait dès lors révoquer en doute l'importance capitale de cette école? Cette importance est si bien comprise que tous les jours et de toutes parts on en convoite les bienfaits. Ce n'est pas trois cents apprentis, mais trois mille qu'Auteuil agrandi pourrait avoir dès demain! Ce ne serait pas une, mais vingt écoles analogues qu'il faudrait rien

qu'à Paris! Nous ne serions pas alors affligés par
cette apostasie presque universelle au point de
vue chrétien et par cette navrante démoralisation, si préjudiciable à la famille et à la patrie.

Cette perspective d'un jeune enfant jeté dans
un de ces ateliers de Paris tels qu'ils sont consti-
tués aujourd'hui est si affreuse qu'elle épouvante
même les plus scrupuleux. Que de fois on
entend de pauvres femmes et jusqu'à des
hommes les moins religieux dire au milieu de
leurs larmes : « J'ai eu quatre, cinq et six
enfants, j'ai tout sacrifié jusqu'à ma santé pour
les élever et leur donner un état, ils m'ont
abandonné! Les ateliers me les ont perdus. Il ne
me reste plus que celui-là! gardez-le! Il n'y a
qu'Auteuil qui puisse le sauver! »

Une mère désolée y venait le lendemain de
la Commune. Son mari et ses deux enfants
avaient été pris dans l'armée du désordre et
conduits à Nouméa : « S'ils eussent été bons
chrétiens, disait-elle, cela ne serait pas arrivé
et je ne serais pas deshonorée! Plutôt la mort
pour celui qui me reste que de le voir entrer
dans un autre atelier! »

Les résultats acquis en l'année 1878 étaient
déjà merveilleux. Hâtons-nous de dire qu'ils
étaient aussi très ruineux. La fondation d'une

œuvre semble toujours à l'entreprise d'une construction nouvelle. Même avec de larges ressources on ne sait jamais jusqu'où la dépense vous emportera. Dans une œuvre d'enfants et de jeunes gens c'est encore plus vrai. Ils ont en effet la bouche ouverte aussitôt que les yeux. Ils ne les ferment ensemble que pour dormir.

Leur travail dans les ateliers est trop peu productif pour qu'il puisse sérieusement entrer en ligne de compte. La plupart sont jeunes encore, et beaucoup sont étudiants. Aussi est-on effrayé si l'on calcule les sommes considérables qu'exige le fonctionnement de cette œuvre.

Dans son bulletin du 13 juillet 1878, le Directeur faisait le plus pressant appel à ses Bienfaiteurs pour attirer leurs charités sur une situation devenue plus alarmante et plus anxieuse que jamais. Il leur disait : « Nous allons montrer si nous avons besoin de sympathies et de travail en mettant en regard de nos recettes le chiffre énorme de nos dépenses et le déficit effrayant des seuls douze derniers mois. Personnel et enfants, nous ne sommes jamais moins de 300 chaque jour et nous dépensons en moyenne 1 fr. 25 par tête. C'est donc 375 fr. par jour ce qui nous vaut au moins pour les 365 jours de l'année un budget de cent trente-six mille huit cent soixante-quinze francs ; sans compter les impôts et les frais courants de la maison.

« Or, comment et quand nous sera-t-il donné de solder un premier emprunt de 120,000 fr. que nous avons contracté au Crédit Foncier? Comment et quand pourons-nous combler les cinquante-deux mille francs qui nous ont manqué cette année, et qu'il nous a fallu de nouveau emprunter? Enfin, comment, avec une caisse vide et une maison remplie de si nombreux et de si vigoureux estomacs, traverserons-nous les six derniers mois de l'année ? C'est le secret de la Providence. Nous sommes perdus si Elle ne vient pas le résoudre bientôt! »

Les dépenses journalières, la construction des ateliers, celle des classes et des dortoirs, d'une modeste chapelle et le budget toujours croissant avaient, en effet, non pas seulement englouti mais dépassé toutes ses ressources. Aucun de ces développements ne saurait être taxé de surcroît, puisque chacun s'imposait avec les progrès de l'œuvre. Celui de l'humble oratoire où pouvaient à peine entrer une dizaine d'enfants, n'était-il pas de la dernière nécessité pour en recevoir trois cents ?

« La chapelle actuelle, dit M. A. Rondelet, aussi bien conçue que bien aménagée a été

construite de façon à pouvoir se prolonger par
en bas, dans une ample salle de récréation
dont on enlève les larges portes. Cette disposition est bien utile aux quatre premières
Communions solennelles qui se font chaque
année. L'autel, surélevé de cinq marches,
s'aperçoit d'une façon fort distincte de toutes
les parties de l'Église. Le sanctuaire est orné,
à la manière gothique, de belles enluminures.
Au dessus du tabernacle, une sculpture touchante, représente avec un à-propos charmant
l'Enfant-Jésus debout à coté de sa divine Mère
et donnant la Communion à un enfant pauvre
qui s'agenouille à ses pieds. Derrière le petit
mendiant, si facilement reconnaissable à ses
haillons, un enfant riche, couvert de vêtements
splendides, se tient debout et ses mains déploient
un large manteau en signe de protection, sur
les épaules demi-nues du petit pauvre accueilli
par Notre-Seigneur Jésus-Christ.

« L'ami de la première heure, M. Letaille avait
conçu ce gracieux emblème de Notre–Dame
de la Première Communion. Dans l'arcade
qui forme le chœur au chevet de l'Église, une
main habile a représenté le beau trait de la
primitive Église, dont le Cardinal Wisseman a
tiré un magnifique parti dans Fabiola, celui

de cet enfant qui portait la divine Eucharistie aux chrétiens retenus loin des sacrés mystères. Découvert et traîné devant le juge, Saint-Tarcisse meurt plutôt que de livrer à ses bourreaux le corps et le sang de Jésus-Christ dont il porte sur son cœur le dépôt trois fois saint.

« Ce pauvre enfant, que l'église a mis si justement au nombre des saints, ne représente-t-il pas, mieux encore que les brebis abandonnées, la destinée qui attend dans le monde, les pauvres enfants d'Auteuil ? Eux aussi, ne porteront-ils pas dans leur poitrine cet Enfant-Jésus que la charité chrétienne leur apprit ici à connaître et à aimer ? ne devront-ils pas aussi défendre et conserver leur foi au prix des souffrances, des tortures et peut-être de la mort ?

« Au centre de la fresque sur le milieu de l'autel, une magistrale Cène rappelle toujours aux enfants l'institution du banquet eucharistique où chacun d'eux peut se voir comme présent dans la personne de Saint Jean reposant sur le cœur du Divin Maître. Celle de droite représente l'apôtre bien-aimé donnant à son tour l'hostie sainte à Marie, modèle de tous les premiers communiants.

« C'est une gracieuse image de ces orphelins privilégiés qui, ravis par la grâce de Dieu, sont

MGR. GUIBERT.

entrés dans le sanctuaire, et, devenus prêtres, e
font à leur tour les nourriciers de leurs frères. »

« Notre-Dame de la Première Communion,
disait Paul Féval. Quelle alliance de mots
bien-aimés ! J'étais encore un peu poète quand
j'entendis parler de ce nouveau vocable. J'eus
comme une vision ; il me sembla voir, au seuil
de la chapelle si heureusement nommée, l'enfant, *cette pauvre chose*, comme dit la langue
anglaise, dans son caressant dédain ! L'enfant,
c'est en effet, la chose la plus tenace que
l'on puisse chérir ici-bas, plus tendre, plus
douce que la femme elle-même, autre pauvre
chose si faible et si puissante ! L'enfant qui
a tout de la femme d'ailleurs, la voix, les
traits, le regard, le sourire et les larmes ?

« Il me sembla voir l'enfant, type et résumé de
tous les enfants, parce qu'il concentre en soi,
leur malheur et leur faiblesse, l'enfant affamé,
l'enfant nu, le fils des haineux, dont la mère est
au cimetière, et le père en prison, peut-être,
l'enfant désespéré, qui n'a pour sa tête blonde,
d'autre oreiller que la borne, et à qui ce siècle
cruel laisse ignorer qu'il possède dans les cieux
un autre père, avec une autre mère ; le misérable enfant qui a tant besoin de Dieu, et qui ne
sait pas même parce qu'on ne lui a point appris,

appeler Dieu par le nom infini de sa miséricorde!

« Il disait : *Marie ô ma mère: J'ai faim, j'ai soif, j'ai froid.* et je crus voir deux bras divins se tendre, s'ouvrir, recevoir, réchauffer, vêtir, nourrir et conduire, du seuil où il se présente, ce martyr jusqu'à l'autel où il arrive guéri, ennobli, transfiguré pour exiger sa part du pain des anges! »

Un Bref du Pape Pie IX était déjà venu porter en 1872 les plus douces faveurs au béni sanctuaire et les plus riches indulgences à tous ses bienfaiteurs.

Par une ordonnance du 28 mars 1876 le Cardinal Guibert y avait érigé une association canonique pour unir les riches et les pauvres, les uns par l'aumône matérielle, les autres par l'aumône spirituelle.

Aussitôt en grand nombre, les catéchismes de la première Communion, soit à Paris soit en Province, s'étaient associés à cette touchante pensée, en s'affiliant à la nouvelle confrérie.

Et l'arbre de vie aurait été arraché, quand il donnait avec une miraculeuse abondance ses plus belles fleurs et ses plus doux fruits?

Et le Divin-Maître aurait laissé s'éteindre le flambeau qui, non seulement, fumait encore mais brillait du plus vif éclat! Et comme celles de Sion et de Rama, les voies de Paris et d'Auteuil auraient tressailli et pleuré devant tant de berceaux dépouillés de leur trésor sacré!

Courage donc, bon et fidèle serviteur!

Ce n'est pas le moment de reculer, d'hésiter ou de craindre sur les rives désolées de Génésareth! Non! c'est l'heure de jeter au large et de ramener à bord, plus rempli que jamais, le filet apostolique dont le Seigneur a chargé tes tremblantes mains!

CHAPITRE IV

L'ŒUVRE PRIVILÉGIÉE

> Celui-ci est mon enfant bien-aimé en
> qui j'ai placé toute mes complaisances.
> (*St-Math.* II . 17.)

Souscription de 1878. — M. de Villemessant. — Saint-Genest. — Madame Bûcheron. — Le grand prix Montyon. — Sir Henri Dodd. — Pie IX et Léon XIII. — Le comte de Chambord et la famille de France. — La Reine de Grèce. — Maxime du Camp. — Le comte de Noë, Cham. — Visite de Dom Bosco. — Mmes de Contenson et de Lauriston. — Les fêtes d'Auteuil. — Rapport de M. Abel Rainbeaux sur cette période. — Orphelinat agricole du Fleix. — All right !

EN juillet 1878, l'Œuvre d'Auteuil semblait donc perdue. Ce prétendu Anglais qui était un Français et même un Parisien, l'avait ruinée en lui faisant toucher à Londres deux cent mille francs, pour acheter un parc. Son horizon paraissait maintenant tout couvert de ces nuages

sombres précurseurs des plus violentes tempêtes. On avait demandé, quêté, sollicité, im-
ploré partout sans résultat, on était fatigué
d'avoir fatigué tout le monde. On voyait le
passé avec ses dettes, le présent avec ses
charges, l'avenir avec ses menaces comme
autant d'innombrables abîmes. La hideuse ban-
queroute se tenait déjà aux portes de l'orphelinat, et pour conjurer ou retarder sa victoire il
fallait congédier c'est-à-dire jeter au ruisseau
une première hécatombe de quarante enfants!
L'ordre suprême de cette exécution fut porté,
sans recours en grâce, aux condamnés le 2 juillet
au soir.

Le Directeur éploré les entendait lui dire :
Prêtre de Jésus-Christ, resteras-tu sans entrailles
pour nos misères? Si tu fermes les portes de cet
asile où des milliers d'autres ont déjà trouvé la
vie de l'âme et du corps, qui donc nous recueil-
lera? nous instruira? nous sauvera? En lisant au
frontispice de ton temple ces paroles : *Reçois cet
enfant et nourris-le. Je serai moi-même ta récompense*, nous croyions qu'inscrites par une main
divine, elles n'étaient pas seulement les paroles
de cette antique reine recommandant à la mère
de Moïse son propre fils qu'elle venait d'exposer
sur les eaux, mais qu'à Paris, en France, dans

le monde entier il y avait encore une multitude
d'hommes à l'âme généreuse et de femmes, au
cœur de reines qui te diraient : « Prêtre de
Jésus-Christ, reçois ce petit abandonné, nourris-
le, efforce-toi de lui mettre au cœur l'amour de
Dieu et de la Patrie. Que sais-tu s'il ne sera pas
un jour pour la France un autre Moïse son libé-
rateur, ou tout au moins son défenseur ? » — Ils
ne se trompaient pas. Leurs gémissements
devaient être entendus, et leurs angoisses
promptement soulagées.

M. de Villemessant, une de nos plus puissantes
illustrations contemporaines, s'émut à son tour
et répondit : « Oui, prêtre, reçois non seulement
ce pauvre petit qui pleure et qui souffre, mais
garde-les tous. J'ai mis mon journal et ses intelligents rédacteurs à ta disposition. M. Saint-
Genest s'est offert pour cette campagne. C'est
un brave soldat tout dévoué à la cause de tes
enfants. Aidé par sa vertueuse mère, il fera des
prodiges. »

M. de Villemessant, M. Saint-Genest, Mme Bûcheron, tels furent les trois sauveurs élus par la
Providence. Leurs noms vénérés ne doivent pas
seulement être inscrits en lettres d'or dans ces
pages. Il faut qu'elles enregistrent aussi leurs
sublimes actes.

Les relations d'Auteuil avec M. de Villemessant ne remontaient pas à plus de quatre ans,
et un petit orphelin en avait été l'occasion. Sa
mère veuve avec deux enfants à nourrir, avait
cherché à s'asphyxier. Elle avait réussi pour
elle et son plus jeune fils. Quand des voisins
pénétrèrent dans la chambre, l'aîné vivait
encore. On put le rappeler à la vie, mais il
restait privé d'abri et de tout moyen d'existence. La terrible épreuve qui l'avait conduit à
deux doigts de la tombe, lui avait laissé, avec
un état maladif, des maux de tête dont le pauvre
enfant ne put se remettre qu'à force de temps
et de soins. Le père de ce petit infortuné avait
été autrefois au service du noble gentilhomme.
Quand cette lamentable histoire lui fut racontée
elle l'attendrit jusqu'aux larmes. Or, le cœur
de M. de Villemessant une fois gagné ne se
contentait pas d'une compassion stérile et
platonique. Il en venait de suite à la pratique.
Aussitôt, il envoya l'enfant à Auteuil, et le fit
accompagner d'un secours abondant. Maintenant, la maison est pleine, sa caisse vide, son
crédit nul, ses dettes immenses, ses dépenses
quotidiennes considérables. Elle va rendre à
la rue et au crime tous ces petits êtres auxquels on s'était d'autant plus attaché qu'ils

étaient plus malheureux. Un ami commun, témoin de la désolation universelle, court à Enghien en informer M. de Villemessant.

Laissons M. Saint-Genest nous dire lui-même comment les choses se passèrent. « J'arrive. Le maître est assis dans son parc au bord de l'eau. Justement je n'avais pas causé sérieusement avec lui, depuis mon retour d'Algérie. Je commence par lui parler d'affaires; puis, je lui raconte l'histoire d'Auteuil.

« Brusquement, il m'interrompt : Et où sont-ils ces quarante enfants ? A-t-on leur adresse au moins ? Je veux les ravoir ? Pourquoi n'êtes-vous pas venu plus tôt ? — Mais parce que je croyais que d'ici longtemps, vous ne vouliez pas entendre parler de souscription... parce que c'est l'Exposition... parce que...

« Eh bien! le public sera juge. Demandez-lui de ma part, s'il veut une souscription oui ou non! Je lui en laisse tout l'honneur, et toute la responsabilité. Ce n'est pas moi qui l'ouvrirai, c'est lui. Je suivrai tout, en mettant mon journal à sa disposition. »

Après avoir donné ainsi ses ordres, tracé son plan, et l'avoir confié au rédacteur de son choix, le succès d'une souscription était assuré. Le premier jour elle atteignit 15,000 fr.

Et le lendemain M. de Villemessant écrivait
à son rédacteur la lettre suivante :

« Puisqu'il en est ainsi, puisque les lecteurs ont
pris l'initiative de la souscription, inscrivez le
Figaro pour 10,000. fr. et inscrivez-moi personnelle-
ment pour 5,000 fr. Rien ne m'intéresse plus que l'asile d'Auteuil. A l'égard d'autres œuvres, il peut y avoir
certaines objections. Contre celle-ci, il n'y en a pas
de possible. Cette fois on ne dira pas que c'est pour
les riches, pour les classes dirigeantes que je travaille. Il s'agit bien du peuple et des ouvriers
malheureux! »

Nous renonçons à peindre la joie qu'il éprou-
vait en voyant l'élan généreux avec lequel le
public apportait son offrande. En ces jours-là,
l'hôtel du *Figaro* avait perdu son riant et pais-
sible aspect. On l'eut dit pris d'assaut, et
M. de Villemessant était heureux de cet encombrement charitable.

Ce n'était pas seulement un homme de cœur.
C'était encore un incomparable journaliste.
Mais ce n'est pas sous cet aspect que nous
voulons le considérer ici. Nous préférons le
peindre rayonnant de bonheur, les larmes aux
yeux, parcourant les rangs des apprentis et
des enfants d'Auteuil, visitant leurs ateliers
avec le plus vif intérêt. L'imprimerie surtout

attirait son attention. C'était du reste, en connaisseur expérimenté qu'il jugeait leurs travaux typographiques, et donnait ses conseils.

Les pauvres orphelins garderont toujours le souvenir de la fête qu'il leur procura, le lendemain de la souscription. A ce sujet, nous ne croyons pas manquer au respect que nous devons à cette grande mémoire en rapportant une piquante anecdote.

Emu des ovations de ces enfants, il s'en alla chez le pâtissier d'Auteuil commander 300 gâteaux.

Après avoir fixé le jour où ces gâteaux devaient être apportés, M. de Villemessant se dispose à sortir.

— A quelle adresse devrai-je livrer ces gâteaux?...

— Chez M. l'abbé Roussel.

— Très bien... mais?...

— Quoi? Vous le connaissez, je suppose?

— J'en ai beaucoup entendu parler; pourtant je vous avoue que je ne connais pas son adresse!

— Vous me surprenez. Pour un habitant d'Auteuil, ce n'est pas pardonnable!

— Dame! que voulez-vous, monsieur, moi, je ne connais que mes clients.

— Alors ce n'est pas avec l'argent de M. l'abbé Roussel que vous ferez fortune!

— Assurément, je ne crois pas qu'il m'ait jamais acheté une brioche de dix centimes!

Et M. de Villemessant sortit indigné de l'ignorance du pâtissier.

— C'est singulier, répétait-il, je ne puis revenir de la surprise que m'a causé ce brave homme! Comment un habitant d'Auteuil, un voisin, qui ne connaît pas l'abbé Roussel?

— Cela prouve, répondait celui-ci, que nous avons assez à faire avec le boulanger, sans aller porter notre argent chez le pâtissier! — Tiens, vous avez raison! Eh bien! à l'avenir nous aviserons à ce qu'il en soit autrement : il faut que vos enfants connaissent les douceurs de la vie comme tous les autres!

De là une de ces fêtes où pour la première fois ces enfants furent vraiment gâtés, et où l'on sentait que la joie se mêlait à la reconnaissance! De là cette souscription de lits appelée à rendre les plus grands services, et à la tête de laquelle M. de Villemessant se fit inscrire avec ses enfants. De là enfin ses sympathies et sa protection pour la *France Illustrée* et les projets qu'il formait pour la propager et contribuer à son succès. Les enfants d'Auteuil ne restèrent pas ingrats. Couverte de leurs signatures, ils adressèrent à leur éminent protecteur la lettre suivante :

A₁ M. H. DE VILLEMESSANT
Les Orphelins d'Auteuil.

« Nous savons ce que vous venez de faire pour nous. L'œuvre bénie qui nous a recueillis était bien petite et bien incomplète, lorsque la générosité d'un anonyme nous établit dans ce domaine. En grandissant elle traversait une crise suprême. Votre cœur s'émut de pitié. Vous nous donnâtes pour avocat, l'ami généreux qui vous avait dit nos souffrances, et grâce à vous, une pluie d'or est tombée dans la caisse vide des orphelins.

« Permettez-nous d'associer désormais vos noms illustres, à celui de notre premier bienfaiteur inconnu, pour demander à Dieu de répandre sur vous tous ses bénédictions les plus abondantes en échange des biens de la terre dont vous nous avez comblé. »

La plus précieuse de toutes les grâces divines, celle d'une sainte mort fut la bénédiction que les orphelins obtinrent pour lui ! Terrassé avant l'heure par les plus cuisantes souffrances, il disait au pieux prélat, qui prenait toutes sortes de ménagements pour le préparer :

« Je n'ai pas d'illusion sur votre visite, Monseigneur. Elle me portera bonheur. Mais ne prenez pas tant de peine. Je suis enfant de mon village ! J'ai toujours aimé les prêtres, et vous ferez de moi tout ce que vous voudrez ! »

Comme le dévoué M. de Naurois, son ami qui venait de le précéder dans la tombe, il mourut après avoir reçu tous les sacrements de l'Église, et la grâce inappréciable du Jubilé. Selon la promesse divine, sa charité avait opéré son salut !

On dirait cependant qu'il n'est pas encore parti tout entier d'Auteuil. Sa noble et sympathique figure frappe tous les regards, quand on y pénètre pour la première fois ; et son buste occupe la place d'honneur au parloir de l'Orphelinat. En septembre 1881, son gendre M. Jouvin l'envoyait à Auteuil avec la lettre suivante :

Monsieur l'Abbé,

Ma belle-mère avait chez elle le buste de son mari. La famille s'est proposée de vous l'offrir. Elle obéit à une pensée que vous saurez apprécier. L'image de mon beau-père ne pouvait être mieux placée que parmi les orphelins qui, grâce à vous, ont appris à ne plus oublier son nom.

B. JOUVIN.

Les générations d'orphelins se succédant

à Auteuil bénissent toujours sa douce mémoire.
Souvent ils dirigent leurs promenades vers
le cimetière d'Auteuil. Il y repose à côté des
enfants de l'Œuvre moissonnés au printemps
de leur vie, comme s'ils aimaient à le retrouver
encore par delà le tombeau. Agenouillés
autour de son mausolée, les apprentis prient
avec ferveur pour le repos de son âme si
paternellement charitable.

Si la puissante initiative de M. de Villemessant avait procuré une tête organisatrice
au sauvetage de l'Œuvre d'Auteuil, la plume de
M. de Saint-Genest sut lui conquérir tous les
cœurs. On sait que sous ce pseudonyme littéraire combat et triomphe l'un des plus valeu-
reux champions de toutes les nobles et saintes
causes de notre France. Ce nom est admirablement choisi.

Saint-Genest fut le dernier grand tragédien
du paganisme. Chef du théâtre impérial de
Rome, sous Dioclétien, il amusait la ville et la
Cour aux dépens des chrétiens. A force de les
étudier, pour mieux les contrefaire, il trouva
son chemin de Damas en pleine représentation.
On l'entendit s'écrier soudain, sur la scène, avec
le plus véridique accent : *Je suis chrétien!* Jaloux
d'obtenir son apostasie, l'empereur le fit en

vain torturer, rouer et décapiter. Notre Rotrou a tiré de ce sujet une curieuse tragédie où, sans atteindre les hauteurs du Polyeucte de son ami Corneille, il s'en approche par beaucoup de traits. Citons ces bons vers que notre Saint-Genest français semble avoir pris pour devise dans ses vaillants gestes en faveur de l'Église et contre les ennemis de Dieu :

Offre à leurs cruautés, un cœur franc et constant.
Laisse à de lâches cœurs verser d'indignes larmes !
Tendre aux tyrans les mains et mettre bas les armes !
Offre ta gorge au fer, vois-en couler ton sang !
Et meurs sans t'ébranler, debout et dans ton rang !

Dans l'une de ses plus charmantes causeries, M. de Pontmartin appréciait ainsi la miraculeuse souscription en faveur des orphelins d'Auteuil, (1) dont le succès dépassait toutes les espérances. « On avait demandé deux cent mille francs et on en recevait plus de quatre cent mille ! L'honneur en revient à un journal qui n'a qu'à faire un signe, à lever son petit doigt, à montrer le bout de sa plume ou de son rasoir, pour qu'aussitôt les plus récalcitrants affluent à sa caisse, fassent de lui le mandataire de leurs bonnes œuvres, et le chargent de sé-

(1) 8 octobre 1878.

cher autant de larmes qu'il a éveillé de sourires. Il faut aussi en rapporter la gloire à ce jeune et brillant écrivain, type de la littérature militante, aimé de tous, alors même qu'on affecte de le croire compromettant, à ce vaillant Saint-Genest qui écrit une page comme on monte à l'assaut, qui lance une œuvre de charité comme l'on commande le feu, éloquent, passionné, persuasif, enthousiaste, irrésistible, charmant, le contraire d'un rhéteur, d'autant plus émouvant qu'il est plus ému, homme d'action jusque dans ses articles, capable de mettre de l'entrain dans un chiffre, du mouvement dans une addition, de la verve dans une liste, heureux quand son cabinet de travail lui offre quelque ressemblance avec le bivouac et le champ de bataille, d'où il a rapporté de si héroïques souvenirs, heureux surtout lorsque la victoire au lieu de faire pleurer les mères et saigner les veines ne font saigner que les bourses et donne une famille aux orphelins.

« Les mères ! les mères ! J'ai écrit ce mot quasi divin, je ne l'effacerai pas ! Il y a des mères si parfaites, si admirables que leurs fils sont encore plus enclins à protéger les enfants qui n'en ont pas ! Peut-être sans diminuer le mérite de Saint-Genest, est-ce là un des ressorts de son énergie, un des foyers de sa flamme, un des secrets de son dévouement à tout ce qui est élevé, généreux et bon! »

Après l'incomparable : *Or sus Mesdames*, qui tomba des lèvres de Vincent de Paul pour sauver les orphelins de Paris au xviiᵉ siècle, il n'est rien de plus émouvant que la question posée le 9 juillet 1878 par Saint-Genest à ses lecteurs pour le salut des mêmes enfants. « Je passais il y a quelques jours devant la maison d'Auteuil. Il y avait de l'émoi dans la rue. Quarante petits êtres groupés devant la porte pleuraient! Un prêtre au milieu d'eux avait, lui aussi, les yeux pleins de larmes! Ces petits ne pouvaient se décider à partir. Après avoir fait quelques pas, ils revenaient, disaient encore adieu à l'abbé; puis, arrivés au détour du chemin, tournaient la tête pour regarder encore ! Je m'approche. On me dit : C'était inévitable ! L'abbé qui en a déjà trois cents à nourrir, ne peut pas conserver ceux-là ! Ses dettes l'écrasent, il est à bout!

« Si léger qu'on soit, quand on a vu cela, la conscience ne vous laisse plus de repos. Pour moi, elle a commencé à battre la chamade ! Jusqu'alors, je l'avais étouffée en lui disant : Plus tard! Plus tard! A partir de cette matinée,

ç'a été impossible. Partout, elle me poursuivait
mettant ces enfants à mes trousses ! Je ne pouvais plus m'asseoir à table, ni m'étendre au lit,
sans entendre une voix qui me disait : Et où sont-
ils maintenant, ces pauvres petits ? Où couchent-
ils ce soir ? Que vont-ils manger demain ? Dans
quel bouge vont-ils retomber ? Quels méfaits
vont-ils commettre ? Eh bien, je viens vous
trouver, lecteurs, et vous dire : Faut-il laisser
ces quarante petits dehors, et continuer à en
renvoyer d'autres ? Décidez vous-mêmes ! Moi
qui vous connais je me doute de ce que vous allez
faire. Quant à ceux qui persisteraient à trouver
que cela n'est pas raisonnable, je leur demande,
avant de refuser, de venir à Auteuil et de désigner eux-mêmes, ceux qu'il faut renvoyer ;
de dire c'est celui-ci ! c'est celui-là ! de les
marquer au front pour les retrouver un jour à la
Roquette, sur les barricades, sur les pontons !

« Et après avoir fait cela, c'est de rentrer
chez eux, dans leur famille, et de tâcher de
s'endormir paisiblement après avoir embrassé
leurs enfants au berceau. »

Et le lendemain il sonnait une véritable
charge, pour emporter l'affaire d'assaut. « Eh
bien ! l'heure est venue ! Voyons, qui veut cet
enfant ? C'est la nouvelle prime que l'on offre

aux abonnés. Prime splendide qui jamais encore n'avait été offerte! Jusqu'ici on avait bien donné des livres, des gravures, des albums, mais jamais encore d'être vivant! Qui en veut? l'occasion est belle! Vous tous, pauvres, riches qui n'avez pas eu d'enfants! Vous, parents désolés, qui avez perdu ceux que Dieu vous avait donnés! Vous qui craignez d'être frappés dans votre bonheur, inscrivez votre nom sur cette liste bénie! D'abord, c'est un devoir, et puis c'est si charmant! Chaque somme que vous avez donnée est là vivante! Elle mange, elle chante, elle court, elle joue à la bille! Quand vous arrivez à Auteuil, elle vous embrasse! Et alors au lieu de ces regrets que l'on a parfois, avec ces cent francs, prix d'un tableau, d'une potiche, vous dites: Eh bien! mes cents francs, les voilà! Ce sont eux qui me sautent au cou, et qui m'aiment! »

Le grand public français répondit comme il devait le faire à ces accents. Parmi les milliers de lettres adressées à M. Saint-Genest nous cédons à la tentation de citer les suivantes :

« Quel bonheur ce doit être pour vous de savoir mettre un langage si simple et si vrai au service d'une si bonne cause ! Mais quel homme dangereux vous faites ! Vous l'étiez déjà en politique, mais combien plus en charité ! Voici encore que par votre faute ma sagesse de père de famille va sauter par-dessus les moulins ! — Avoir cinq bambins, et en vouloir un sixième c'est de la démence pure, et c'est votre œuvre ! — Voilà où vous nous menez avec votre cœur au bout de votre plume ! Prenez donc la souscription de mes cinq petiots puisqu'on ne peut vous résister ; mais de grâce plus d'articles comme celui de l'autre jour ! Dites aussi à l'abbé Roussel de se taire sans quoi nous serions tous avant peu sur la paille, et les enfants d'Auteuil dans nos lits ! »

« Depuis l'ouverture de votre belle campagne, Benoît d'Azy et moi nous sommes installés aux eaux : Je viens vous demander un lit et votre bon souvenir devant Dieu pour mon fils René ; dites à M. Saint-Genest que c'est bien à son zèle généreux et à sa persistance, qu'est due notre fondation. Nous avons depuis longtemps payé notre modeste don annuel à Auteuil ; mais la multiplicité des œuvres amortissait un peu notre élan ! C'est lui qui l'a réveillé. Chaque époque a son œuvre providentielle. Puisse la vôtre renouveler la génération de mon fils ! Pendant que vous formerez de bons petits soldats, nous nous efforcerons de leur préparer en lui un bon officier. »

La main de Saint-Genest tenait la plume, mais le cœur de sa mère Mme Bûcheron la dirigeait. C'était une de ces femmes taillées à l'antique dont notre société raffinée semble avoir brisé le moule. Éprise de toutes les saintes, nobles et malheureuses causes d'ici-bas, elle avait une prédilection suprême pour celle d'Auteuil.

Il n'est que les grandes âmes pour comprendre combien il y a de gloire et de douceur à être bon. Mme Bûcheron était *une âme* au suprême degré.

Elle disait au brillant écrivain. « Tu écriras ceci, dans ton journal. Tu diras cela ! ». Et Saint-Genest plaidait pour les enfants d'Auteuil avec cette double force à laquelle, sur terre, rien ne peut résister : l'ardeur d'un fils pour l'amour d'une mère.

Arrêtons un instant nos regards sur cette suave physionomie. Clémence de Lapparent naquit à Issoudun le 24 février 1810. Son enfance se trouva mêlée aux plus tragiques événements. En 1814, son père le Cte de Lapparent, préfet de l'Hérault, eut à peine le temps de se retirer dans la citadelle de Montpellier pour échapper aux horreurs de la guerre civile et de la guerre étrangère.

En 1815, préfet de police à Livourne, il fut forcé de s'embarquer au risque d'être fait prisonnier par les Anglais. La petite Clémence, confiée à une servante fidèle, rentrait en France avec son frère ; et, voyageant à dos d'âne, elle parcourait par étapes cette merveilleuse route de la Corniche, où elle devait conduire un jour son fils. Alors il y eut bien des pas difficiles à franchir? Est-ce dans cette première épreuve que l'enfant puisa l'indomptable énergie qui devait plus tard lui faire accomplir de si grandes choses ? Est-ce sur ces hauteurs, et devant cet incomparable paysage, qu'elle sentit s'éveiller en elle cet amour ardent de la nature et des beautés de la création, qui devait être la source de ses joies les plus pures ? Toujours est-il que ce périlleux voyage était resté gravé dans sa mémoire, et qu'elle aimait à en évoquer souvent le souvenir.

Réunie en France à sa famille, Clémence fut mariée, à dix-huit ans, à M. Bûcheron, et débuta dans la vie sous les plus heureux auspices. Jouissant d'une belle fortune, habitant à Tours une résidence merveilleuse, elle devint le centre et le charme d'une société d'élite.

Le vieil hôtel et le magnifique jardin des Minimes, constamment ouverts à tous les gens de cœur et d'esprit, fut le théatre de réunions charmantes, à cette époque privilégiée où l'intelligence marchait de pair avec la simplicité.

Après la mort de sa mère, elle partagea

son temps, de 1830 à 1840, entre Tours et
Bourges, où son père avait été nommé préfet.
Là, encore, elle sut, par son affabilité, attirer
toutes les sympathies. Pendant une quinzaine
d'années calmes et heureuses, Mme Bûcheron
s'occupa uniquement de l'éducation de ses deux
fils, de Dieu et des pauvres. Sa foi et sa piété
élevèrent son âme à des hauteurs d'où elle ne
devait plus redescendre. Sa charité ne connaissait ni bornes ni fatigues. Elle vécut dans une
pieuse intimité avec le vénéré M. Dupont. Sous
leurs yeux, le tombeau de Saint Martin fut
découvert. Mais Dieu l'aimait trop pour ne pas
la mettre à l'épreuve. Son mari mourut laissant
une situation modeste. Un pareil changement
d'existence ne devait même pas effleurer la
sénérité de son âme. Son fils ainé poursuivait
en Russie sa brillante carrière d'ingénieur. Le
second avait peine à se remettre d'une insola-
tion gagnée pendant la campagne de 1859. Ce
fut à lui qu'elle se consacra. Pendant cinq
années, ces deux intelligences, si dignes l'une
de l'autre, parcoururent l'Italie, jouissant au
même degré de ce que la nature et l'art leur
offraient de splendeurs.

Puis la guerre vint, qui mit fin à cette vie
d'enchantement et les sépara. L'épreuve fut

cruelle, mais elle n'était pas suffisante. Au moment même où elle était sans nouvelle de son plus jeune fils, cerné par les Prussiens dans la campagne de l'Est, elle voyait mourir son fils aîné laissant une jeune veuve et un enfant au berceau ! Bientôt, les horreurs de la Commune succédaient aux horreurs de la guerre étrangère. Sa demeure était bombardée par l'armée de Versailles, et pillée par l'armée de Paris. C'est alors qu'elle montra la plus admirable énergie. Frappée au cœur comme patriote et comme mère, son âme ne faiblit pas.

Etablie aux Ombrages à Versailles, suivant avec anxiété les progrès de nos troupes, elle apprend que les batteries de Montretout vont ouvrir leurs feux sur Paris. Sans hésitation, elle accourt retrouver sa sœur enfermée dans Passy, pour l'aider à fuir ou mourir avec elle.

Quelques jours après, quand les insurgés sont en fuite, elle trouve sa demeure trouée par les obus et pillée par les bandits. De tout son passé, il ne lui reste plus que quelques débris informes. Elle réunit ces épaves, y ajoute les quelques objets indispensables, et s'établit à Passy, au milieu d'un petit cercle d'amis. — A ce moment apparaît Saint-Genest.

C'est alors que cette mère incomparable

reçoit la récompense de tant d'épreuves noblement supportées ; c'est alors que commence pour elle cette vie d'union maternelle et filiale qui devait durer douze années, et pendant laquelle le bonheur intime de ces deux cœurs n'eut d'équivalent que les bonnes œuvres dont ils furent la source.

L'appel généreux qui releva l'Orphelinat d'Auteuil et permit à cet asile de petits abandonnés d'ouvrir plus largement ses portes ; l'élan donné à la charité parisienne pendant le rude hiver 1879-1880, et ces millions sortis comme par miracle de la plume qu'animait une charité si ardente ! et cette dernière souscription en faveur des écoles catholiques coûta la vie à celle qui en avait été le souffle et l'inspiration ! Notre génération et celles qui suivront, les rediront à jamais. Qui pourra dire tout le bien opéré en secret ? tous les services rendus, toutes les infortunes secourues ?

L'œil de l'homme n'a point vu tous ces actes de charité silencieuses, et son oreille n'a point entendu ce concert de bénédictions qui s'échappait de tant de poitrines ! Ces choses sont pour Dieu seul !

En décembre 1880, avec quatre pieds de

neige et de glace, elle quitte son foyer, s'installe à l'hôtel en plein Paris, se privant du confortable auquel avaient droit ses soixante-dix ans, s'isolant de sa famille pour se rapprocher davantage de toutes les misères. Son amour des malheureux est si ardent qu'elle ne peut trouver le sommeil, lorsque les paquets de couvertures et de vêtements arrivent trop tard pour être distribués avant la nuit.

C'était un beau spectacle que celui de cette femme vénérable, entourée de jeunes gens qui examinaient avec elle les demandes de secours, dressaient les listes, faisaient la répartition des nombreux ballots dont était encombrée cette chambre d'hôtel garni !

Lorsque, séduit par une aimable physionomie on lui demandait :

Quel est donc ce jeune homme qui vous aide depuis plusieurs jours ? — Il est charmant, répondait-elle, et je l'aime beaucoup ; mais je n'ai pas encore pensé à lui demander son nom !

La plume s'arrête, sentant son impuissance à retracer ce portrait exquis. Elle avait énergie virile, élévation de sentiments, érudition profonde, jeunesse de cœur, candeur d'enfant, piété solide, conseil éclairé, amitié tendre et

dévouée. En considérant cette foule immense
de vieillards, de petits enfants, de soldats
et de sœurs de charité, d'infirmes qui se faisaient soutenir et guider pour la suivre à sa
dernière demeure, on se demandait si la terre
est capable d'un pareil élan, quel cortège
doivent former au ciel, autour de cette sainte,
les anges, gardiens de tant de pauvres secourus, de tant d'âmes rachetées! Quelle
palme, et quelle couronne ont dû être décernées
à cette âme vaillante, à qui Dieu réservait la
gloire d'expirer en combattant pour son pays
et sa religion! (1).

Le mardi 23 juin 1882, Mme Bûcheron fut
ravie aux pauvres et aux orphelins dont
elle était l'infatigable bienfaitrice, et à ce fils
bien-aimé dont elle était le seul amour et
l'inséparable compagne.

Elle laissait à l'asile d'Auteuil, un souvenir
que le temps ne saurait effacer. Les orphelins
se rediront à jamais le nom de celle qui leur
assura un asile à l'abri du froid et de la faim,
un refuge contre le vice et la misère. Leurs
prières aussi s'élèveront vers Dieu, pour
bénir cette mère et pour protéger ce fils,

(1) *La France Illustrée.*

à qui elle a légué encore tant de grandes choses à remplir !

La presse conservatrice fut unanime à favoriser par son puissant écho les œuvres si patriotiquement chrétiennes de Saint-Genest et de sa sublime mère. M. Johanet de *la Défense,* le comte de Pontmartin de *la Gazette,* M. Paul de Cassagnac de *l'Autorité,* M. de Pène de *Paris-Journal.* M. Brunfaut de l'*Exposition Universelle,* se firent ses plus éloquents interprètes.

Non seulement les orphelins d'Auteuil, mais tous les enfants chrétiens de Paris doivent garder et vénérer cette grande mémoire. En juin 1883, dans une réunion présidée par M. Chesnelong au Cirque d'hiver, et composée de tout ce que Paris compte d'illustre et de militant dans le monde de la charité, M. Denis Cochin s'écriait :

« On a répondu à votre appel, en haine de la persécution. On est venu à vous, parce qu'on aimait ce peuple de Paris, si digne d'intérêt, et si indignement trompé, dont les Frères des écoles chrétiennes et les Sœurs de charité sont les meilleurs amis, les plus dévoués serviteurs. Je vous ai déjà rappelé la soussription du journal le *Figaro,* et le million apporté en quelques jours aux écoles libres. Savez-vous qui en eut la première idée, et qui en fut l'âme ? Ce fut

une femme d'un esprit éminent, une sincère et grande
chrétienne, la mère, l'amie vénérée, l'intelligente con-
seillère de l'écrivain qui adressa pour nous au public
des appels si chaleureux. J'ai nommé Mme Bûcheron.
Que M. Saint-Genest qui la pleure aujourd'hui me
pardonne de vous révéler ce secret ! Si Mme Bûcheron
vivait encore, la crainte de lui déplaire en publiant
ses bonnes œuvres, m'aurait fermé la bouche. Mais
elle n'est plus ! Elle est morte huit jours après la clô-
ture de la souscription pour les écoles libres. Son
Œuvre était accomplie ! »

Saint-Genest resta longtemps broyé sous le
coup de l'inénarrable déchirement qui s'appelle
la mort d'une mère ! Quand il se releva, ce fut,
comme Augustin sur la plage d'Ostie, pour
essayer de la retrouver encore aux lieux qu'elle
avait embellis de ses derniers charmes. Il vint
prier et pleurer avec les Orphelins d'Auteuil,
plus que jamais ses petits frères et leur dit :

« Voilà bien longtemps que je suis venu parmi
vous. La dernière fois, c'était par un jour magnifique.
J'étais fier et superbe, croyant que rien ne pouvait
m'atteindre ! Mais Dieu m'a foudroyé par un coup
aussi subit qu'inattendu. Quelques semaines après,
s'éteignait dans mes bras ma pauvre mère qui vous
aimait et que beaucoup d'entre vous ont connue !

« Ah ! si dans ce moment, je n'avais pas eu des
amis sincères et dévoués pour me pousser vers Dieu,

qu'aurais-je fait ? Ce n'est que dans la retraite, le calme des maisons religieuses, chez les Pères-Lazaristes de la rue de Sèvres, et chez le Père du Lac en Angleterre, que j'ai puisé le courage de vivre !

« Ah ! mes enfants, que l'on a bien raison de vous engager à prier, à craindre et à aimer ce Dieu *bon...* *bon* jusque dans les épreuves qu'il vous impose, jusque dans le coups dont il vous frappe ! Vraiment je ne sais à quoi pensent les hommes qui veulent nos écoles sans Dieu, nos maîtres sans foi, nos enfants sans croyances !

« Remerciez-le ce Dieu, de vous avoir mis dans une maison où vous apprenez à le connaître et à le servir ! Suivez bien les avis qu'on vous donne ! Vous deviendrez de bons ouvriers, ardents au travail et non des coureurs de grèves, toujours au premier rang lorsqu'il s'agit de dépaver les rues, et de faire le coup de feu sur la crête des barricades, et vous vivrez en dignes chrétiens et en véritables Français ! »

Les membres du Comité de patronage, formé dès cette époque, pour veiller sur les graves intérêts d'une œuvre qui prenait un si grand développement, méritent de trouver ici leurs noms vénérés.

Président, le marquis de Plœuc.
Vice-Président, M. A. Rainbeaux.
Secrétaire, M. Saint-Genest.
Notaires, M. Ducloux et M. Reine.
Conseillers : MM. de Benque, de Marolles, E. Dognin,

comte de Gourcy, docteur Malhéné, E. Cousin, C. Boullay, avocat à la Cour d'appel. B. Guyot.

Trésorier, M. Etienne.

Il faudrait reproduire aussi dans ces pages l'énorme livre d'or soigneusement conservé à Auteuil et contenant les noms des plus insignes fondateurs de l'Œuvre, comme ceux de ces plus modestes bienfaiteurs, à l'époque de la grande souscription du 10 juillet 1878. Notre cadre ne le permettant pas, nous regrettons de ne pouvoir citer ces noms.

En cette même année 1878, l'Académie Française décernait au fondateur d'Auteuil, le grand prix Montyon, et son illustre directeur, M. DUMAS, prononçait un de ses plus remarquables rapports où nous lisons cette belle page littéraire :

« Un humble prêtre, aumônier militaire, entraîné par sa charité vers les patronages ouvriers, se demandait avec tristesse, si, malgré les soins éclairés et la large prévoyance de l'Assistance publique, la destinée de ces enfants orphelins ou abandonnés, qu'on ramasse quelquefois errant au milieu de Paris, n'était pas digne de la plus grande pitié. Jetés par une fortune ennemie sur le chemin du vagabondage, ces infortunés, après avoir vécu de hasard et de ruse, l'âme fermée à toutes les lumières, n'en viennent-ils pas, se disait-il, à s'engager dans la voie de la ré-

volte, pour aboutir à celle du crime ? N'y a-t-il pas
là de grands devoirs à remplir ? La politique, la charité, la religion, n'ont-elles pas un intérêt égal à recueillir ces jeunes sauvages, à leur ouvrir un asile, à leur
rendre une famille, à les doter d'un état, à réveiller
leur conscience engourdie et à la diriger vers le bien ?

« Grand politique, de ces vagabonds qui n'ont ni
jour ni lendemain, il veut faire des ouvriers laborieux
et rangés, chrétien, à ces âmes que l'envie et la
haine ont déjà visitées, il veut apprendre la résignation en leur montrant que la destinée de l'homme ne
s'accomplit pas toute entière en ce monde.

Un asile honnête, un apprentissage efficace, une
instruction religieuse, voilà ce que parmi les ouvriers,
le père de famille le plus prévoyant, la mère la plus
respectable, souhaiteraient pour leur fils. Voilà ce que
l'abbé Roussel prétend assurer aux enfants qu'il
adopte.

L'Académie, sur le rapport ému d'un de ses
membres les plus autorisés, décernait un
prix Montyon de deux mille cinq cents francs à
M. l'abbé Roussel. Le refuge d'Auteuil était
ignoré alors ; ses bienfaits n'étaient appréciés
que d'un petit nombre de personnes associées à
l'Œuvre ; ses besoins n'étaient pas soupçonnés.
L'approbation unanime de l'Académie pré-
ludant aux manifestations de la sympathie
publique, n'eut pas suffi pour mettre en mouve-

ment la souscription féconde dont un journal
familier avec de tels actes a pris l'heureuse initiative. L'asile d'Auteuil, doublement consacré
par l'autorité morale qui s'attache aux décisions
de la Compagnie, et par le pieux empressement
des âmes bienfaisantes dont le concours em-
pressé a réuni en quelques jours près d'un demi-
million, voit s'ouvrir devant lui une ère nouvelle de sécurité. Le temps ne lui manquera
plus pour montrer comment la charité de son
fondateur, la libéralité de ses généreux souscripteurs, l'esprit d'ordre et la prévoyance d'un
conseil de patronage prudent et compétent
peuvent faire de l'institution d'Auteuil un modèle et consolider un succès, qui a tous les
vœux de l'Académie.

Ainsi, de toutes parts, et dans tous les rangs,
éclate en ce pays calomnié, non cette charité
bruyante, exclusive et mensongère derrière
laquelle se cachent si souvent l'égoïsme et la
vanité, mais cette charité discrète, désintéressée,
propageant la concorde, la seule vraie, qui nous
porte à voir notre prochain partout et à souffrir
de toutes ses douleurs.

Noble et chère France, comme il faut l'aimer,
comme on voudrait la servir, quand on constate
la facile largesse, le courage réfléchi, l'héroïsme

soudain, le patient dévouement et la bonté native de ses enfants.

L'Angleterre venait bientôt s'unir à la France pour le couronnement de l'Œuvre d'Auteuil. Sir Henry Dodd, un Anglais véritable cette fois, décédé à Londres, le 27 avril 1881, léguait par un testament en date du 19, une somme de cinq mille livres sterling au Trésorier en fonctions de la Société française des Enfants-Trouvés à Paris. Les journaux anglais invitaient aussitôt toutes les œuvres charitables prétendant au dit legs à faire valoir leurs droits par devant M. le juge Chitty aux Cours Royales de Justice, salle 252, Strand Middlesex.

L'orphelinat d'Auteuil fit présenter ses prétentions, par Mes d'Herbelot, Ducloux, et Falateuf au nom de l'abbé Roussel, et l'Assistance publique de Paris, les siennes par Mes Allou, Betolaud et Clunet au nom de M. Charles Quentin. Une procédure de cinq ans s'ensuivit.

Les amis de Sir Dodd interrogés, ayant déclaré que l'orphelinat désigné par le testateur se trouvait aux environs de l'Arc de Triomphe, le juge anglais exigea qu'on levât des plans de Paris pour mesurer les distances qui séparent de ce monument l'asile d'Auteuil et les diverses maisons de l'Assistance publique. Les géo-

mètres, les arpenteurs marchaient tandis que
les avocats plaidaient... et les dépenses allaient
plus vite encore, quand on décida en 1885
d'entrer en compromis. Malgré les millions de
son budget, M. Quentin n'hésita pas à prélever
vingt cinq mille francs sur les enfants d'Auteuil,
abandonnés aux éphémères subventions de la
charité privée. A cette condition désintéressée,
il consentit à se désister en leur faveur. Le
27 février 1886, la chambre de la Haute-Cour
de Londres chargée spécialement des affaires
relatives à l'enfance, décida que le legs de Sir
H. Dodd, serait remis à l'Œuvre d'Auteuil pour
l'éducation et l'apprentissage des enfants
pauvres, orphelins ou abandonnés.

Avec tous ces secours inespérés que la Providence envoyait à l'Œuvre en détresse, on put
solder toutes les dettes, bâtir des constructions
nouvelles pour chaque corps d'état, imprimeurs,
serruriers, cordonniers, tailleurs, menuisiers,
etc., etc., porter jusqu'à cinq cents le chiffre
des enfants secourus et les abriter tous dans un
nouveau corps de logis, pourvu des amples dortoirs qui leur avaient jusqu'alors manqué.

Il est temps de raconter les faveurs apostoliques dont le Souverain Pontife Pie IX, toujours
épris des œuvres de jeunesse auxquelles il avait

voué sa vie sacerdotale, daigna combler celle d'Auteuil.

Écoutons son Directeur nous dire avec la plus touchante simplicité, comment le grand Pape accueillit sa première visite.

« Le Pape est parfaitement renseigné d'avance sur le compte de ses visiteurs. C'était le soir à la lumière et dans sa chambre à coucher. Un lit bien simple est au fond, un peu avant un prie-Dieu et quelques chaises. Comme ornement, les statues de saint Pierre et de saint Paul, un crucifix, et une Vierge; en face de la porte un bureau de travail. Dès que le Pape vous aperçoit, il vous regarde d'un air bon et joyeux. Quand je suis arrivé, on lui a dit mon nom; et, pendant que je le saluais, comme il est d'usage de le faire, par trois génuflexions, j'ai entendu Pie IX dire : « C'est le bon abbé Roussel! Venez, mon fils, « approchez. J'ai vu hier le vicaire-général du car- « dinal Guibert, Mgr Lagarde qui m'a parlé de vous. « Vous êtes à ce qu'il paraît, chargé de *molti* petits « garçons, comme je l'étais moi-même à *Tata-* « *Giovanni*. Que voulez-vous, mon fils ? » « — Très- Saint-Père, je vous demande votre bénédiction apos- tolique pour porter mes charges et mes croix! »

« Je baisai avec effusion la main du vénérable vieillard. » « *Surge*, » dit-il, voyant que je restais à genoux. Je lui remis la lettre que m'avait donnée Mgr de Ségur, il prit gravement ses lunettes, la lut attentivement, et dit en souriant : — « Oh! il m'écrit « que vous êtes de vieux amis de trente ans! Et

« comment va-t-il ? Il signe bien pour un aveugle !
« Est-ce qu'il n'y a pas d'espérances de le guérir. »
— « Je ne crois pas, Saint-Père ; mais il n'en est pas
moins à Paris, et dans toute la France, l'ami et le
guide éclairé d'un grand nombre de jeunes gens,
qu'il dirige et soutient dans le chemin de la vertu. ».
« Je le sais, et je l'ai toujours beaucoup aimé ! »

Je lui fis ensuite un court exposé de l'Œuvre
d'Auteuil, et lus la supplique suivante qui se trouvait
écrite, au bas de l'un de ses portraits.

« Très Saint père. L'Abbé Louis Roussel, prêtre
approuvé du diocèse de Paris, directeur de l'Œuvre
de la première Communion et des Apprentis-Orphelins, prosterné aux pieds de Votre Sainteté sollicite
humblement : 1º La bénédiction apostolique, pour lui,
ses collaborateurs et ses religieuses, pour les bienfaiteurs et Bienfaitrices de l'Œuvre, ses enfants et leurs
patrons ; 2º Une indulgence plénière à l'heure de la
mort, pour chacun des membres ci-dessus désignés...

Le saint Père m'arrête « *Oh ! c'est beaucoup, cela,
mon fils. Allons ! Vous le méritez bien ; continuez.* »

« 3º Une autre indulgence plénière chaque année,
orsqu'ils feront leurs Pâques, ou qu'ils renouvelleront
leur première Communion et prieront à l'intention
du Souverain Pontife et de l'Œuvre.

La lecture finie. « Eh bien ! Oui, lui dit le Pape.
Prenant alors la plume, il écrivit fort lisiblement à la
suite de cette demande. »

DIE 13 APRILIS 1876.
PRO GRATIA IN FORMA ECCLESIÆ CONSUETA
PIUS P. P. IX

« Le vendredi saint à midi, j'étais encore au Vatican. On me fit passer dans la première des quatre grandes salles que le Saint Père devait traverser pour gagner les galeries de Raphaël. Je me tenais à genoux lorsqu'il arriva, précédé de Mgr Macchi.

« Comme j'étais près de la porte, je fus le premier à qui le Pape s'adressa. « *Voilà, dit-il en souriant, le Dom Bosco français que j'ai vu hier.* »

— Combien avez-vous d'enfants ? — Plus de deux cents, Très Saint Père. »

— C'est beaucoup, mais ce n'est pas encore assez, pour le bien que vous faites.

Allons, mon fils, je vous dis : « *Croissez et multipliez* ! »

« Je me levai pour suivre le Souverain Pontife qui bénissait chacun des invités sur son passage. Dans ces circonstances, les privilégiés sont ordinairement les plus jeunes enfants. Le bon vieillard se plaît à les caresser, et quelquefois même à les emmener avec sa noble cour dans les jardins du Vatican. »

Quand son auguste successeur Léon XIII monta sur le siège de Pierre, les enfants d'Auteuil voulurent lui témoigner à leur tour leur filial amour, à l'occasion de ce jubilé sacerdotal dont la célébration solennelle émut l'univers tout entier.

Les noces d'or d'un sacerdoce sont toujours augustes. Elles rappellent cinquante années de mérites et de vertus, au service de Dieu et de l'humanité. Mais, quand ce jubilé est celui du suprême représentant de Jésus-Christ sur terre, on comprend que l'univers chrétien s'ébranle pour le célébrer. Rarement un tel événement se reproduit dans l'histoire de l'Église.

En dix-neuf siècles, quinze papes seulement en ont été l'objet.

Les orphelins d'Auteuil offrirent à Léon XIII pour figurer à l'Exposition du Vatican, les humbles travaux de leurs mains. C'était une splendide collection de *la France Illustrée* et de *l'Ami des Enfants. L'histoire illustrée des Paroisses de Paris*. Les portraits de Mgr Guibert et de Mgr Richard, archevêques. Deux lanternes en fer forgé. Un meuble en chêne ouvragé.

Mgr le comte de Chambord fut l'un des plus insignes bienfaiteurs de l'Œuvre d'Auteuil. A ce titre joint à tant d'autres, quand il disparut enveloppé dans les replis immaculés de son drapeau sans tache, elle devait verser ses larmes avec ses regrets sur sa tombe. Seul l'accomplissement de ce devoir conduisit le vénéré Directeur à ses royales funérailles.

A Frohsdorff, au pied du lit funèbre, où reposait encore le corps du descendant de

Saint-Louis, il contempla ce *royal et loyal* visage, qu'il est impossible d'oublier quand on a pu le voir une seule fois.

A Goritz, après les obsèques d'une si majestueuse grandeur, il allait saluer encore jusqu'au fond du caveau sépulcral, les restes mortels de celui qui laissait sur la terre un nom à jamais auguste et une mémoire aussi pure que son étendard fleurdelisé. En rentrant de ce pieux voyage et comme pour en être la récompense une touchante fête l'attendait.

Le jour de son retour, avait lieu dans sa modeste chapelle d'Auteuil le baptême de deux premiers communiants. L'un avait l'honneur d'avoir pour marraine la princesse Czartoriska, fille de Mgr le duc de Nemours ; cette Princesse était accompagnée de ces deux fils Adam et Witold, pour remplir ce pieux devoir. Elle-même avait appris le catéchisme à son protégé. Heureux les enfants abandonnés à qui Dieu réserve de tels protecteurs !

Le peuple de France a beau se montrer, depuis un siècle, cruellement dur envers les descendants des rois qui lui donnèrent tant de grandeurs, ils rivalisent tous à qui l'aimera davantage !

Habitant Passy à côté d'Auteuil la nièce du comte de Chambord, Mme la Duchesse de Madrid, fut toujours une des plus ardentes protectrices des Apprentis-Orphelins.

Les dévoués bienfaiteurs de l'Œuvre amènent parfois et mystérieusement à Auteuil des visiteurs ou des visiteuses du plus haut rang. Un jour Mme la Baronne d'Erlanger annonce une Dame Étrangère, qui parcourt avec le plus vif intérêt tous les ateliers des enfants. Et le lendemain elle écrit ces charmantes lignes :

« Vous nous avez si bien reçues hier que la REINE DE GRÈCE me soupçonnait fort d'avoir trahi son incognito, quand je l'ai priée de me permettre de vous dire aujourd'hui le nom de ma Dame Étrangère. Sa Majesté me l'accorde et vous offre tous ses remerciements avec ses excuses de vous avoir quitté sitôt. Elle craignait de manquer Mme de Biron, qui avait fait cinq heures de chemin de fer pour La recevoir au Calvaire. La Reine m'a dit qu'Elle aurait voulu rester encore à Auteuil des heures entières. »

Quand ils choisissent l'humble oratoire de l'orphelinat pour y célébrer leurs fêtes ou anniversaires de famille, les enfants s'empressent autour de leurs bien-aimés protecteurs comme une ravissante couronne d'enfants près de leurs parents chéris. Chaque année le 5 août M. et Mme A. Rainbeaux viennent y accomplir ce pieux devoir. Dès que leur présence est signalée on façonne les plus séduisants bouquets qui leur sont offerts, après le service divin, au milieu des chants de la plus joyeuse reconnaissance. Ces insignes bienfaiteurs de l'Œuvre savent que leur nom et leur éloge resteront à jamais sur les lèvres et dans les prières de tous les habitants d'Auteuil. S'ils sont impuissants à témoigner leur gratitude, le suprême dispensateur de toutes les grâces le fera pour eux au centuple.

L'illustre membre de l'Académie Française, Maxime du Camp, ému par toutes les merveilles qu'il voyait se réaliser à l'asile d'Auteuil donna au mois d'août 1883, dans la *Revue des Deux-Mondes,* un article intitulé : « *La Charité Privée à Paris* » Il complétait ainsi son magistral ouvrage sur « *Paris, ses organes, ses fonctions, et sa vie.* » Ce travail de l'éminent auteur valut à l'asile une nouvelle fortune. M. Maxime du Camp reçut de ses lecteurs aussi intelligents que délicats, bon nombre de lettres chargées dans le style suivant.

« Vous venez de me faire pleurer, et vous me ruinez. Mais à quoi bon vous lire et être ému, si l'on ne s'ingénie pas à soutenir et à développer l'œuvre de paix et de régénération sociale exposée par vous en termes si simples et si pathétiques ? Il vous sera doux de remettre vous-même ce chiffon de papier (500 francs) à Auteuil. J'y mets toutefois la condition expresse qu'on en ignorera la provenance. »

Comme Saint Genest, M. Maxime du Camp aime à présider parfois les séances intimes de l'orphelinat privilégié. Ecoutons *La France Illustrée* rendre compte de sa première apparition.

« Il nous est difficile de dire combien la présence de cet écrivain célèbre, qui a étudié de si près la misère à Paris, et qui s'est tant préoccupé de la préservation de l'enfance a été pour nous intéressante et précieuse. Il les voyait là ces pauvres abandonnés que nous avons reçus couverts de haillons, et portant les traces du vagabondage, changés en bons chrétiens et en bons ouvriers. Il les voyait là, recevant des récompenses, tous pleins de santé, de bonne humeur, propres, bien tenus, et il en paraissait aussi satisfait et aussi touché que nous-même... »

M. Maxime du Camp a bien voulu remettre aux lauréats une partie des prix qu'ils avaient mérités. Il a souri à leurs chants, et à leurs jeux, et plusieurs fois nous l'avons vu applaudir de bon cœur les chansonnettes et les dialogues. Nous leur avons expliqué quel était celui qui les visitait et combien ils lui devaient de reconnaissance. Les révolutionnaires trompent les enfants du peuple, et s'en font des degrés pour arriver aux places et au pouvoir. Les meneurs hypocrites placent toujours devant eux l'ouvrier pour qu'il reçoive les mauvais coups et ne se montrent que s'il y a du butin à récolter. Tels sont les grands enseignements de l'illustre écrivain.

Nous avons terminé en invitant les enfants à crier « *Vive M. Maxime du Camp!* » D'un élan unanime et d'une voix retentissante tous répétèrent cette acclamation cordiale.

Connu dans l'univers entier sous le pseudonyme de Cham, M. le Comte de Noë fut aussi pour la maison d'Auteuil l'ami le plus dévoué. En sa faveur il composa grand nombre des sujets aussi piquants que pleins d'esprit et de verve, réunis aujourd'hui en album; pour *la France Illustrée,* c'était le plus séduisant auxiliaire. On en jugera par ces lignes écrites à son Directeur:

« Recevez ces vingt francs de la part de Mme veuve Putiphar, sans que vous soyez obligé de

lui servir le moindre abonnement. Chaque semaine
cette dame écoute la lecture de votre journal avec
une attention qui ressemble un peu au sommeil et
regarde avec la curiosité de son sexe vos intéressantes gravures.

« Vous demandez sans doute quelle est cette dame
charitable, nouvelle bienfaitrice de vos enfants ?...
c'est... ma chatte ! ! ! Je lui montrais le croquis dans
lequel Cham représente les chats de Paris brusquement chassés de leur demeure en démolition. Les
voyant si malheureux Mme veuve Putiphar s'est
attendrie sur le sort des infortunés de son espèce.

Elle vous prie de bien accueillir de sa part les
orphelins et les expropriés.

De C.

En effet, lorsque Cham prenait son crayon,
la France entière poussait un immense éclat
de rire. C'en était fait de l'homme, ou de
l'idée qui avait excité sa verve gauloise. Il était
éminemment satirique. Il tuait par le ridicule,
et pourtant ceux qui ont occupé son esprit railleur lui rendaient cette justice, qu'il n'a froissé
personne. Elles-mêmes parfois les victimes,
riaient de ses amusantes saillies.

Quand le Directeur de la *France Illustrée* vint
solliciter en sa faveur la note charmante de
l'inimitable artiste, l'accueil fut bienveillant et
sympathique ; mais le refus ne se fit pas attendre.

Engagé avec plusieurs journaux, tiraillé de tous les côtés, l'éminent critique devait naturellement répondre : non ! Le gentilhomme chrétien devait dire « Oui ». — Il nous conduisit dans son cabinet de travail, raconte M. Roussel, et se mit en devoir d'esquisser un croquis. — Ce ne fut pas long. — Il prit son crayon et tout émerveillé nous vîmes sortir la première de nos charges sur les *Réservistes*. A partir de cette époque, nos relations furent intimes. Il vint assister à nos premières Communions. Il se plut tellement au milieu de nos enfants qu'il y restait souvent jusqu'au soir. Il charmait tout le monde par ses ravissantes saillies. Il n'était pas possible d'être un instant avec lui sans entendre de ces traits fins et délicats qui arrachent des sourires aux plus taciturnes. Un vendredi, il insistait pour nous faire partager son déjeuner. « Ne refusez pas. M. l'abbé, disait-il, je fais gras parce que les médecins le veulent : ma femme observe la loi de l'Église ; et d'ailleurs, quand j'y suis... il y a toujours du maigre à table. ». — Cham faisait illusion à son incomparable maigreur !

Dès les premiers jours de sa maladie, il nous adressait ces lignes :

« Mon cher abbé, si je ne vous ai pas écrit plus tôt

la raison en est que je viens d'être gravement malade d'un fort vomissement de sang. Les démagogues ne manqueront pas de dire que c'est le bon sens qui me quitte ! J'ai cru que j'y passais ! mais, qu'importe puisque j'aurai un brave ami comme vous pour me faire pardonner bien des pécadilles là-haut ! Je ferai bien d'y monter avec un numéro de la *France Illustrée* sous le bras ! »

L'illustre malade avait raison de compter sur les grâces que lui obtiendrait sa généreuse collaboration à toutes les bonnes œuvres. Au dernier moment, il demanda lui-même à se confesser et reçut en pleine connaissance tous les sacrements de l'Eglise. Il soupira ces touchantes paroles en expirant : « *Je ne sais d'où me vient une si grande confiance en la miséricorde divine.* » Comme pour Villemessant, cette incomparable grâce lui venait d'Auteuil !

En mai 1883, Auteuil recevait une sainte visite, celle de Dom Bosco. Il s'intéressait vivement à cette maison similaire de celles dont il a couvert l'Italie. Dimanche dernier, écrit le directeur de *la France Illustrée*, Auteuil était envahi par une foule de pieux visiteurs. Le fondateur de l'Œuvre salésienne les reçut d'abord dans notre parloir et fut ensuite conduit à la chapelle. Il adressa la parole aux enfants avec un accent italien assez prononcé, qui n'était qu'un charme à sa parole. Il leur raconta l'histoire d'un père et d'une mère agenouillés devant Pie IX et lui présentant leur fils. — « Je lui souhaite, dit le Pape, la richesse! » — « Nous sommes très riches déjà! s'écrièrent ensemble ces parents fortunés. Il n'a pas besoin de l'être davantage. » — « Aussi bien, reprit le Saint-Père, n'est-ce pas de la richesse temporelle que je parle, mais la seule richesse spirituelle que je lui désire! »

Nous avons eu la satisfaction de lui remettre ensuite un grand nombre d'offrandes qui nous ont été adressées pour lui. Les œuvres de Dieu sont toutes belles! Elles sont à l'abri des rivalités du monde! Les enfants d'Auteuil donnèrent une preuve bien touchante de ces vérités en faveur de leurs petits frères d'Italie. Ils voulurent se cotiser pour payer la voiture de Dom Bosco.

Lorque j'ai besoin de quelque chose pour moi, disait la sœur Rosalie, je commence par le donner aux autres. — Telle fut la maxime pratiquée par le Directeur et les orphelins d'Auteuil. Dom Bosco reçut par leur intermédiaire des sommes considérables envoyées pour lui de tous les coins de Paris et de la France.

Sans retard, la céleste Providence les en récompensa et parmi toutes les lettres écrites à cette occasion nous aimons à relever celle-ci comme une bénédiction de plus apportée par l'illustre fondateur des orphelinats salésiens à celui de Notre-Dame de la Première Communion.

Paris, 7 mai.

On porte de tous côtés de l'argent à Dom Bosco ! Sans rien ôter au mérite de ce vénéré prêtre, je me demande pourquoi on ne pense pas d'abord à votre excellente œuvre qui accomplit en France ce que Dom Bosco fait en Italie. Elle devait par conséquent nous intéresser bien davantage. Pour moi j'aime infiniment mieux vous envoyer ce dont je puis disposer, et que je vous prie d'accepter pour vos chers orphelins.

UNE GRAND'MÈRE.

Les ventes de charité sont, de nos jours, une des formes les plus ingénieuses imaginées pour faire le bien. Des femmes riches et bienfaisantes se décident à devenir pendant quelques jours marchandes ou demoiselles de magasin, à consacrer le prestige de leur situation et de leur amabilité, à obtenir du public des aumônes au profit de toutes les misères. Telle en est l'organisation.

La grande et belle salle de la Société d'Horticulture dans l'hôtel de la rue Grenelle-Saint-Germain, fééeriquement aménagée est mise chaque année à la disposition de l'Œuvre d'Auteuil. Là se trouvent réunies les plus fraîches serres de fleurs, et les plus séduisants magasins de cannes, épingles, cravates, ombrelles, parapluies, porte-cigares, porte-cartes, porte-bouquets, etc., etc., mais ce qu'on doit surtout bien y disposer, c'est... le porte-monnaie. En effet, quand les vendeuses sont réunies et toutes les boutiques prêtes, il faut des acheteurs! Mme de Contenson, née de Vaux, se charge aussi chaque année de la vente en faveur d'Auteuil et réussit toujours à souhait. Veuve de l'héroïque colonel du 5e cuirassiers, tué le 30 août 1870, au combat de Mouzon, et appelé par les Prussiens eux-mêmes *le Faiseur de Veuves*, comme Jeanne de Chantal, elle consacre son inconsolable existence à cette œuvre de ses prédilections. Admirablement secondée par la vicomtesse de Janzé, Mme de Lauriston-Boubers, Mlles Elser, Mme Faustin-Hélie, Mlle Roland-Gosselin, elle convoque tout ce que le monde aristocratique de Paris a de plus distingué. On admire toujours leurs boutiques montées et organisées avec ce goût parisien, qui prête aux objets mis en vente, un charme particulier. Tous ces gracieux ouvrages : broderies, dentelles, fleurs et pastels, parfumerie et coutellerie, vins de Champagne des meilleures marques de France, liqueurs et bonbons, bijoux, livres et jouets, mille sujets charmants de tapisseries, tricots variés, au crochet et à l'aiguille, machines à coudre, à découper, sont des dons gracieusement offerts. Les soirées d'hiver sont longues, le froid et la neige retiennent, assez souvent, les châtelaines au logis. Pour se distraire, les amies de ces dames inventent mille riens gracieux, qui viennent embellir leurs bazars improvisés, et dont les habiles vendeuses savent tirer un excellent parti. L'or dont elles remplissent leurs escarcelles, représente des orphelins arrachés à la misère, des âmes enlevées au démon, à l'ignorance, au vice, et qui vont, par la Communion, s'unir à Jésus, et faire partie de la grande famille chrétienne.

Mais comme cette petite tribu des plus pauvres d'Israël est le plus souvent couverte de guenilles, quand elle n'arrive pas aux portes d'Auteuil même sans vêtements, d'autres pieuses mains se sont chargées de l'œuvre capitale du vestiaire. Déjà sous l'inspiration de

Mgr Lamazou, encore curé d'Auteuil, Mme la vicomtesse Le Rebours avait assumé cette sainte tâche. Dans une réunion générale de ses fidèles coopératrices, Mlle Mary Elser pouvait leur dire récemment encore : « Nous avons lieu d'être heureuses des avantages qui ressortent de notre entreprise. La bonne œuvre en elle-même, les lectures pieuses et intéressantes, les prières faites en commun, les relations qui s'établissent naturellement entre familles chrétiennes, sont notre joie, et notre récompense. Quelques dames aussi ingénieuses que délicates ont trouvé moyen d'exercer une double charité, ne faisant raccommoder par des pauvres, en quête d'ouvrage, les vêtements des enfants d'Auteuil déjà si pauvres eux-mêmes! »

On lit dans l'Évangile qu'après la multiplication des pains, Notre-Seigneur ordonna de ramasser tous les restes afin que rien ne fût perdu parmi ceux qu'ils venaient de rassasier. S'inspirant de cette pensée divine, l'Œuvre d'Auteuil fait recueillir à domicile tous les vieux objets de rebut qu'on veut bien lui offrir dans Paris ou lui envoyer de province. Elle tire parti de tout. Comme la Providence sait rendre plus féconds les jardins et les champs quand ils sont engraissés par les détritus de la vie, chacun de ces objets enrichit merveilleusement ses ateliers, ses classes, ses cours et ses dortoirs.

Fondée en 1869, par M. Roussel, à l'imitation de celles de Langres, l'*Œuvre des vieux papiers* installée d'abord rue de Sévigné, 40, sous la direction du Révérend Père Féron, fut interrompue par la guerre et la Commune pour être reprise ensuite en 1871. Sur la proposition de M. de Courcy promoteur, Mgr Guibert rendit aux Apprentis-Orphelins cette modeste ressource menacée de leur être enlevée. L'habile directeur mit ses compétiteurs d'accord, dit M. Reulet (1), en revendiquant pour lui seul les papiers en litige ; et la *Semaine Religieuse* de Paris recommanda officiellement son entreprise. (2). L'Œuvre subsiste et fonctionne toujours à Auteuil. Il suffit d'adresser un mot par la poste à M. Roussel, 40, rue La Fontaine, et tous les objets inutiles, depuis les vieux cartons jusqu'aux vêtements démodés ou finis, sont aussitôt enlevés de votre domicile et utilisés pour les orphelins.

Les plus ravissantes fêtes viennent aux époques fixées par la religion ou la coutume inon-

(1) Le Cardinal Guibert. *Notes Intimes.* Correspondant du 25 novembre 1887.

(2) Numéro du 28 octobre 1871.

der Auteuil de douces et saintes allégresses.
M. Abel Rainbeaux a fait dessiner ses splendides jardins par M. Alphand, ce Le Nôtre moderne, organisateur de nos Expositions Univer-
verselles, aidé par un ingénieur du Bois de Bou-

logne, en leur demandant de les disposer spécialement pour la procession solennelle du
Très-Saint Sacrement. Ces Messieurs ont réussi
de main de maîtres. Ces larges allées ovales con-
tournant une spacieuse prairie centrale et dominée au sommet par la chapelle du Sacré-
Cœur qui s'étage sur une montagne de verdure

et de fleurs sont toujours belles au grand soleil,
mais elles deviennent féeriques sous les ombres
de la nuit.

Ce sont celles-ci qu'on choisit tous les ans
pour la procession de la Fête-Dieu. Elle sort
vers neuf heures du soir. Deux reposoirs élevés
au milieu des grands arbres, et couverts de mille
bougies éclairent de leurs feux les deux extré-
mités du vaste enclos. La procession parcourt
ces longues allées bordées de fleurs et d'arbres,
auxquels on a suspendu quantité de lampes vé-
nitiennes. La brillante fanfare de l'établissement précède le Très-Saint Sacrement, et
alterne avec les chants de la maîtrise. Viennent
ensuite les apprentis avec leurs bannières, cinquante enfants de chœur admirablement bien
formés et le clergé. Des chefs d'atelier ont
l'honneur de porter le dais. Soudain la musique
de l'œuvre se fait entendre, voici la croix et les
bannières agitées par une tiède brise; les
sœurs avec des cierges, précèdent les premiers Communiants qui portent des étendards
multicolores; puis viennent en tuniques de
blanche dentelle et couronnés de roses des
enfants au souriant visage, puisant dans
des corbeilles d'osier des fleurs effeuillées qui
embaument l'air. Derrière eux, les membres

MGR. DABERT.

du clergé, en chapes brillantes, et tenant à la main des bouquets de roses printanières, marchant sur deux rangs en chantant des hymnes; et, enfin, sous un dais en soie blanche frangée d'or, apparaît la radieuse Eucharistie selon la belle expression de Châteaubriand, portée majestueusement par son prêtre ou son Pontife dont la figure bienveillante rayonne de foi et de bonheur.

Des deux côtés de la longue avenue que suit la procession, abondent les acacias; et, par instants une neige odorante passe à travers ces arbres au léger feuillage, d'un vert encore tendre, et se mêle aux roses effeuillées qui jonchent le sol. Le parfum de la prière et celui de l'encens et des fleurs montent ensemble vers le ciel. Cette fête laisse toujours dans les âmes les plus poétiques pensées, les plus saines, les plus fortifiantes aspirations. Il faut assister aux processions nocturnes de Lourdes pour contempler un plus saisissant spectacle dans un site aussi bien choisi.

Tous les métiers pour lesquels on forme des apprentis célèbrent à Auteuil la fête de leur patron, ou de leur patronne; les tailleurs, la Saint-Casimir; les cordonniers, la Saint-Crépin; les jardiniers, la Saint-Fiacre; les menuisiers, la

Saint Anne ; les serruriers, la Sainte-Éloi ; les imprimeurs, Saint-Jean Porte-Latine, etc.

Une messe solennelle avec chant et musique est dite pour eux dans la chapelle. Ils ont le soir, promenade, concert et goûter. Le champagne fait défaut sans doute..... mais la gaieté pétille dans les yeux, et la paix joyeuse, dans tous les cœurs. Que faut-il de plus pour être heureux, et pour que Dieu soit content?

Parfois tous les bienfaiteurs de l'Œuvre sont convoqués pour être fêtés à leur tour. Les immenses jardins d'Auteuil voient des milliers de personnes assister à l'une de ces séances inspirées par la gratitude et l'amour des pauvres orphelins. Alors, rien n'est gracieux au milieu de ces grands arbres, et sur ces gazons, que ces drapeaux de mille couleurs, flottant tout autour de l'élégant gymnase, construit par les jeunes artistes eux-mêmes !

Avec quel entrain et quelle émulation ces enfants s'appliquent tous à intéresser et captiver un public si cher à leur cœur! Quels bonds d'échelles et de barres! Quelles capricieuces volte-face! Quels élans d'écureuils! Ils exécutent toutes les parties de leur programme, les évolutions d'ensemble, les exercices de trapèze, d'anneaux, de cordes, avec une précision

parfaite et une habileté merveilleuse. Ensuite
ont lieu les plus hardis tours de forces. On voit
de jeunes athlètes jouer avec les altères et les
poids de vingt kilogrammes comme on le ferait
avec des oranges. Une scène d'atelier jouée
d'après nature au milieu de la pelouse entourée
d'avides spectateurs emporte généralement
tous les suffrages. Tour à tour les plus habiles
de chaque corps d'état, y paraissent et confec-
tionnent en un clin-d'œil leur spécial chef-
d'œuvre; l'un un soulier, l'autre une clef, celui-ci
une caisse, celui-là un habit de noce, etc., etc.
Il n'est pas rare de voir après la séance quelques
spectateurs émerveillés rechercher les acteurs
pour les féliciter et les récompenser.

Mais, le gymnase est devenu la terre promise
de notre jeunesse actuelle. Au centre des cours
avec ses agrès, ses mâts, son passe-rivière, ses
talus et ses balançoires, il exerce sur elle, des
fascinations étranges. Chaque jour elle s'y
précipite, pour courir, lutter, et s'entraîner.
Autrefois, alignés comme des prisonniers, sous
un obscur préau, on nous occupait à faire du
filet, c'était l'atrophie d'une nation toute faite
de laboureurs, de marins et de soldats.
Aujourd'hui nos jeunes gens à l'œil bleu, à la
physionomie ouverte, aux bras nus et à la poi-

trine au vent, se préparent mieux que nous aux
grands devoirs de la vie. On a raison de
développer sans abus leur éducation physique.
La patrie ne peut qu'y gagner. Loin de s'en
attrister la vraie Religion applaudit à son tour.

Quand un jeune homme ne travaille pas ou
ne joue pas, tenez pour certain qu'il se livre
au vice et au péché.

Comme les plus fortunés enfants de Paris
ceux d'Auteuil ont aussi les gâteries les plus
exquises. Le célèbre Robert-Houdin vient
spontanément leur offrir ses représentations
charmantes. Inutile de dire que sa proposition
est acceptée avec empressement, car tout ce
qui peut causer une joie ou une distraction
honnête à leur famille adoptive, est pour leurs
maîtres une bonne fortune. On les conduit
parfois à la salle du boulevard des Italiens. Ils
assistent à ces prodiges qui remplissent d'admiration et d'étonnement tous les heureux
spectateurs. Robert-Houdin serait pour eux un
vrai sorcier, si on ne les prévenait pas de son
adresse. Songez donc! couper en deux, des
pigeons qui s'envolent gaiement! après avoir
été simplement recollés avec un peu de gomme
arabique! mettre en feu et réduire en cendres des
mouchoirs, ou des foulards qui se retrouvent

intacts au bout d'un instant dans une bon-
bonnière! Faire une omelette dans un chapeau
sans qu'il en reste trace, même lorsque de ce
chapeau sortent ensuite des joujoux, des bonbons et des boulets de canon, du plus fort
calibre! Changer l'eau d'une carafe en une pluie
de pièces d'or! Il y a de quoi ouvrir les yeux et
la bouche d'autant plus que les bonbons sont
excellents.

Tous les enfants en sortent ravis, charmés,
transportés ; et Robert-Houdin est à leurs yeux
le plus grand homme et le plus puissant personnage de la terre.

A la fin de cette brillante période, M. Abel
Rainbeaux, vice-président du comité de l'Œuvre,
présentait dans une réunion générale de ses
membres actifs un remarquable compte-rendu
de sa nouvelle situation. Après avoir observé
que la moyenne des enfants reçus à cette époque
atteignait en totalité le chiffre de huit mille et
annuellement celui de deux-cent-cinquante à
trois cent, il s'exprimait ainsi : « Il est évident
que le nombre de ces apprentis est restreint
puisqu'ils demeurent pendant cinq ans attachés
à l'œuvre, et que la plupart, au lendemain de
leur première Communion, auront à trouver
un patron au dehors. Leur directeur qui les

voit toujours partir les larmes aux yeux, s'emploie de son mieux pour les aider dans cette recherche devenue de plus en plus difficile.

Depuis que la charité publique est venue si largement au secours de la maison d'Auteuil, l'école professionnelle a pris une importance que les chiffres suivants feront saisir :

« 1° Imprimerie, comprenant 5 ateliers, la *Fonderie*, la *Composition*, la *Clicherie*, les *Machines*, le *Brochage* : 125 enfants. C'est là que s'imprime le grand journal *la France Illustrée* qui se recommande par le soin du texte, la finesse et le choix des gravures, et mérite à tous égards d'être répandu par les amis de l'œuvre. 2° Atelier des cordonniers, 22 enfants ; 3° Atelier des tailleurs, 25 enfants ; 4° atelier des menuisiers, 15 enfants ; 5° ateliers des serruriers, 20 enfants ; 6 °atelier des mouleurs, 8 enfants ; 7° atelier des jardiniers, 5 enfants ; 8° Ménage, 15 enfants ; 9° Bureaux, 15 enfants. Soit un total de 250 apprentis. Le personnel de la maison, comprend 5 ecclésiastiques, 17 employés, 27 patrons, 9 surveillants, 18 domestiques et 4 sœurs de l'Enfant-Jésus !

« En présence de tels chiffres, il est aisé de comprendre les lourdes dépenses d'une telle maison. Elles ne montent pas à moins de vingt

mille francs par mois. Quelles peines, quel travail, quelle constante préoccupation pour le
Directeur, afin de faire face à toutes les
épreuves! J'aime à le dire, à la louange de cet intrépide ouvrier, il sait pourvoir à tout, et contenter tout le monde! » *(Applaudissements).*

Un tel développement de l'asile et des ateliers
d'Auteuil appelait au couronnement de l'Œuvre
un complément nécessaire et capital. De tous
côtés, les esprits soucieux des plus graves intérêts populaire, réclamaient en province et à
Paris, la fondation d'un orphelinat pour conser-

ver ou rendre les enfants aux travaux agricoles
trop compromis par l'immigration croissante des
campagnes vers les grands centres de notre
France.

Oh! quels drames se jouent chaque jour dans
nos mansardes de cinquième étage, nos cités
ouvrières, nos impasses de faubourg où viennent
pitoyablement échouer des familles entières de
paysans abusés. Ils ont quitté le champ paternel,
le toit de chaume et le clocher béni de leur paisible hameau rêvant de trouver à Paris le travail
l'aisance et peut-être la fortune ! Hélas ! bientôt
le père meurt à la peine, la mère succombe aux
fièvreuses veilles, les orphelins restent seuls
en présence de leurs froides dépouilles et
aucun ami n'arrive pour entendre et calmer
leurs plaintifs sanglots. Ah! qui les sauvera ces
petits en détresse? Auteuil. Qui les arrachera
ces tendres victimes à la misère, à la faim, à la
maladie, à la mort? Auteuil. Qui leur rendra
les prairies et les champs loin de cette ville où
ils ont tant souffert et qu'ils ont hâte de fuir à
tire d'ailes? Toujours Auteuil. Ce serait une
faute de les retenir dans la grande fournaise
et ce serait un crime de priver le pays de ces
cœurs nés pour l'aimer et de ces bras faits pour
le cultiver et le servir.

Une amoureuse Providence devait encore intervenir ici et parfaire son Œuvre de prédilection. Dès 1879, un spacieux domaine était offert
au Directeur, par l'intermédiaire de Mgr l'évêque
de Périgueux, dans cette partie de la Dordogne

qui touche à la fois le
Bordelais , l'Angou-
mois et la Saintonge.
M. et Mme de Labarthe
le cédaient pour en
faire une colonie agri-
cole en faveur de ces déshérités. Il est aujourd'hui
trop étroit pour recueillir tous ceux qui viennent
frapper à sa porte hospitalière non seulement
de Paris, mais aussi de toutes nos provinces;
et, si les ressources étaient suffisantes, le *Fleix*
admettrait, comme Auteuil, par centaines des

enfants qu'on est chaque jour obligé d'ajourner et même refuser.

Combien sont privilégiés ceux qui travaillent là-bas loin de l'air vicié comme de la corruption de la grande cité ! quelles bonnes mines et quelles gaillardes santés ! C'est merveille de les contempler au labeur. Les uns à peine âgé de quinze ans conduisent la charrue comme des métayers experts. D'autres fauchent les foins avec la vigueur des hommes! Ceux-ci reconstituent les vignes. Ceux-là vont en forêt. A tour de rôle, tous passent au jardin et à la basse-cour afin d'apprendre à soigner, atteler et conduire bœufs, chevaux et attelages.

Pour mettre plus d'ordre et d'entrain, les départs, se font au pas militaire, deux à deux, avec clairon et tambour en tête. C'est le vrai *service en campagne*. Dirigés par un vaillant prêtre, ami de l'enfance, les orphelins du Fleix sont à bonne école. Puissent-ils, pour Dieu et pour la France, devenir et rester tous bons citoyens autant que solides chrétiens !

All right!! crient les Anglais quand la vapeur a donné, quand le sifflet a retenti, quand le navire s'ébranle et marche calme et puissant vers la haute mer. Ne nous hâtons pas néanmoins de jeter vers le ciel ce cri de courage et de l'espérance! Au paisible sortir du port, le vaisseau qui porte la fortune d'Auteuil va subir aussitôt la plus soudaine, comme la plus effroyable de toutes les tempêtes.

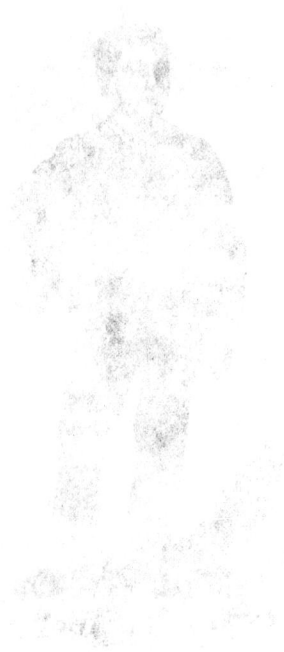

CHAPITRE V

L'ŒUVRE SANCTIFIÉE

> « Ils m'ont abreuvé d'outrages et d'angoisses : mais, comme un valeureux défenseur, le Seigneur lui-même est resté avec moi.
>
> (*Jérémie* XX. — 11.)

Pourquoi toutes les saintes œuvres doivent être crucifiées. — Un infernal complot de la Franc-Maçonnerie. — La tête du Diable. — Auteuil est l'œuvre de Dieu et non celle des hommes. — Le Cardinal Guibert. — Le Cardinal Richard. — La piété, âme des œuvres de jeunesse. — Dévotions spéciales à celle d'Auteuil. — L'Eucharistie, la Très-Sainte-Vierge. — Saint-Joseph. — Le Sacré-Cœur. — Saint-Vincent de Paul. — La Croix. — Les Défunts.

L'AMI de Dieu est expressément averti par l'Esprit-Saint des cruelles épreuves qui doivent l'assaillir à son service.

« Mon fils, préparez votre âme au malheur et demeurez ferme dans la justice, et la crainte du

Seigneur. Tenez encore votre âme humiliée et attendez dans la patience! Acceptez de bon cœur tout ce qui vous arrivera. Demeurez en paix dans votre douleur; et au temps de votre humiliation, conservez la patience, car l'or et l'argent s'épurent par le feu, mais les hommes que Dieu veut faire les siens, sont éprouvés dans le creuset des humiliations et des douleurs. Ayez donc confiance en Dieu. Il vous tirera de tous vos maux. Espérez en lui et vieillissez dans son amour. »

« Bienheureux, nous dit à son tour le divin Sauveur, ceux qui souffrent persécution pour la justice parce que le royaume des cieux est à eux. Quand les hommes vous maudiront, vous persécuteront et diront faussement de vous toute sorte de mal, à cause de moi, réjouissez-vous et soyez remplis d'allégresse parce que votre récompense est alors grande dans le ciel. »

C'est la gloire du Maître que ses volonté s'accomplissent à travers les plus grandes difficultés. C'est son honneur que sa toute-puissance éclate et que restent méconnus les travaux et les souffrances de ses pauvres serviteurs.

Pourquoi se plaindraient-ils d'être traités comme le Christ leur Maître ? Où pourraient-ils être mieux, qu'à la suite de Jésus sur la route du Calvaire ? La voie de l'épreuve conduit les âmes de foi à la confiance et à l'amour du Seigneur. D'ailleurs, comme on l'a si bien dit, dans le concert de la vie, le bonheur n'est pas une mélodie, c'est un point d'orgue. « La mélodie, c'est de souffrir. » Ainsi nos angoisses et nos larmes deviennent mères de nos vertus, et le malheur n'est qu'un marchepied posé en terre pour nous élever jusqu'au Ciel.

Cet élément essentiel de la formation des âmes prises chacune en particulier, ne l'est pas moins au succès des œuvres considérées en général. Si un arbre doit croître et abriter en grand nombre les oiseaux du Ciel, c'est-à-dire les petites âmes des enfants, il faut, observe un maître en la matière (1) qu'il jette de profondes racines pour résister aux tempêtes. Aussi les directeurs de ces œuvres sont-ils ordinairement, contrariés et traqués par ceux-là même qui devraient les soutenir le plus. Dieu le permet ainsi pour donner une stabilité plus forte à leurs actes et montrer avec évidence que si l'homme s'agite, lui seul le mène. Plus une sainte entreprise est persécutée et plus on peut dire qu'elle est chère à Dieu. Les œuvres grandement

_____

(1) Timond-David I. P. 20.

applaudies, soutenues et louées réussissent ordinairement très peu. Les œuvres contrariées,
combattues, persécutées jettent ordinairement
de profondes racines.

Que leurs directeurs ne se découragent donc
jamais! Les orages passent, les hommes passent,
les œuvres de Dieu ne passent pas. Elles durent
tant qu'elles font du bien. Ils ne doivent craindre
qu'un obstacle, trop faire parler de leurs
œuvres. Il y a des cas où la réclame est nécessaire, c'est vrai, mais un directeur prudent con-
naîtra la limite de l'utile. Qu'il redoute de la
dépasser sans une urgente nécessité! La bénédiction de Dieu est à ce prix. Une œuvre perd
en profondeur et en solidité ce qu'elle gagne en
surface et en éclat.

Que la persécution ne l'attriste et ne l'abatte
jamais? Elle est pour lui la meilleure bénédiction
du ciel, et pour son Œuvre le meilleur gage de
sa vitalité! Lorsqu'un fruit est gâté, le moindre
vent qui l'agite précipite sa chute. Les bons
fruits au contraire résistent aux frimas et aux
ouragans.

Pour tout dire en un mot *la Croix*, tel est
l'honneur et telle est l'allégresse des vrais
enfants de Jésus-Christ. Le Maître est venu sur
terre pour en charger le premier ses divines

épaules, à travers le chemin royal du Calvaire et il fut traité de scélérat ! En se traînant péniblement sur les sanglantes traces du Sauveur, quel est le saint dans l'Église, surtout parmi ceux du ministère des œuvres, qui n'a pas été rassasié de déboires, d'infortunes et de malheurs ? On n'en citerait pas un seul. Leur vertu aurait faibli comme le crépuscule d'un jour sans nuages, si Jésus ne les avait pas associés à son ténébreux crucifiement. Dieu laisse l'esprit du mal se déchaîner contre eux pour mieux parfaire leurs mérites, et les passions humaines au lieu de les terrasser servent davantage à la splendeur de leur triomphes.

Comme le Divin Sauveur trahi par Judas, saint Benoist l'est par ses plus chers disciples, qui tentent de l'empoisonner. Saint François d'Assise, l'est par frère Elie, saint Joseph Calasant, âgé de 72 ans dont 50 passés au service des enfants du peuple, est interdit par ses Supérieurs eux-mêmes et son ordre à peu près détruit. Au moment de mourir, une révélation de Marie lui prédit la résurrection et le merveilleux accroissement de sa Compagnie. Saint Jean Baptiste de la Salle le fondateur des Frères des Écoles chrétiennes est plusieurs fois interdit à son tour. Saint Jean de la Croix est mis au

cachot et ligoté comme un malfaiteur par
ses enfants aveugles. Saint Vincent de Paul
habitait dans le voisinage du lieu où est
l'hôpital de la Charité. Il y allait souvent servir
et consoler les malades. Il habitait la même
maison qu'un juge du village de Lore, dans
le district de Bordeaux.

Celui-ci, étant sorti, trouvait à son retour
qu'on lui avait volé quatre cents écus. Il
accusa Vincent du vol, le décria en le calom-
niant auprès de tous ses amis. Le saint se
contenta de nier le fait, en ajoutant : « Dieu
sait la vérité. » Pendant les six années que
dura la calomnie, il ne lui échappa aucune
plainte contre son calomniateur. L'auteur du
vol fut enfin arrêté, et déclara que le saint
avait été injustement accusé.

Citons encore le fait de saint François de
Sales correspondant si bien à celui que nous
allons raconter. Lui aussi fut calomnié de la
façon la plus odieuse. Un billet avait été
présenté en son nom, à un riche Seigneur de la
province. La signature était fausse. Le saint,
accusé d'en être l'auteur, ne peut que protester
contre cet indigne mensonge. Ce fut une explosion générale, parmi ses envieux et ses ennemis. Les accusateurs ne tardèrent pas à être

confondus, et il put continuer à s'occuper sans obstacles du salut des âmes. (1)

Le secret inspirateur de l'œuvre d'Auteuil, M. le Curé Desgenettes, supporta longtemps pour son œuvre de Notre-Dame des Victoires, les traits des plus amers sarcasmes. Pour les uns, c'était un ambitieux; pour les autres un intrigant et un imposteur. Les plus indulgents le traitaient de visionnaire.

Il se contentait de répondre : « Notre œuvre fait la guerre à Satan. Il est naturel qu'il la lui rende. Le perfide n'a pas trouvé de meilleur moyen pour la discréditer que de calomnier son Directeur. Peu importe ce qu'on dit de moi! L'œuvre est de la Sainte Vierge. Elle saura bien la faire réussir quand même. »

Dom Bosco dût essuyer à Turin des coups de feu. Il fut exposé au poignard des assassins postés pour l'immoler. Deux dignitaires ecclésiastiques se chargèrent même de l'enfermer dans une maison de santé, pour guérir son cerveau perdu.

« Mais le fou n'était pas celui que l'on croyait! » Il le leur montra bien en les y faisant un instant interner à sa place !

_____

(1) Extrait de la *vie de saint François de Sales*, par M. Hamon.

Au moment où s'écrivent ces lignes, le vénérable fondateur des héroïques Petites-Sœurs des Pauvres, M. l'abbé Le Pailleur, devenu octogénaire, a sa réputation mise en lambeaux par la presse irréligieuse de France. Jeune vicaire à Saint-Servan, près Rennes, aidé par Marie Jeannet aujourd'hui sœur Marie de la Compassion, il y recueillait ses premiers vieillards, dans une mansarde, et vendait toutes ses hardes pour les nourrir. Sa récompense terrestre fut d'être parfois interdit, longtemps discrédité, et de rester discuté jusqu'à la fin!!

Ah! qu'il est juste et qu'il est vrai le Cantique des martyrs, « Serviteurs du Christ que le monde persécute ne vous troublez pas! Les méchants semblent ignorer, il est vrai, les tribulations humaines, ils portent l'orgueil à leur cou comme un carcan d'or ; ils s'enivrent à des tables sacrilèges, ils rient, ils dorment comme s'ils n'avaient pas fait de mal ; ils meurent tranquillement sur la couche qu'ils ont ravie à la veuve et à l'orphelin ; mais où vont-ils ? Heureux, Heureux celui qui passant dans les vallées cherche Dieu comme la source des bénédictions! Heureux celui qui élève en silence l'édifice de ses bonnes œuvres, comme le temple de Salomon où l'on n'entendait ni les coups de cognée, ni le bruit du marteau, tandis que l'ouvrier respectueux bâtissait la maison du Seigneur! Vous tous qui mangez sur la terre le pain des larmes, répétez à la louange du Très Haut, le saint cantique. Gloire à Dieu seul au plus haut des cieux (1)! »

De ces hauteurs sublimes, nous voici précipités aussitôt dans le puits de l'abîme! Un scandale inouï venait d'émouvoir la France entière. Des enfants *privilégiés,* d'une maison de correction soumis à un régime affreux, battus sans cesse, attachés en crapaudine, en des cachots humides, à la volonté de grossiers contre-maîtres, livrés à un journaliste et à une romancière, étaient morts après mille outrages, sans entendre parler de Dieu, et comme de vils animaux. Il fallait un équivalent dans une maison cléricale, et Auteuil fut choisi.

Le complot se trama dans un joyeux festin. Au dessert, quand tout pétille et que toutes les langues se délient, on parlait de son vénéré Directeur. Un convive, que nous pourrions nommer, s'écria tout ricanant : « *Oh! notre loge veut lui jouer un tour qui le perdra!* »

Un matin de 1830, sœur Rosalie offrait son

_____

(1) Chateaubriand. *Martyrs.* Liv. III.

bon de pain, à un misérable pauvre assis devant sa porte : *Merci, ma sœur, aujourd'hui je n'en ai pas besoin. Nous allons piller l'Archevêché!* Les symptômes de l'infernale cabale franchirent ainsi le seuil d'Auteuil, même avant son explosion. Elle étonna Paris et la France, mais elle ne surprit personne à l'orphelinat.

Un grand journal athée de Paris mécontent de n'avoir pas obtenu le titre et les faveu de la *France Illustrée*, se chargea volontiers de lancer l'affaire, et de styler l'article.

« Lorsqu'un loup ravisseur rôde autour d'une bergerie, disait Chateaubriand, son œil s'enflamme à l'aspect du nombreux troupeau nourri dans un gras pâturage. La vue de la brebis excite sa faim ; et, sa langue sortant de sa gueule semble déjà teinte du sang dont il brûle de s'abreuver. » Ainsi certains journaux voraces épient les hommes de Dieu et de l'Église, avec des soupçons, des inquiétudes, et des hurlements à peine étouffés, tandis que devant leur public, avec les termes de la sagesse, ils tiennent le langage de la folie et de la rage. Comme Caïn maudit des hommes et poursuivi par Dieu, ils scrutent les ténèbres. Comme les pirates fondant à l'improviste sur les petits innocents pour les ravir à leur père, ou l'immoler s'ils le surprennent au milieu d'eux, ils se rient des gémissements, des larmes et des massacres. Que leur importe pourvu qu'ils saisissent et déchirent leur proie avec tous les moyens que la force met au service de la perversité!...

Satan lui-même les anime. Or, si l'asile d'Auteuil est rempli de diablotins, le diable en reste soigneusement banni. Il avait donc de vieilles querelles à vider en ces lieux. Quiconque est initié aux premiers éléments du surnaturel sait combien ponctuellement il les vide. Jamais il ne céda la victoire sans combat.

« L'illustre Claude Bernard, dit A. Giron, possédait dans son cabinet d'étude, un objet d'art auquel il tenait beaucoup. C'était une tête du Diable, vrai masque satanique, avec les accessoires obligés et légendaires : ses cornes de bouc, sa barbiche de roué, ses lèvres à la fois sensuelles et sarcastiques, laissant entrevoir la langue gourmande et la dent mauvaise. Un nom de la première marque artistique signait cette tête et l'hommage fait au maître. Depuis bien des années, elle assistait silencieusement, à toutes les recherches et à toutes les découvertes du grand physiologiste. Je ne sais si Claude Bernard attribuait à cette image fantas-

tique une part quelconque dans ses incessants
et merveilleux travaux. Mais ce que je n'ignore
point, c'est que la très religieuse fille du savant
ait fait à Satan honneur des œuvres de son père :
Son mémoire sur le pancréas, ses recherches expé-
rimentales sur le grand sympathique, ses leçons sur
les liquides de l'organisme, etc. Quoi qu'il en
soit, Claude Bernard étant mort, sa fille se
laissa plus que jamais épouvanter par cette
tête infernale; elle résolut d'en délivrer sa conscience et le cabinet paternel. Seulement, il
n'est pas facile à une femme de se débarrasser
du diable. Un prêtre seul peut en avoir radica-
lement raison, grâce aux exorcismes, et aux
inspirations d'une inimitié de longue date.

« Le bronze fut donc porté à l'abbé Roussel
qui toute sa vie a connu du diable — sinon la
tête — du moins la queue, n'ayant pour nourrir
six cents ou sept cents orphelins ou orphelines
que l'air du temps et de la charité. La volonté
de la donatrice étant formelle, l'abbé ne fut
point trop fâché de prendre une double revanche
sur un ennemi deux fois intime et de régler
avec lui un vieux compte, puisque l'occasion
s'en présentait. On arrêta que la tête diabolique
serait fondue et convertie en un saint du
paradis le plus antipathique à l'enfer. Le brave

abbé, qui se défie plus que personne des tours
de l'esprit malin acculé, se tint ce petit raisonnement : — « Oui, je vais bien charger un
fondeur de mettre ce bronze à la fonte. Mais,
c'est un bronze d'art, bel et hautement signé,
et, de plus, consacré par le souvenir de Claude
Bernard. Le fondeur, en homme avisé, ne manquera pas de le garder et de me couler le saint
désigné avec le premier bronze venu. Je serai
donc outrageusement joué par le diable !

« Sur ce raisonnement, il porte la tête de
maître Satanas à son atelier de serrurerie. Là,
ne voulant remettre à qui que ce soit la besogne
préméditée, il pose la tête sur l'enclume et
saisit un lourd marteau. De quelques coups très
consciencieux et très fervents, il met la tête en
pièces. Cornes, barbiches, dents et rictus, tout
y passa pour aller ensuite pêle-mêle, chez un
fondeur de renom, qui avec ses débris coula
une jolie statuette de saint François d'Assise. »
L'enfer tout entier dut tressaillir de cette conversion et se conjurer pour la revanche !

Après avoir créé pour des orphelins l'asile
d'Auteuil, l'abbé n'avait pas craint de fonder
pour des orphelines celui de Billancourt. Une
maison des champs s'élevait sur les bords de la
Seine. Les canons des Prussiens ou de la Com-

mune avaient écrasé les murailles, et haché ses
jardins. Les orphelins se mirent à l'œuvre pour
leurs sœurs de pauvreté, et la maison fut res-
taurée. Depuis, sa cloche ne cesse de retentir,
et sa porte de s'ouvrir, devant les fillettes ra-
massées à la hâte et à fleur d'écume dans le
Paris fangeux. On les admet comme leurs frères
à Auteuil, pour faire leur première Communion
et apprendre un état... Vite on leur met l'aiguille dans les doigts et le pain dans l'estomac.
Elles lisent, écrivent, lavent, blanchissent,
repassent, cousent et prient. Le corps et l'âme
sont sauvés. »

Dans ce saint asile, on avait réchauffé une
vipère ! Les paternels sacrifices allaient être payés
par les calomnies les plus atroces ; et une fois
de plus il allait être prouvé que le cœur ingrat
est toujours dévoré par la plus astucieuse
et farouche passion de nuire. Une malheureuse,
pervertie au sortir de l'orphelinat, voleuse
toujours et partout tantôt de corsages, tantôt
de rubans et tantôt d'argent, fut choisie pour
monter le coup, en présentant sous les plus
odieux prétextes, un billet faux à l'ordre du
Directeur d'Auteuil. Quand l'affaire vint en
cour d'assises, le *Times* journal anglais de la
plus haute impartialité dut lui-même la résumer

en ces termes : « Les débats ont bien vite montré qu'elle avait pour origine *une trame ourdie contre le clergé*. Pas une des allégations fournies ne peut supporter l'examen. Les témoins de l'accusée ont complété sa défaite ; et, quand l'interrogatoire s'est terminé, la conviction générale était que ces mensonges n'avaient aucune valeur. Tout le monde voyait que *la réputation du prêtre sortait plus intacte et plus pure que jamais de cette infâme conspiration.* »

Le jury manifestement antireligieux et hostile chercha bien un moyen nouveau d'appliquer l'axiome actuel : *le cléricalisme voilà l'ennemi* ; mais après le réquisitoire de M. l'avocat général Reynaud et la plaidoirie de M⁰ O. Falateuf, la Cour dominée par la puissance et l'éclat de la vérité, fit lacérer le billet déclaré faux par tous les experts et condamna la malheureuse à six mois de prison.

Quels bruits, quels vacarmes, et quels scandales fit alors la presse antichrétienne ! Quel luxe de détails elle servit à ses lecteurs éhontés ! « Le plus abominable, disaient ses organes, c'est que le fait n'est pas isolé ! C'est que la France entière est enlacée sous un filet à mille mailles, tenu par le clergé et les congrégations religieuses, abusant ainsi de la crédulité vul-

gaire! Il faut débarrasser la République de ce
péril le plus grand de tous ceux qui menacent
un peuple! » Dans les grottes souterraines ces
oiseaux douteux dont un insecte impur semble
avoir tissu les ailes s'excitent et s'irritent à la
lueur d'un flambeau ; ainsi ils s'acharnèrent
longtemps sur leur proie!

Auteuil avait des envieux qui convoitaient et
juraient sa ruine. Comme Marcellin ouvrant les
portes de sa basilique aux rapacités de Dioclétien et lui montrant une innombrable foule de
pauvres, d'infirmes et d'orphelins, on aurait pu
leur dire. « Voilà les trésors, les joyaux, les vases
précieux, les couronnes d'or, et les diamants
que vous avez voulu disperser et flétrir!

Auteuil avait des ennemis; et qui n'en a pas?
Tant de bienfaits, tant de secours, tant de grâces étaient sorties de cet asile béni! Beaucoup
de ceux qui les reçoivent se transforment souvent en détracteurs hostiles, et parfois en
adversaires acharnés. Quand, au cirque romain,
la plèbe voulait perdre un gladiateur favori
elle tournait le pouce vers lui. Aujourd'hui on
ne tourne pas le pouce aux bienfaiteurs en
détresse, mais le dos.

Parmi les pamphlétaires qui se sont distin-
gués dans cette ignoble campagne, les plus

vils furent les plus sévères. Nouvel Hiéroclès versé dans toutes les ruses du journalisme, initié à toutes les intrigues, armé de tous les sophismes, blasé sur toutes les positions sociales, depuis celle de chef du gouvernement jusqu'à celle de forçat, souple, adroit, railleur, affectant une élocution concise et sentencieuse, parlant d'humanité en demandant le sang des otages et des innocents, méprisant les leçons du talent et de l'expérience, voulant à travers mille maux conduire le monde entier au bonheur par des systèmes creux, esprit faux, flagorneur et s'applaudissant de ses écarts, tel fut le coryphée de l'infernal concert.

Les fidèles amis de l'Œuvre et ses avocats surtout, Mes Boulay et Falateuf, conseillaient de ne pas s'arrêter à cette réparation bénigne. Mais il était plus chrétien de s'en contenter. Si l'Œuvre n'était pas atteinte dans son honneur, elle avait peut-être obtenu plus de louanges et de considérations humaines qu'elle n'en méritait : « Laissez donc, dit le pieux fondateur, et ne pensons plus à l'infortunée que pour la plaindre, prier pour elle et lui pardonner ! Oh ! comme ils ont été méchants, mais nous, comme nous allons être bons ! » Ah ! le plus méritoire de tous les pardons est bien celui qui tombe sur ceux qui ne craignirent pas de nous salir ! Tel cet arbre indien appelé le santal embaumant jusqu'à la hache qui l'a frappé !

Le marteau écrase, le ciseau brise, et le rubis sortant de leurs étreintes projette au loin des feux plus étincelants. La charrue déchire la terre, la herse vient après qui la pulvérise, le semeur la foule aux pieds en jetant son grain. Grâce à ces injures, le sol fécondé rend cent pour un des grains qui lui sont confiés. Ainsi l'homme patient subit sans se plaindre les coups de marteau et de ciseau, les déchirements et les brisements que lui inflige la méchanceté et l'ignorance des hommes. Il attend comme le diamant et comme la terre, que sa vertu éprouvée brillant d'un éclat plus vif le glorifie davantage. « Il traverse, a dit l'Esprit-Saint, les sables de la vallée de la mort ; il y trouve des sources d'eau vive. — Les pluies d'automne se répandent sur lui. Il multiplie incessamment sa force jusqu'à ce qu'il arrive en présence du Seigneur sur la montagne de Sion. » Et c'est ainsi que l'Œuvre d'Auteuil va grandir, s'élever et fleurir plus belle et plus radieuse après l'orage qu'au temps de son éclatante prospérité.

Écoutons les touchantes réflexions de son Directeur, au sortir de cette poignante épreuve :

Il nous est pénible de parler de nous, et même de l'Œuvre que l'on est trop disposé à nous attribuer. Elle est, par dessus tout l'Œuvre de Dieu. C'est lui qui l'a inspirée pour lui donner ensuite une merveilleuse croissance. Rien ou presque rien n'y décèle la main de l'homme. Nous n'avons été qu'un mauvais instrument dans la divine et habile main du Tout-Puissant Ouvrier.

Cela ne veut pas dire sans doute que le bien opéré, les encouragements qui nous sont venus de si haut dans ces derniers temps, la tristesse ressentie par nos amis, et les si nombreuses et si affectueuses sympathies qui nous sont adressées, nous aient trouvé insensible ! Au fond du cœur nous conservons ces témoignages de bonté. C'est un actif aliment pour entretenir en nous comme chez nos enfants l'action de grâce que nous devons à Dieu, et à ceux qu'il a choisis pour être les instruments de sa Providence envers nous !

Le cardinal Guibert venait de mourir. En ce moment solennel où le ciel même semblait s'ouvrir pour recevoir l'âme d'un saint, Auteuil put mêler ses larmes à celles de tous ceux pour qui cette séparation trop prévue paraissait ne devoir jamais se réaliser. Il fut donné à ses directeurs-prêtres de dire la messe dans la chapelle ardente où reposait ce Père vénéré. Ils y portaient avec leurs prières, celles des collaborateurs, des amis et des enfants de l'Œuvre. Ce bon et sage archevêque s'était toujours amoureusement occupé d'eux. Que de fois ne leur a-t-il pas témoigné sa bienveillance et prodigué ses encouragements. — Jamais il ne voyait son chef sans lui demander des nouvelles de ses *chers petits vauriens*. Il lui répondait :

« Toujours très bien, Monseigneur, parce que vous nous aidez à en faire des anges. »

« Tant qu'il put exercer les fonctions pastorales, il voulut lui-même leur donner la Confirmation. Leur journal *La France Illustrée* était sa récréation préférée.

« Je ne lis pas toujours le texte parce que je n'ai pas le temps, disait-il, mais je ne manque jamais de regarder ses belles images. Cela m'intéresse et doit faire beaucoup de bien. »

Il vivait tellement en dehors du monde que ses étonnements donnaient parfois à son entourage des scènes de la plus franche gaieté. N'entendant rien à la mode, il ne pouvait admettre qu'une de ces gravures sur les chasses de Chantilly représentât les dames en chapeau d'homme sur la tête. « Le des-

sinateur s'est trompé certainement ! cela n'est
pas possible ! s'écriait-il ! »

Jamais sa charité pour Auteuil ne se dé-
mentit. Il lui faisait remettre jusqu'à deux
mille francs par an. Un jour, M. Petit, secrétaire général, le rencontre au jardin de l'Archevêché. Le prélat tenait à la main une liasse
de billets de banque. « Eh bien, mon cher,
une charitable dame vient de me porter
tout cela ! Qu'allons nous en faire ? » « Monseigneur, les bonnes œuvres de Paris en
ont plus que jamais grand besoin ! » Le
Cardinal fit aussitôt remettre cinq cents francs
aux Apprentis-Orphelins.

Son digne successeur, Mgr Richard, a soigneusement hérité de sa paternelle sollicitude
en faveur de cette portion choisie de son
troupeau. C'est un grand vieillard, au doux
sourire et au profond regard, paraissant à
chaque instant s'arracher à la méditation des
choses célestes pour se faire tout à tous,
comme l'apôtre, surtout avec les plus humbles de ses enfants. Coadjuteur de Paris, il
avait souvent visité ce petit monde d'Auteuil
avec sa fonderie de caractères d'imprimerie,
sa clicherie, avec ses six machines Marinoni,
ses ateliers de brocheurs, relieurs, mouleurs,

peintres, serruriers, cordonniers, tailleurs, menuisiers et jardiniers. Ces engins de plomb qui tombent comme grêle d'obus sur les établis, lui avaient fait redire cette fine parole : « *L'imprimerie est l'artillerie de la pensée.* »

« Qu'on est bien ici! ajoutait-il un jour ; la joie rayonne sur tous les visages! On voit que le bon Dieu est dans tous les cœurs! Ah! si les autres ateliers de Paris allaient ainsi, on supprimerait vite les tribunaux, les commissaires de police et les prisons. »

Le 19 mars 1887 était la première solennité d'Auteuil après les tristes jours dont nous venons d'esquisser l'histoire. Mgr Richard voulut la présider. Dans une paternelle exhortation prononcée à la chapelle l'éminent archevêque fit entendre ces graves paroles : « *C'est pour témoigner mon intérêt à l'Œuvre des orphelins et mon affection indestructible envers son Directeur que je viens en personne conférer ici le Sacrement de Confirmation alors que je suis contraint de refuser généralement cette faveur même aux plus grandes paroisses de Paris!* »

Gloire et bénédiction aux Pontifes qui traitent et défendent ainsi les prêtres de

MGR. RICHARD.

Jésus-Christ! Ils sont l'honneur du sacerdoce, la force de l'apostolat et le diadème de l'Église! disait Saint Bernard. O Dieu, chantait le royal prophète, vous m'avez éprouvé, mais c'était pour me confirmer dans vos voies!

Quand les âmes et les œuvres sortent ainsi épurées du creuset de la souffrance elles ont conquis ce je ne sais quoi d'achevé que le malheur, au dire de Bossuet, ajoute à la vertu. Il y a vingt ans, ajoute très sagement le chanoine Timon-David (1) les œuvres de jeunesse se préoccupaient plus en France, d'amuser que de sanctifier les enfants. La divine Providence et la sagesse de l'Église leur ont montré un autre chemin de succès, celui de la piété. On doit surtout cette amélioration aux admirables ouvrages de Mgr de Ségur. Les frères de Saint Vincent de Paul, après avoir longtemps suivi la méthode extérieure, se sont rangés sous cet étendard. Jusqu'en 1887, Auteuil avait peut-être trop donné à la mode générale.

L'épreuve l'a doucement et amoureuse-

(1) *Les œuvres de Jeunesse.*

ment reconduit à cet esprit et à ce programme
qui sont les siens. Une fervente communauté
religieuse n'offre pas de spectacle aussi édi-
fiant que celui de ces enfants et jeunes gens plus
nombreux que jamais assemblés dans la chapelle toujours trop étroite pour leurs réunions
de piété. Quelles belles fêtes et quels
suaves chants dans cette enceinte! Quand
une seule fois on en fut l'heureux témoin,
on aime à l'être encore; et, nous avons
entendu murmurer à nos oreilles par les
bouches les plus autorisées, cet indulgent
aveu : « *Notre religion n'a rien de plus suave
à Paris.* »

L'Eucharistie occupe la place d'honneur
dans les dévotions spéciales de la maison.
C'est son droit et son rang. En parlant des
premières Communions et des solennités de
la Fête-Dieu, nous avons assez dit le culte
dont elle y est l'objet principal.

Il suffit d'ajouter que la communion fréquente, et les visites au Très-Saint Sacrement font le bonheur suprême de ces heureux
orphelins. L'esprit de Saint Liguori et le
cœur de Mgr de Ségur inspirent et dirigent
maîtres et apprentis.

Mais, la source de l'Eucharistie est le

sacerdoce. Ils le savent : et quelques-uns
d'entre eux choisis parmi les plus intelligents
et les plus pieux deviennent prêtres de l'Œuvre
pour la continuer à leur tour. Ces jeunes
Éliacins se préparent dans une retraite voisine de l'orphelinat au ministère suprême
des autels et des âmes. Quelques-uns ont
déjà franchi les montagnes du Thabor ; et,
chaque jour ils élèvent entre la terre et le
ciel pour leurs frères et leurs bienfaiteurs
l'éternelle victime de propitiation et d'amour.

La seconde dévotion spéciale à l'orphelinat est celle de la Très-Sainte Vierge. Ce
qui manquait le plus à ces petits abandonnés, c'était une mère. Notre-Dame de la
Première Communion le devient pour eux.
C'est elle qui gagne leurs cœurs et les aide
à persévérer dans les voies du Seigneur.

Le vénérable Grignon de Montfort disait :
« C'est par Marie que Jésus-Christ est venu
au monde, et c'est par elle qu'il doit y
régner. Marie a produit avec le Saint-Esprit
la plus grande chose qui a été et sera
jamais, un Dieu-Homme. C'est elle qui pro-
duira les plus grandes choses dans les derniers temps. Le salut du monde a commencé
par elle, c'est par elle qu'il sera consommé.

Oh! quand viendra cet heureux temps où la divine Marie sera établie maîtresse et souveraine dans les cœurs pour les soumettre à Jésus ! quand viendra ce *siècle de Marie* où les âmes deviendront ses copies vivantes pour aimer et glorifier Jésus! » Les orphelins d'Auteuil goûtent ces sublimes doctrines. Ils prient, ils travaillent, ils souffrent, ils persévèrent afin que ce siècle soit le nôtre. Leur dévotion envers l'Immaculée se manifeste de mille façons touchantes ; mais, c'est surtout aux jours de ses fêtes que leur amour éclate en transports d'allégresse. Il suffit de les voir et de les entendre une seule fois, en ces circonstances pour se convaincre que la plaie saignante faite à leur cœur encore au berceau se cicatrise peu à peu. Ils sentent et ils montrent qu'ils ont retrouvé dès ici-bas une mère.

Que de faits charmants nous raconterions à cet appui! Un de ces grands garçons d'Auteuil venait d'être placé dans un atelier de la Capitale. Aussitôt arrivé, il ôte sa blouse et son gilet, fait carrément son signe de croix et se livre gaiement au travail. On aperçoit un scapulaire sur son cou nerveux, et les sarcasmes commencent. Il laisse dire! Mais le plus acharné de tous ces mauvais plaisants veut bientôt lui arracher

cet insigne sacré. Il se retourne, et le regardant d'un air décidé. « *Ne touche pas à ce souvenir de ma mère! Tu n'es pas digne de le porter!* »

Avec Marie, Saint-Joseph est le privilégié des petits ouvriers d'Auteuil. C'est lui qui les reçut en ce berceau délicieux, le jour même de sa fête, en 1866. La pensée de prendre les enfants du peuple les plus délaissés, pour en faire des artisans chrétiens, devait éminemment sourire à l'humble patron de Nazareth, qui dirigea les premiers travaux de Jésus-Ouvrier. Saint-Joseph, en effet, n'a point cessé d'être le pourvoyeur providentiel de cette œuvre bénie. Aux heures difficiles il soutenait les courages défaillants, il procurait les ressources indispensables et quelquefois même le pain quotidien qui manquait soudain aux maîtres et aux enfants.

Dans ses admirables lettres, Sainte-Thérèse écrit ces paroles à propos du céleste époux de Marie : « Je n'ai jamais rien demandé à Saint-Joseph sans l'obtenir. Il semble que Dieu accorde à d'autres saints la grâce de nous secourir en tout. » C'est la douce expérience qu'on fait chaque jour à Auteuil.

« Aujourd'hui, disait Mᵍʳ Dupanloup, la piété des fidèles se tourne avec une prédilection marquée vers Saint-Joseph. C'est apparemment d'après un dessein secret de la Providence. Notre siècle si violemment agité ne cesse d'espérer en contemplant cette douce et sereine physionomie. Le grand Pape Pie IX nous a donné le mois de Saint-Joseph comme ses prédécesseurs nous avaient donné le mois de Marie et cette dévotion se répand chaque jour davantage. Les miracles obtenus par l'intercession de Saint-Joseph ne se comptent plus. On pourrait dire qu'il suffit de le prier avec foi pour être exaucé. Comme la brise qui court sous le feuillage des grandes forêts peuplées de bêtes fauves, la rumeur en circule au milieu de notre monde sceptique et impie. On se raconte à mi-voix, et sans oser avouer qu'on y croit sérieusement, ces cent histoires arrivées dans tous les coins du monde par son intercession. Il faudrait être aveugle et sourd pour dire avec Abner : « L'arche sainte est muette et ne rend plus d'oracles. »

La dévotion au Sacré-Cœur est aussi très chère aux apprentis orphelins d'Auteuil. Ils ont porté deux bannières à Paray-le-Monial ; et, chaque année, ils offrent plusieurs pierres à Montmartre qui voit souvent leurs pieux pèlerinages. Avec ferveur, ils vont y prier pour leurs Bienfaiteurs, pour la France, Paris, l'Église et le Pape.

Souvent on leur raconte comment à la suite des désastres de la dernière guerre, fut conçu le projet de placer sur le point le plus élevé de la Capitale, l'image du Sacré-Cœur, au faîte d'un magnifique monument qui exprimerait la foi et le repentir de la France catholique. Dans les flancs d'une montagne de sable accumulé jadis par les flots de la mer on a bâti au niveau de la Seine quatre colonnes Vendôme sur lesquelles repose tout l'édifice. Ainsi, pour reconstituer notre ordre social, il faudra creuser cette autre montagne de boue et de crimes qui depuis si longtemps écrase notre pays jusqu'à ce qu'on trouve quatre inébranlables pierres angulaires capables de le porter. Ces pierres seront le baptistère de Clovis où la France devint chrétienne, l'épée de Charlemagne qui donna l'indépendance à l'Église, les jurandes de Saint-Louis qui résolurent le problème social entre le pauvre et le riche, et la houlette de Jeanne d'Arc qui refoula au delà des mers nos séculaires ennemis. Au faîte de l'édifice social on devra mettre le testament du Roi Martyr, Louis XVI, consacrant notre patrie au Sacré-Cœur de Jésus.

Saint-Vincent de Paul est un des patrons les plus aimés de l'Œuvre d'Auteuil. S'il fut un

ɔrtel dont l'Église doive se souvenir comme
ɔdèle achevé de la charité évangélique, c'est
ɛn celui qui répétait sans cesse avec le divin
ɯître: « Laissez venir à moi les petits enfants »
i les prenait dans ses bras, couvrait des plis
son manteau leurs membres transis de froid,
recueillait dans des asiles choisis, et après
avoir sauvés des rigueurs des éléments
de la misère, les instruisait dans la con-
issance et l'amour de Dieu, pour en faire
bons chrétiens et d'honnêtes citoyens. Ce
ɯt les exemples de Vincent de Paul qui ont
piré la fondation de l'Œuvre de la Première
ɔmmunion, dans un temps où plus que jamais,
charité envers l'enfance et la jeunesse est
venue d'une importance suprême.

Un groupe d'Apprentis-Orphelins est con-
umment occupé à modeler, dans un atelier
écial, des crucifix, des vierges, des bénitiers
divers autres objets de propagande reli-
euse. Quand ils ont façonné ces petits chefs-
œuvre on les expédie à Paray-le-Monial,
Lourdes, à Montmartre et jusque dans les
us lointaines régions du nouveau monde.
ɛs crucifix d'Auteuil vont porter ainsi dans
ɯnivers tout entier les leçons et les grâces
ɛ Jésus-Christ. Que de familles, de paroisses

de missions et d'âmes régénérées par le travail de ces innocentes mains ; Dieu seul le sait car la vertu de sa croix opère seule ces merveilles.

Un saint disait que la croix lui tenait lieu de tout; et un autre l'appelait sa bibliothèque. Le Sauveur a publié sa toute-puissance en disant que par elle il attirait tout à lui. C'est par elle en effet que Constantin vainqueur de ses ennemis confondit le paganisme.

C'est par elle que Satan est toujours terrassé, par elle que les portes de l'enfer sont brisées et celles du ciel ouvertes aux élus. Elle est le premier arbre de la liberté, le fondement de la fraternité, la base de l'égalité chrétienne, l'étendard de la civilisation, le livre des lumières, le foyer des consolations, le soleil de la terre et des âmes. Malheur aux hommes qui, par haine ou lâcheté, la banniraient de leur foyer! Malheur aux nations qui répudieraient ses leçons et ses gloires ! Au jour des éternelles justices, tous ses contempteurs confondus à ses pieds triomphants se reconnaîtront insensés d'avoir renié sa vertu! Comme la sainte Église, Auteuil consacre tout le mois de novembre au culte des morts. La première semaine, on y fait les prières et les offices à l'intention des parents, maîtres et enfants, et de tous les affiliés à l'Œuvre, décédés depuis sa fondation. La seconde est consacrée à tous les membres de l'Association de Notre-Dame de la Première Communion érigée dans la chapelle. La troisième, aux familles des enfants dont le plus grand nombre, après la mort, ne peuvent compter que sur un éternel oubli. La quatrième est réservée aux plus illustres protecteurs défunts. Pie IX, Mgr Buquet, Le cardinal Morlot, Mgr Darboy, Mgr Guibert, Mgr de Ségur, Mgr Dupanloup, Mgr Lamazou, M. Cathelin, M. de Naurois, M. de Villemessant, Mme Cousin, Mme Bûcheron, Mme de Vaux, etc., etc.

Une visite d'intercession et de regrets se fait au cimetière d'Auteuil où reposent les orphelins et leurs maîtres déjà rappelés dans le sein de Dieu. Au champ du repos, ces délaissés de la terre ont un caveau spécial comme les plus fortunés d'ici-bas ! C'est là qu'ils aiment à entourer ces tombes et ces restes chéris de pieux tributs de fleurs d'automne et de fraternelles larmes !

Heureux ! heureux ! ceux qui, comme le disait Saint François, servent le Seigneur ; mais heureux aussi ceux qui servent la reconnaissance par le souvenir du bien reçu, et par leurs prières, c'est ainsi que s'acquittent les nobles cœurs, les cœurs chrétiens.

Les apprentis d'Auteuil sont élevés à cette école, et voilà comment naissent et grandissent en eux ces sentiments exquis de religion et de piété filiale envers ceux qui daignèrent leur tenir lieu de parents en cette vallée de pleurs, d'épreuves et d'exil.

CHAPITRE VI

L'ŒUVRE PRATIQUÉE

Mgr Buquet. — Le petit mousse Pierre Bozec. — Un détenu de la Roquette. — Un artiste. — Logé dans un
carton. — Deux petits frères. — Pierre garde-malade.
— Georges à l'hôpital Necker. — Henri sur le
tombeau de sa mère. — Frère et sœur. — Au dépôt. —
Louis dans un poteau. — André dans une caisse. —
Un petit juif Russe. — Sauvage et saltimbanque. —
Georges à l'Enfant-Jésus. — Dans un égout. — Les
trouvailles des dames de la Halle. — Léon à l'écurie
des gendarmes de Suresnes. — Un petit poète. — Une
famille dans un kiosque. — Les apprentis d'Auteuil
devenus patrons.

QUAND on allait solliciter sa charitable
bourse toujours ouverte pour les orphelins d'Auteuil, un prélat de sainte mémoire,

Mgr Buquet, longtemps grand vicaire de Paris, avait coutume de dire : « Je veux bien : mais racontez-moi d'abord quelques histoires de ces enfants. *Rien ne m'intéresse plus vivement*. Si on ne se décide pas un jour à les écrire, je ne donnerai plus rien pour eux. »

En un court résumé c'est ce que nous voulons essayer maintemant, non plus pour le saint Évêque déjà couronné dans le Ciel après une vie pleine de bienfaits et de vertus, mais pour ceux qui partagent sa pieuse charité envers les petits enfants d'Auteuil.

Le vieil Homère ne disait-il pas lui-même : « Je passerais volontiers cinq et même six années à faire ou écouter des récits! Est-il rien de plus agréable que les paroles d'un homme ayant beaucoup vu et qui, assis à votre table tandis que la pluie et les vents murmurent au dehors, raconte à l'abri de tout danger les plus palpitantes traverses de la vie ? »

Les romanciers vont chercher aux antipodes de l'imagination, des aventures de fantastiques héros. Parmi ces enfants venus de tous les coins de la terre ou ramassés dans tous les bouges de la Capitale, couverts d'une boue indestructible, parmi ces métis de couleur café au lait et ces noirs au visage d'ébène enlevés par les raids des sauvages continents, comme on en voit réunis souvent à Auteuil, c'est facile de cueillir à pleines mains des anecdoctes capables de défrayer l'intérêt le plus exigeant.

Dans les cours et les allées de l'Orphelinat on se raconte en effet des histoires légendaires qui méritent d'être inscrites en lettres d'or aux annales de la bienfaisance. Sans exalter l'imagination nous récolterons çà et là quelques épis près des gerbes de l'œuvre. Plus heureux que Ruth, on pourrait y glaner à poignées dans le grenier même du père de famille !

Au mois d'octobre 1883, Pierre Bozec venait sans autre impulsion que celle de son propre cœur demander de l'admettre à Auteuil. C'était un petit mousse orphelin, monté à bord d'un navire au long cours, sur lequel il avait fait ses premières campagnes.

Ayant fait sa première Communion il y retourna bientôt, prêt à supporter les périls et les fatigues de sa dangereuse carrière en véritable chrétien.

Odieusement maltraité par l'équipage d'un vaisseau faisant le cabotage sur les côtes de l'Océan, voici comment se vengea le jeune martyr !

Pierre Bozec, le petit mousse, a été pris en grippe par le lieutenant de bord. Les matelots maltraités font retomber leurs rancunes sur le pauvre enfant.

Le bateau sur lequel il était embarqué arrivait à la hauteur de la pointe du Finistère.

La côte est, en cet endroit, très dangereuse à cause des courants et des récifs. Chassé par un vent furieux, le navire était en péril. Tous ces hommes habitués au danger pressentaient la mort, et le capitaine, dégrisé par l'imminence de la catastrophe, était sur le pont aidant à la manœuvre.

A chaque instant, on frôlait des rochers aigus. Enfin échouant brusquement entre deux rocs, le bateau demeura immobile, offrant ses cloisons fragiles aux colossales poussées de la mer en furie. C'était la fin !

Sur la côte distante de cent mètres, on voyait des hommes s'agiter, de braves pêcheurs essayant de mettre à flot une barque pour établir un cordage afin de sauver les naufragés. Mais c'est en vain qu'ils s'épuisent dans leurs généreux efforts. Le capitaine prend alors un cordage. Il fait un large nœud.

Qui peut le porter à terre !

Le mousse, l'œil étincelant regarde fièrement

ces hommes qui l'ont accablé de coups et d'humiliations.

— Moi! s'écrie-t-il! Et sans donner le temps de l'arrêter, il passe son corps frêle dans le nœud de l'amarre et se lance à la mer, en faisant le signe de croix!

Un murmure d'admiration parcourt les groupes de ces hommes, n'attendant plus leur salut que du pauvre petit enfant.

Il nageait vigoureusement, le mousse! Il était soulevé sur les hautes lames comme une feuille qui passe dans l'air en tourbillonnant. Ah! l'obstacle était trop faible pour être brisé!

Comme le vent soufflait du large chaque fois que l'enfant surgissait de la profondeur noire pour planer sur le tranchant d'une crête écumante, il approchait du but. Enfin, un *hourrah* enthousiaste perce le vent et les mugissements de la mer. Le mousse est à terre! Dans sa dernière secousse, le flot déchaîné l'avait lancé avec rage contre les rochers!

Le cordage sauveur fut saisi par les pêcheurs de la côte mais il n'entourait plus qu'un cadavre.

Le pauvre et courageux enfant avait le crâne ouvert. Il venait de donner sa vie pour celle de ses bourreaux.

On peut voir au cimetière de son village une

tombe ornée d'une simple croix où l'on a gravé cette inscription :

✝

PIERRE BOZEC

MOUSSE DE LA MARINE MARCHANDE,
MORT EN OPÉRANT LE SAUVETAGE
DES HUIT HOMMES DE L'ÉQUIPAGE
DU CHASSE-MARÉE *SANCTA MARIA.*

PRIEZ POUR LUI!

—·✳·—

Un jour, après la messe de première Communion, on porte la lettre suivante :

PRÉFECTURE DE POLICE   *Paris, le 19 mars 1878.*
—
1ʳᵉ DIVIS. 2ᵉ SEC.
—
2ᵉ *Bureau*

« Un jeune orphelin a été mis à la disposition de la Préfecture, comme se trouvant sans asile. Cet enfant a déclaré n'avoir pas fait sa première Communion.

« Dans ces conditions, la Préfecture croit devoir faire conduire le jeune X... auprès de M. Roussel pour le cas où il serait possible de l'admettre. »

« — J'ai eu beaucoup de chagrin, de voir que maman m'avait abandonné... Je l'ai cherchée partout, mais je n'ai pu la retrouver ! disait l'enfant.

« — Et pendant que vous courriez ainsi comment mangiez-vous ! ou couchiez-vous ?

« — Mais je mangeais n'importe comment, je couchais n'importe où !

« — Que faisiez vous à la Préfecture ?

« — Je travaillais : mais je m'ennuyais beaucoup parce que j'étais confondu avec une bande d'enfants sales, grossiers, dont les conversations me dégoutaient. Je fus bien content quand le juge me dit qu'il allait m'envoyer à la Roquette !

« — Vous plaisiez-vous à la Roquette ?

« — Oh ! beaucoup mieux ! On m'enferma dans une cellule et on me donna des clous à faire. Je ne trouvais pas l'air de cette prison très gai ; pourtant je le préferais au dépôt de la Préfecture.

« — Cette cellule devait vous paraître triste ?

« — Oui, mais je me dépêchais à faire des clous afin de distraire mon chagrin.

« — Combien de temps êtes-vous resté ainsi ?

« — Seize jours... Ah ! si j'avais connu votre maison, allez ! je n'aurais pas été mis à la

Roquette ! J'aurais pris tout droit le chemin
d'Auteuil ! »

« Un jour, écrit le Directeur, on vint nous prévenir qu'un monsieur nous attendait au parloir.
A peine arrivé, le personnage se lève et nous
dit avec une emphase tragi-comique: « Je suis
artiste dramatique !... — Très bien, monsieur
veuillez vous asseoir... » Nous pensions que
le brave homme allait nous proposer ses talents
pour donner une séance récréative. Grande fut
notre erreur ! C'est à nous-même qu'il voulait
la donner. — Monsieur le curé, mon fils est dans
votre établissement, et je viens le chercher...

— Votre fils ou celui que vous appelez ainsi
m'a été confié par une personne avec prière
de le garder et mon devoir m'empêche de le
confier au premier venu !...

— Le premier venu !... sachez M.....

— Je ne veux savoir qu'une chose ! prouvez-
moi que vous êtes le père de cet enfant !

— Je n'ai pas de papiers sur moi, mais la
nature est là. Elle parlera ! Je suis père et je
veux mon enfant bien-aimé !... »

Et, ce disant, il fit semblant de larmoyer. Mais
les larmes de cet artiste improvisé n'eurent pas
le don de nous émouvoir. Aussi lui dîmes-nous.

Deux fois déjà, vous avez abandonné ce fils bien-aimé! Une personne charitable l'a recueilli exténué de fatigue et mourant de faim. Mais, je vais faire venir l'enfant afin de vous confronter avec lui. Ce dernier arrive; il pâlit en voyant son père et loin de se jeter dans ses bras, se serre près de nous comme pour nous dire de le protéger!

— Eh bien fils dénaturé, s'écrie l'artiste, tu ne viens pas embrasser ton père ? Je viens te chercher mon enfant !

— M. l'abbé je vous en supplie, ne me laissez pas partir ! Il me laisserait mourir de faim et m'abandonnerait une troisième fois!

— Et c'est ainsi, M. le curé, dit l'artiste avec un geste menaçant que vous élevez les enfants dans l'amour de leurs parents!... Je le déclare, il ne restera pas une minute de plus chez vous!

— Ne le prenez pas sur ce ton. Le Commis saire de police est notre voisin. Si vous n'êtes pas convenable, je vous prierai de m'accompagner chez lui.

— Vous parlez de commissaire! allons le trouver! Arrivé chez le commissaire, l'artiste voyant qu'on nous approuvait voulut donner un nouveau spécimen de ses talents. L'honorable magistrat le calma en le menaçant du violon. Enfin

le père consentit à signer un acte en bonne
forme et emmena le pauvre enfant qui pleurait
abondamment. Quelques jours après le président
du tribunal de S... réclamait encore l'admission
de ce petit infortuné à l'asile d'Auteuil, et,
sur un premier refus, il écrivait ces touchantes
lignes.

« Je comprends que vous fassiez des difficultés pour le recueillir de nouveau! Mais il réclame votre assistance. Ne lui refusez pas la nourriture et le logement. Nous sommes déterminés
à vous le renvoyer. Choisissez donc entre l'al-
ternative ou de le renvoyer dans vingt-quatre
heures par le chemin de fer ou dans douze
ou quinze jours arrivant à pied et mourant
de faim! »

Dans la matinée du 17 Août 1878, deux
agents en bourgeois présentent un nouveau
pensionnaire qui, malgré son air intelligent, fait
mal à voir dans son pitoyable accoutrement.

— Comment, cher enfant, as-tu été abandonné sur le pavé?

— Ma mère m'avait amené à Paris, dans un
garni avec deux petites sœurs. Elle nous disait
que nous venions pour chercher papa qui était
perdu. Tous les jours elle courait après lui sans

jamais le trouver. Un soir nous ne l'avons plus
vue!... Elle nous avait laissés sans une bouchée
de pain!... J'étais bien embarrassé, moi, avec
ces deux petites filles à nourrir! Comme nous
avions bien faim, je sortis pour mendier!
Quand je rentrai, il était déjà tard ; les petites
filles pleuraient mais j'avais ramassé trois sous
avec lesquels j'ai acheté trois petits pains...

— Tu savais donc que ta mère ne revien-
drait plus? — Non, je pensais qu'elle serait de
retour le lendemain!... La maîtresse de l'hôtel,
une bonne dame, allez ! voyant que nous
n'avions plus de mère vint nous voir et me dit
qu'elle me donnerait 5 sous par jour.

— Pour trois? — Oui 5 sous! c'était peu!
Eh bien! cela nous empêchait de mourir! Enfin
ennuyée sans doute par mes sœurs qui pleuraient
toujours, la dame nous conduisit chez le commissaire de police pour nous faire placer. On
les mit à l'orphelinat de Vaugirard. Quant à
moi, on m'a dit que j'étais assez grand pour
travailler!

— Alors que fis-tu? — Hélas! je cherchai
longtemps de l'ouvrage, sans en trouver. — Où
logeais-tu? — Oh! j'allais coucher dans les
champs, à côté d'une fabrique de cartons ! Je
prenais des débris et je faisais un trou dedans !

— Voilà un économique logement ! Mais la nourriture ? — Ah ! Dame ! la nourriture n'était pas aussi sûre. Les petits garçons avec lesquels j'avais fait connaissance me donnaient de temps en temps du pain. Cela ne m'empêchait pas quelquefois de rester tout un jour sans manger. A la fin j'ai rencontré un chiffonnier qui a bien voulu m'employer. Il me faisait porter des hottes trop lourdes pour moi. Il me battait quand je n'avais pas ramassé autant que lui et ne me donnait que des croutes et de l'eau, pendant qu'il se grisait. Si vous saviez comme il était méchant et comme il assommait sa femme ! Un soir qu'il rentrait plus ivre que d'habitude je me sauvais, car il m'aurait certainement tué ! Je me suis rendu au bureau de police d'où l'on m'a envoyé aux *jeunes détenus.* C'est de là que le juge m'a retiré pour me conduire chez vous. Oh ! je serai bien sage et si vous le voulez, j'y resterai toute ma vie !

Le 30 juin 1877, une pauvre femme suivie de deux petits garçons au visage abattu par la douleur frappe à la porte d'Auteuil.

Monsieur je viens d'un quartier très éloigné pour implorer votre charité en faveur de ces deux enfants.

— Ce sont les vôtres ? — Non, je ne suis que leur voisine. La mère est morte et le père se meurt en ce moment à l'hôpital. — Mais qui a pris soin d'eux ? — Les voisins ! Ils déjeunent chez l'un, dînent chez l'autre, moi je les couche ; si nous n'étions des ouvriers et si nous n'avions des enfants, nous ne cher- cherions pas à les placer car nous les aimons. Et l'excellente femme sanglottait en regardant les deux orphelins dont les yeux étaient aussi noyés de larmes. « D'ailleurs, reprit-elle, ils n'ont pas fini leur première Communion ! Nous étions fort embarrassés ! mais vos anciens enfants nous parlent de votre œuvre en termes si chaleureux que je n'ai pas hésité à venir ! On m'a dit que l'affreuse misère de mes petits protégés était le meilleur certificat pour entrer ici !. »

En 1877, un enfant habitait avec sa mère un misérable réduit de la paroisse Saint- Georges. Très malheureuse depuis la mort de son mari, mais rude au travail cette femme s'efforçait de demander à une ingrate besogne le pain de son fils et le sien. Malgré son activité elle ne pouvait suffire à l'entretien. Elle se vit donc contrainte de mettre son fils lui-même au travail avant qu'il eût fait sa première Communion. L'intelligent enfant sachant qu'il y avait dans la paroisse un catéchisme le soir alla de lui-même se faire inscrire; sa présence y fut de courte durée. La pauvre mère, épuisée de fatigue et de douleur, fut bientôt obligée de s'aliter. Alors le petiot disparut du catéchisme pour s'asseoir au chevet du lit de sa mère, et lui servir de garde-malade !

Pendant plusieurs semaines il remplit ce rôle avec un dévouement au-dessus de son âge... Malgré ses soins, la maladie suivit son cours et devint impitoyable ! Elle amena bientôt la mort !

L'orphelin se vit alors dans la dure nécessité de rendre à sa mère les derniers devoirs ! Pendant qu'une charitable voisine veillait de loin sur les restes inanimés de la défunte, Pierre s'en alla seul à l'église et à la mairie faire les déclarations d'usage ! Le lendemain, suivant seul le char funèbre il fut reconnu par le vicaire chargé du catéchisme. Le prêtre portait le saint viatique à un mourant. Pierre vint en sanglottant se jeter dans ses bras : « Pardonnez moi d'avoir ainsi abandonné le catéchisme ! Ce corbillard conduit au cimetière les restes de ma bonne mère ! Je veux l'assister jusqu'à la fin ! Après la cérémonie, si vous voulez me le permettre je vous raconterai tout ce qui m'est arrivé. »

Puis l'orphelin abîmé de douleur rejoignit le modeste char de celle qui l'avait tant aimé !

Au retour du cimetière, Pierre revint auprès de l'excellent prêtre qui le conduisit à Auteuil.

Parmi les enfants de l'asile plusieurs sont morts dans les sentiments de piété les plus édifiants. Leurs aumôniers ont toujours dit qu'ils n'avaient jamais rencontré de foi plus profonde. « Vous leur imprimez, écrit l'un d'eux, une marque qui les fait reconnaître partout. »

Il y a quelques temps l'un d'entr'eux était atteint d'une affection au cœur.

Le docteur consulté ordonna de le conduire à Necker; bien que fort souffrant, il ne perdait rien de sa gaîté et volontiers il se chargeait de dérider par des saillies spirituelles ceux de la salle qui paraissaient taciturnes. Il ne se contentait pas de les amuser, il les édifiait en même temps et leur donnait l'exemple de la piété. Il ne riait plus quand il entendait des propos hostiles à la religion ! Il devenait alors prédicateur et sermonnait les coupables !

Un vieil endurci refusait-il de se rendre, les sœurs venaient trouver notre Georges et le priait de lui parler : « Oui, ma sœur, disait-il ; je veux bien essayer ! Vous réciterez le chapelet pendant ce temps et peut-être réussirons-nous ! » Il avait pris de l'ascendant sur les malades, et presque toujours ses efforts étaient couronnés de succès. Les sœurs ont assuré qu'il en avait converti plusieurs jusque-là rebelles à la grâce.

Pendant les six mois qu'il fut alité, jamais il ne négligea de réciter à haute voix son chapelet. C'était un exemple salutaire pour les autres malades qui voyaient ce jeune homme se préparer sereinement à la mort.

La fin approchait, Georges reçut la sainte Communion avec une foi qui fit verser des larmes aux asssistants ; et, rempli de confiance en la divine miséricorde il rendit le dernier soupir. Quand on sait ce que ces enfants ont déjà souffert on considère de telles morts comme une grâce et une délivrance !

Henri B... avait perdu son père et sa mère, honnêtes mais pauvres ouvriers. Il demeurait chez sa grand'mère avec laquelle il n'était

pas toujours d'accord. Une après-midi le voilà
parti seul au cimetière, sa grand'mère ne
voulant pas l'accompagner. Le pauvre enfant
avait peut-être besoin de pleurer près de ce
cœur qui l'avait tant aimé! Arrivé à la porte
du cimetière le gardien s'oppose à son entrée.
— C'est le règlement! L'enfant persiste, se
débat, lui passe entre les jambes et tout en
larmes tombe dans les bras d'une personne
charitable en criant de toutes ses forces :
« *Je veux aller sur la tombe de ma mère* » Il avait
fait assez de tapage pour se faire mettre au
violon, mais ses larmes avaient ému le cœur de
cette personne qui s'interposa. Elle obtint
grâce pour le mutin, le conduisit sur cette
tombe encore fraîche qu'il avait besoin d'arroser
de ses larmes brûlantes, puis le ramena chez
sa grand'mère. En voyant la détresse de ce
pauvre intérieur elle se mit en quête d'un
patronage pour Henri et le conduisit à Auteuil.

La tête était mauvaise mais le cœur bon.
Il a parfaitement fait sa première Communion
et maintenant il sait prier pour sa mère, et
mieux obéir à sa grand'mère!

En 1873, un membre de la société de Saint-
Vincent - de - Paul, amenait un enfant nommé

Gustave, qui n'avait idée de Dieu ni de la Religion. Son père était aveugle et lui-même le conduisait dans les rues de Paris. Il mendiait pendant que le vieillard chantait. Quelle misérable existence!

« Vous lui rendriez une immense service si vous pouviez le prendre, disait le solliciteur. L'aveugle ne restera pas abandonné! Il aura pour conductrice sa fille qui est un peu plus âgée que cet enfant! »

Le petit garçon couvert de haillons, pâle et maigre, faisait mal à voir. Les premiers jours il fut difficile à tenir. Habitué à la rue il ne se pliait qu'avec peine aux exigences de la discipline et plus d'une fois on le surprit méditant un plan d'évasion. Peu à peu cependant il devint docile comme les autres. Après une bonne première Communion, il reprit son poste auprès de son père. Une dame ayant rencontré sa sœur lui procura les mêmes bienfaits.

Le jeune garçon avait quitté l'Œuvre depuis deux ans lorsque son père mourut. Qu'allait-il devenir ainsi livré à lui-même, il n'y songeait même pas! Sa sœur y pensait pour lui et, en sa qualité d'ainée, elle fit des démarches pour son retour à Auteuil. Mais

l'adolescent était jaloux de sa liberté et résistait
à toutes les instances de sa sœur.

Il lui en coûtait de se voir enfermé sous
une surveillance continuelle. Enfin l'énergique

volonté de la
jeune fille l'em-
porta. Il entra
dans l'atelier de
cordonnerie. Il y resta quatre ans, et au 1ᵉʳ janvier 1877, il finissait son apprentissage.

Ce jour là le frère et la sœur vinrent ensemble remercier le directeur de ce qu'il avait fait pour eux. Il leur adressa des encouragements et des conseils. De grosses larmes coulaient le long de leurs joues pendant qu'il lui parlait. On allait se séparer, quand le frère et la sœur se jetèrent à genoux spontanément devant tout le monde en lui demandant de les bénir. C'en était assez ; leur émotion avait gagné tous les assistants.

— M. l'abbé, vient dire un jour une visiteuse, j'ai lu hier dans mon journal, qu'un enfant avait été abandonné par ses parents et conduit à la préfecture. La description que l'on fait de ce pauvre petit m'a bouleversé! je n'en ai pas dormi cette nuit! S'il vous était amené, le prendriez-vous? je ne suis pas riche mais je m'arrangerais pour vous faire 20 fr. par mois.

— Nous n'avons pas encore eu connaissance de l'enfant dont vous parlez, répond le Directeur, mais il pourrait fort bien ne pas tarder à venir. Si vous restiez encore quelques minutes, peut-être le verriez-vous arriver. Ce ne serait pas la première fois que ce parloir verrait de telles rencontres.

La confirmation de cette parole ne se fit pas attendre. Deux messieurs accompagnés d'un enfant se présentaient porteurs de la note suivante :

Extraire du dépôt et conduire à Auteuil,

Augustin Paul... orphelin de mère, abandonné par son père.

Il est âgé de treize ans et demi, et a été mis au travail dès l'âge de neuf ans.

Il n'a pas fait de première Communion et ne sait ni lire, ni écrire. Il paraît digne du plus vif intérêt. »

En lisant ces lignes, le Directeur ne put s'empêcher de s'écrier : Mon Dieu que vous êtes bon! J'aurais peut-être refusé cet enfant ne sachant comment le nourrir, et vous avez voulu m'épargner cette peine et peut-être ce remords, en envoyant cet ange de charité pour plaider et gagner sa cause! C'est à vous Madame, d'examiner cet enfant, d'interroger ses guides et de répondre à cette note.

— Mon petit, lui dit de sa voix la plus douce, la dame de charité, se transformant pour la circonstance en juge d'instruction, quel âge avez-vous?

— Treize ans et demi, Madame.

— Avez-vous été baptisé?

— Je n'en sais rien.

— Vous n'avez donc pas fait votre première Communion?

— Jamais, j'ai souvent demandé à la faire, j'ai prié papa de me laisser aller aux classes du soir. Il n'a jamais voulu. Il m'a mis en apprentissage à neuf ans pour être cordonnier.

— Tu sais donc ton état de cordonnier?

— Oui, Madame, je le sais aussi bien que mon père et je gagnais autant que lui!

— Où est-il, ton père? — Il est parti depuis huit jours. Je suis resté seul et sans ouvrage. Ne sachant pas mendier, et ne voulant pas voler de peur d'aller en prison, je suis resté deux jours et une nuit sans rien manger que des débris trouvés par terre! Quand j'ai vu ça, je me suis adressé aux gardiens de la paix!

— Pourquoi aux gardiens de la paix, puisque tu avais peur d'aller en prison?

— Madame, parce que j'avais entendu dire que c'étaient eux qui donnaient les renseignements. Mais si j'avais su qu'ils me mèneraient en prison, oh, bien sûr! je crois que j'aurais préféré me laisser mourir de faim.

Un autre jour, c'est le tour du commissaire de police lui-même qui conduit un orphelin nommé Louis, errant et abandonné depuis trois semaines! Il s'était choisi un superbe domicile!

C'était ni plus ni moins que la place de la Concorde!... On y avait construit des poteaux; Or, au pied de ces sortes de mâts de Cocagne formant tambour, une ouverture se prêtait à l'entrée du bonhomme dans ce domicile improvisé! Il y serait probablement longtemps resté comme le moineau dans son trou et le lièvre en son gîte, si l'affreuse faim qui chasse le loup du bois, ne l'eût pas obligé à se rendre à merci.

André B... répondait à son tour, à l'interrogation d'usage. — Où demeurais-tu, mon ami, depuis que tu étais seul? — Nulle part, M. le curé!

— Comment nulle part? — Ah! pardon, j'oubliais, je suis resté pendant plusieurs mois près de l'Exposition. — Quelle rue et quel numéro? — Je n'en sais rien. C'était dans un terrain vague où j'avais trouvé une caisse abandonnée! Tous les soirs, j'allais me coucher dedans! Mais il y a quinze jours, la caisse a disparu et je n'ai plus eu de logement!...

Comme on le voit, le propriétaire avait jugé à propos de donner congé sans même daigner prévenir son locataire. Aujourd'hui il couche dans un lit qu'il ne donnerait pas pour toutes les vieilles malles du monde.

Auteuil est un asile essentiellement cosmopolite. On y voit passer toutes les nations de l'univers, et on n'éprouve pas plus d'étonnement en y recevant un Chinois ou un Canaque, qu'en accueillant un Breton ou un Béarnais.

Le jeune Nicolas est né à Kiev (Russie) en 1867, dans un quartier israélite. Ses parents ne pouvant subvenir à ses besoins, le confièrent à un colporteur de livres et de journaux, qui l'emmena à Berlin. Livré bientôt à lui-même par la mort de ce protecteur, il vint seul à Francfort-sur-le Mein, puis à Paris. A la gare de l'Est, il avise un marchand d'oranges qui le prend chez lui et l'associe à son commerce. Mais il s'aperçoit bientôt qu'on l'exploite. Il loue une petite chambre aux Batignolles, et va aux Halles acheter des oranges, qui lui rapportent deux ou trois francs par jour. Un abonné de la *France Illustrée* s'intéresse à cet enfant et l'introduit à Auteuil. Comme on lui demandait s'il ne lui en coûterait pas de se trouver éloigné de ses coreligionnaires, et d'assister aux cérémonies du culte catholique, il répondit :

« Je ne suis pas plus israélite que catholique

ou protestant. Ma mère était catholique, et mes souvenirs d'enfance me rappellent qu'elle priait dans un livre écrit en latin. D'ailleurs, je ne connais pas plus l'une de ces religions que l'autre. Instruisez-moi. »

A chaque rentrée on trouve des enfants dont la destinée est vraiment extraordinaire. Au dernier trimestre Auteuil avait le fils d'un prince et d'un véritable prince, mais son histoire est trop triste pour la raconter. — Nous préférons dire celle du petit saltimbanque Victor Durand.

Dès l'âge de sept ans, cet enfant d'une famille aisée du Havre fut mis à l'école. Il ne tarda pas à sauter par-dessus les murs. Au bout de quelques jours, n'ayant ni pain ni abri, il fit la rencontre d'une troupe de Bohémiens.

En voyant son air mutin, ils lui proposèrent de rester avec eux.

Il accepta avec enthousiasme. et passa d'emblée paillasse de la troupe. On le transforma en sauvage, avec tatouage sur le corps, anneaux dans le nez et aux oreilles, plumes sur la tête.

Il eut beaucoup de succès et fut promené

dans l'univers entier et dans beaucoup d'autres lieux. Un jour enfin, que la troupe avait éprouvé, après de brillants exercices, le besoin toujours pressant de se rafraîchir, le directeur satisfait de son sauvage l'admit à sa table et lui offrit sa part de petit bleu. — L'enfant remplit encore ce rôle à la satisfaction générale, lorsque son oreille fut frappée d'une conversation où se répétait souvent un nom, qu'il avait entendu dans son enfance. Il écoute attentivement. Se levant tout à coup : « — Monsieur, dit-il au brave homme, dont la conversation l'avait frappé, n'êtes-vous pas de Normandie? — Certainement que c'est bien mon pays, dit l'autre. — C'est que, dit l'enfant, c'est le mien aussi. — Le tien! sauvage, et comment t'appelles-tu? Je m'appelle Victor Durand! — Malheureux! c'est toi que tes parents ont tant cherché, ils sont morts sans t'avoir retrouvé et ta tante habite Paris où je vais en ce moment! — L'enfant retrouva son cœur; il pleura ses parents, arrangea son compte avec le saltimbanque qui déplumant son sauvage d'occasion et le laissa partir. Sa tante le conduisit à Auteuil.

Né de parents ruinés par les événements de

1870, Georges était devenu un mauvais sujet.

S'étant échappé de la maison où on l'avait placé, après cinq jours de vagabondage, il fut surpris par une pluie glaciale, et ses hardes séchèrent sur lui ! Il fut atteint de fluxion de poitrine. Quelle sympathique figure que celle de cette douce et résignée victime de l'horrible et héréditaire pulmonie !

Tel était Georges avant que la générosité de Mlle Gosselin lui eût ouvert les portes d'Auteuil. Depuis sa première Communion, ses progrès dans la piété avaient inspiré pour lui autant d'admiration que d'affection.

Il prit la résolution, dans les élans de sa faveur de néophyte, de demander à la communion fréquente la force de la persévérance.

Pendant les loisirs trop nombreux que lui laissait sa maladie pour alimenter à la fois et développer sa tendre piété envers l'Eucharistie on lui proposa la sainte pratique de la visite au Saint Sacrement avec le petit livre de saint Alphonse de Liguori, pour manuel.

Le cœur du jeune adorateur ne fit qu'un bond de l'adoration des prières à l'adoration d'union effective et dès lors cette âme affamée du pain des anges ne soupira plus qu'après la Communion journalière qui lui devint, jusqu'au mo-

ment de son entrée à l'Enfant-Jésus, un bonheur
quotidien. Dans cette maison, ayant ardemment
prié Notre-Dame des Victoires, il éprouva un
mieux si sensible qu'il se crût miraculeusement
guéri !

Georges quitta l'Enfant-Jésus pour rentrer à
Auteuil et à l'atelier. Durant trois mois ses
occupations se poursuivirent sans incommodi-
té. Aux approches du printemps, la maladie
assoupie un moment se réveilla plus terrible !

« Je m'appliquais à relever ses sentiments de
piété, dit son confesseur. Il se sentait mourir et sa
résignation était admirable! Il voulut faire une
confession générale sollicitant les prières de ses
camarades, la visite de sa protectrice et offrant
à Dieu le sacrifice de sa vie pour la conversion
de parents dont il n'avait pas à se louer!

« La dernière nuit ayant été affreuse, je crus
devoir avancer l'heure des derniers sacrements.
J'étais d'ailleurs obligé de m'éloigner pour un
service à la paroisse. Dire quelle fut sa douleur
lorsque se sentant mourir, il vit que j'allais le
quitter, serait impossible. Rassemblant ses
forces il s'assit sur son séant, tourna ses regards
vers la statue de Marie et joignant ses mains
avec un transport indicible : « *O ma bonne
Mère, venez me chercher!* s'écria-t-il, *mon Jésus,*

emmenez-moi bien vite! bien vite, prenez-moi! »

« Et ses lèvres blêmes pressaient un petit crucifix qui ne le quittait pas. Lorsque je revins à l'Enfant-Jésus ce fut dans la salle des petits cadavres que je dus aller baiser une dernière fois au front le pauvre Georges pour qui s'était ouvert le ciel où il n'est plus d'orphelinat! »

Depuis quatre ans Léonce B. n'a d'autre demeure qu'un égout situé sur la route à 50 mètres de la porte d'Orléans près des fortifications. Il a seize ans, l'âge des illusions et des rêves. C'est là au milieu des miasmes et de l'air pestiféré que le pauvre garçon a vécu. La nuit, il voyait des choses étranges, des lueurs bizarres et entendait des bruits singuliers. C'étaient des hallucinations causées par les évaporations méphitiques.

Dans l'égout on a trouvé un tas de paille qui servait de couche au solitaire, une lanterne, une assez grande quantité de boîtes de sardines, de conserves et de biscuits toutes vides, une dizaine de vieilles paires de chaussures et aussi plusieurs bouteilles ayant contenu de l'alcool et des liqueurs.

Il n'a pas été établi que ces objets aient été apportés là par le jeune garçon.

Il est présumable que cet égout abandonné servait autrefois de retraite momentanée à des voleurs qui ont laissé des vestiges de leurs orgies.

L'habitant de la caverne avait parfois à soutenir des luttes contre les rats, dont il sentait, dans son sommeil, le corps velu effleurer son visage! Et par moment quand la faim le pressait il était obligé de se repaître des corps de ces ennemis, grillés sur quelques charbons!

Un jour le pauvre garçon, passant devant la boutique d'un boucher s'oublie et s'empare d'une entre côte qui se trouvait à l'étalage.

Le voilà en police correctionnelle.

M. le Président. — Il paraît que vous n'avez pas d'autre domicile que l'égout de la porte d'Orléans, où vous demeurez depuis quatre ans.

Le prévenu. C'est vrai. Je n'ai pas de famille. Je suis seul au monde. Je ne connais personne.

Cependant je me conduis bien, je travaille régulièrement.

M. le Président. — On a trouvé dans votre singulier asile des boîtes de sardines, de conserves vides, des bouteilles ayant contenu des liqueurs etc... tout cela ne viendrait-il pas de soustractions que vous auriez commises ?

— Non j'ai trouvé tout cela quand je suis *entré dans le logement*.

Germain Granger, trente-neuf ans, marchand boucher rue Daguerre.

— Le 24 décembre à cinq heures du soir j'ai vu cet enfant enlever de mon étalage un morceau de viande. Il n'avait pas l'habitude de voler, car il s'est aisément laissé prendre.

Le prévenu. — Oh! c'était la première fois et ce sera la dernière! je le jure! j'ai cédé à une mauvaise inspiration; je me repens!

M. le Président, au témoin. — Quelle était la valeur de ce morceau de viande? — Deux francs.

Léonce est condamné à quinze jours d'emprisonnement.

Pouvait-il, après ces quinze jours, retourner à l'égout de la porte d'Orléans?

Une excellente femme revendeuse à la Halle, et gagnant juste assez pour suffire à l'entretien de sa petite famille fait une curieuse rencontre.

« Il gelait ce matin-là, dit-elle; je me disposais à préparer mon marché, quand tout-à-coup mes regards se portèrent sur un objet qui gisait à terre sur le bord d'un fossé. Je crus d'abord que c'était un paquet oublié. Bientôt je le vis avec frayeur s'agiter! Était-ce un ivrogne ou un malfaiteur? Non! J'étais en présence d'un enfant. Je m'approchai de lui. Il était couvert de haillons sordides qui cachaient mal son pauvre petit corps grelottant de froid. Il sommeillait. Ses traits étaient amaigris et fatigués; son teint d'une pâleur livide, et ses yeux comme noyés dans les larmes, c'était plutôt la figure d'un mort que celle d'un vivant. Alors m'approchant de lui.

—Que fais-tu là, petit?— Je me repose, mais j'ai été bien mal toute la nuit. — Où l'as-tu donc passée, ta nuit?

Mais.. dans ce champ madame... — Comment dans ce champ! tu n'as donc pas de domicile? — Hélas! je suis orphelin, abandonné de tous et depuis plus de six semaines je n'ai d'autre logement que ce champ! Je suis si malheureux!... Parfois je voudrais bien mourir! Je serais plus tranquille après. Figurez-vous, madame, que je ne vis que de restes de navets ou de pommes de terre gelés... et quand je suis à Paris... alors...

Eh bien ? Alors ?... — Je cherche dans les ordures ! J'y trouve encore d'assez bonnes choses... Mais il faut s'y prendre du matin, car les chiffonniers... !

Pauvre chéri, viens avec moi je ne suis pas riche. Pourtant tu ne manqueras pas de pain !

Inutile de dire qu'il ne se fit pas prier ; je l'installai à mon foyer avec mes enfants ; je le nourris et le vêtis proprement. Je vous avouerai pourtant que, malgré ma satisfaction d'avoir fait le bien en sauvant cet enfant, je ne tardai pas à remarquer qu'il y avait une bouche de plus dans mon pauvre logis. Mais j'étais résignée à le garder quand même. Comme il n'a pas fait sa première Communion et qu'il n'a aucune notion religieuse, M. le curé m'a conseillé de vous l'amener. Et le voilà !

M. l'abbé Delafosse amène, à son tour, Léon P... enfant de douze ans, qui n'a pas encore fait sa première Communion. Orphelin de mère depuis 1870, ce cher petit était resté aux mains de son père, modeste journalier qui montre plus d'assiduité chez le marchand de vin, que dans son misérable logis. On l'accuse même de prodiguer plus de caresses à la bouteille qu'à son fils. Quand ce tendre père fut

las de frapper cette innocente victime, il la
jeta à la voirie. C'était plus expéditif. Ne
voulant ni mendier, ni voler, il s'occupa d'abord
à chercher un gîte, et dans sa naïveté, il
s'adressa à la gendarmerie! Il ignorait que si
les gendarmes eussent obéi à la consigne,
leur devoir était de lui offrir la prison en
guise de logement! Il demanda comme une
faveur de coucher dans leur écurie. Ces
braves, émus de pitié, lui donnèrent un lit.
Ils firent mieux car ils subvinrent à ses
besoins durant plusieurs semaines.

Or, les règlements sont formels. Tout en
voulant soulager l'enfant, ces braves gendarmes
s'exposaient. Comprenant qu'ils étaient en
contravention, ils prièrent le charitable vicaire
de placer le petit abandonné qui n'avait pas
eu peur de se confier à eux, et celui-ci
s'empressa de le conduire à l'asile d'Auteuil.

La Presse signalait tout récemment au public
une pauvre vendeuse de journaux du boulevard de Courcelles. C'était une mère de famille
restée veuve avec trois enfants. Ne gagnant
pas assez pour payer un loyer et nourrir ses
enfants, cette pauvre femme s'était installée
dans son Kiosque. Faute de place, elle passait
les nuits et prenait son sommeil assise sur une

chaise, tandis que ses trois enfants reposaient sur un peu de paille, blottis et serrés dans l'étroit espace qui restait autour d'elle. Un ami d'Auteuil qui venait de lire ces détails dans son journal se rendit aussitôt au lieu indiqué et trouva en effet un petit garçon de douze ans qui n'avait pas fait sa première Communion. Il l'amena pour en faire un bon chrétien et un bon ouvrier.

En décembre 1881, un pauvre enfant rôdait le soir dans les rues, ne sachant trop où trouver un gîte. Huit heures sonnent à l'Église Saint-Augustin. C'est l'heure de la Confrérie de la Sainte-Vierge. Il y voit des lumières, entend le chant des cantiques, et il se sent attiré, quoique tout en guenilles, à pénétrer dans le saint lieu. En ce moment se faisaient les recommandations des malades, des pécheurs, des personnes sans place ou dans l'embarras.

L'enfant se dit : « Mais je suis de ce nombre et la Sainte Vierge ne me refusera pas les moyens de faire ma première Communion ! car j'ai quinze ans et personne ne songe à moi ! » Le lendemain matin, en effet, il vint me trouver à la sacristie, dit un vicaire de Saint-Augustin, pour me faire part de son abandon, et de son ambition.

Ma première pensée fut pour Auteuil, comme le seul refuge de ces intéressants enfants perdus. Il me revint heureux d'être accepté; mais, effrayé à la pensée qu'il avait à transformer ses loques en vêtements présentables. Comme il m'était venu à l'occasion de la confrérie, j'estimai raisonnable d'en parler à la réunion suivante, et je priai même l'assistance de m'aider à revêtir convenablement un futur sanctuaire de Jésus Eucharistie. Un mouvement généreux s'empara de tous les cœurs et l'enfant fut aussitôt habillé. La Confrérie méritait un remerciement.

Elle eut la consolation de contempler le pauvre enfant avec ses beaux habits et de l'entendre lui débiter de l'autel les paroles suivantes:

viens vous remercier, la bonne Vierge et vous,
Merci, Marie!... Et vous; oh! merci bien, à tous!
Quelle est belle mon Dieu la loi de l'Évangile!
A l'enfant sans abri vous donnez un asile
Vous devenez ami du pauvre délaissé,
Et chacun à son sort s'est vite intéressé

J'étais nu, j'avais froid votre charité grande
Plus vite m'a vêtu qu'on ne fait sur commande.
Grâce à ces vêtements je franchirai ton seuil,
Admis parmi les tiens, sainte maison d'Auteuil,

J'avais faim et du pain que notre corps réclame
Et de ce pain du Ciel dont se nourrit notre âme ;
Encore grâce à vous, noble réunion,
Je recevrai Jésus dans ma Communion

Je lui dirai combien la Confrérie est bonne ;
Et comme Jésus rend beaucoup plus qu'on ne donne
Un jour il vous rendra, je l'en ai bien prié,
Au centuple les biens dont vous m'avez comblé.

Tous les pieux fidèles de Saint-Augustin applaudirent le naïf petit poète d'Auteuil, reconnaissant.

On remplirait toute une bibliothèque de pareilles histoires avec les archives d'Auteuil! — Citons du moins en terminant cette lettre d'un de ses apprentis devenu patron à son vénéré Directeur. Mieux que tous nos pâles récits, elle dira les effets pratiques de la grande Œuvre dont il a doté Paris et la France :

« Je viens de lire dans la *France Illustrée* des histoires qui m'ont rappelé tout ce que je vous dois. Vous l'avez oublié, car vous avez fait du bien à tant d'enfants pauvres que vous auriez trop de mal à vous souvenir de tous. Moi je me rappelle ces six années-là dans leurs moindres détails. Sans amis et sans parents, je ne devais jamais arriver à rien.

Eh bien! non! Grâce à Dieu, à vous et à Auteuil, j'ai aujourd'hui une position que beaucoup envieraient!

« Chef d'une jolie imprimerie à X... je viens de me marier. C'est pourquoi, mon cher Père, je vous envoie pour les enfants qui ont pris ma place chez vous, un assortiment de bibelots que j'ai choisis parmi ceux que je me rappelle avoir vus suspendus à l'arbre de Noël que vous nous faisiez tirer dans la grande salle. Et puis j'y joins des pralines, des dragées, un sac de marrons glacés, et trois bons grands hommes en pain d'épice comme j'en ai gagné un en 1873. Il était si beau et m'avait fait tant de plaisir avec son habit semé de perles blanches et roses! Je me souviens aussi qu'une année, aux récompenses, j'ai gagné la montre donnée par votre ami M. Saint-Genest... Vraiment je me souviens de toutes ces fêtes avec les larmes dans les yeux. Ce qui me revient surtout à la mémoire, c'est ma première Communion à Auteuil! Vous ne m'avez pas seulement donné le pain du corps, mais aussi le pain de l'âme avec une provision de religion qui ne me quittera jamais! »

Entré à la caserne avec nos jeunes lévites, conscrits de la classe 1890, un orphelin d'Auteuil écrit à son tour ces paroles, qui expriment à la foi tant de tristesses et de consolation. *Le croiriez-vous, mon Père? On prend ici votre hussard typographe pour un séminariste!*

Honneur aux enfants de Notre-Dame de la Première Communion d'Auteuil !

Devenus ouvriers, soldats, prêtres, missionnaires, patrons, ils restent ainsi presque tous dignes de leurs Maîtres et de leurs Bienfaiteurs.

ÉPILOGUE

AUX BIENFAITEURS D'AUTEUIL

> Heureux celui qui comprend ce qu'est le pauvre! Aux jours mauvais Dieu le délivrera !
>
> *(Psaume* 40. 2.)

Saint Jean Chrysostôme commentant ce texte sacré disait aux riches de son temps : (1) « Dieu ne vous a donné tant de ressources que pour les attribuer à des besoins réels, non pour les dissiper en vaines futilités. Vous me blàmerez peut-être de critiquer les dépenses pour les parures, les vêtements et les plaisirs; mais, je dois dire qu'elles se font lorsque tant de pauvres sont en proie aux plus accablantes nécessités. » Saint Ambroise s'élève à son tour contre l'énormité des frais que faisait son siècle

_____
(1) Homil. 49 in Math.

pour les chevaux. « On les nourrit, dit-il, dans
des mangeoires d'or ! Leurs maîtres détaillent
avec orgueil la généalogie de ces nobles bêtes
comme on conserve la filiation des aïeux !
D'autres font reposer et dormir avec eux leurs
chiens bien-aimés ! Ils leur servent des repas
quotidiens ! Ils y assistent eux-mêmes pour bien
s'assurer que rien n'y manque, peu soucieux
de s'informer si, à leur porte, les pauvres
ne meurent pas de faim. »

Mieux que certains chrétiens de notre
âge, les païens comprenaient autrement nos
devoirs essentiels envers les déshérités d'ici-
bas. Dans sa vie de Périclès, Plutarque raconte
que César voyant un jour à Rome de riches
étrangers portant entre leurs bras des chiens
et des singes qu'ils caressaient fort tendrement
leur dit : *Les femmes de votre pays n'ont-elles
point d'enfants?*

Dans l'Église de Dieu les pauvres occupent
un rang sublime et remplissent une céleste
mission.

« En s'attachant aux portes de nos temples (1)
ils en sont le plus bel ornement. Sans eux
l'Église n'aurait pas son entière perfection. Le

---

(1) S. Jean Chrys. in primam ad Corinth.

médecin qui étend la main sur nos plaies et plonge le fer dans leur corruption opère moins sûrement que le pauvre sur les ulcères de nos âmes, quand il nous tend la main pour recevoir nos dons. Assis au seuil de la basilique il vous instruit par son aspect et son silence mieux que nous par nos prédications. Que vous disons-nous en effet tous les jours ? — Hommes, ne concevez pas d'orgueilleuses pensées, car votre vie s'écoule comme un torrent. A la jeunesse succède la vieillesse ; à la beauté, la laideur ; à la force, la faiblesse ; à la considération, le mépris ; à la santé, la mort. « Eh bien, voyez le pauvre. Il a un langage plus élégant que nos discours. Seules sa vue et son expérience vous démontrent que vous êtes hommes et sujets comme lui à toutes les vicissitudes humaines ! »

Et le socialisme contemporain démontre aussi que la société moderne périra comme l'ancienne si elle ne se préoccupe pas davantage du problème vital posé entre les riches et les pauvres. Alexandre Dumas (1) en convient lui-même ! et il écrit, au milieu de toutes ses légèretés, ces graves paroles adressées à tous les gouvernants actuels. « Vous ne voulez pas !

(1) *Théâtre contemporain.* Tom 1, p. 46.

Vous trouvez que ça peut aller comme ça, et que tout est pour le mieux dans le meilleur des mondes! *Va bene!* Amusons-nous! Dans cinquante ans au plus, nos neveux verront ce qui restera de la famille, de la vertu et de la morale dans notre beau pays de France dont toutes les villes auront de grandes rues et dont toutes les places auront des squares, au milieu desquels il sera bon d'élever une statue « Aux Vérités Inutiles! »

Une des plus distinguées zélatrices de l'Œuvre d'Auteuil, Madame Cousin, écrivait à son sujet cette page digne d'être méditée.

« Pourquoi la charité qui enveloppe comme d'un réseau toute notre France laisse-t-elle subsister d'un côté l'amour et de l'autre la haine? Parce que l'argent répandu avec profusion ne l'est pas avec discernement. Les classes populaires privées d'une éducation religieuse sont accessibles à toutes les mauvaises doctrines. Elles se croient condamnées seules au travail et au malheur. Il faut leur apprendre que le travail est une loi générale et que le laboureur ou l'ouvrier sont souvent plus heureux que l'homme de cabinet. Ceux-ci estiment les riches engraissés de leurs sueurs. Ils rapprochent les modiques prix de leurs journées du gain de leurs patrons et crient : On nous exploite ! Que la religion et la charité se hâtent de venir s'interposer entre ces deux classes ennemies et fassent entendre à toutes les deux le langage de la vérité ! Pour amener une réforme générale il faudrait que la philanthropie pût comprendre que ce n'est pas l'instruction seule qu'elle doit rendre obligatoire, mais bien l'éducation, que celui qui vit dans le désordre et y entraîne ses enfants ne mérite plus le titre de père, et qu'au lieu de nourrir à domicile des enfants dont les parents ne connaissent que l'oisiveté et le cabaret, il faudrait leur ouvrir des asiles comme celui d'Auteuil d'où ils sortiraient habitués au travail et à la vertu. »

Les œuvres de jeunesse apparaissent aujourd'hui comme *une question primordiale* à la veille de l'avènement d'une nouvelle génération qui sera l'effroi de la France, de l'Europe et du monde. Ceux qui s'en désintéressent désertent la cause de la Religion et de la Patrie !

Puissent donc nos lecteurs s'éprendre d'un vif amour pour celle d'Auteuil où pareils à la sœur de charité qui recueille les blessés sur les champs de bataille, debout aux portes de la grande ville, inquiet comme une mère en dé-tresse, un prêtre de Jésus-Christ tend les bras aux plus pauvres et aux plus délaissés des enfants du peuple! Lorsque réchauffés sur ce cœur sacerdotal, éclairés, instruits, évangélisés, ces déshérités du monde rentrent dans la dure arène, ce sont des hommes, des chrétiens et parfois des Apôtres; et le miracle de cette transfiguration divine est opéré par la charité de leurs Bienfaiteurs!

Et cependant, jusqu'à cette heure, Auteuil reste encore comme une vaste prairie arrosée par un mince ruisseau. Au pauvre gazon desséché l'agriculteur mesure avec parcimonie quelques légers filets de l'onde bienfaisante. A travers les larges sillons il faudrait amener par torrents cette eau distribuée goutte à goutte. Qu'on en juge par ce qui se fait ailleurs!

A Turin, l'orphelinat de Dom Bosco recueille trois mille enfants; et ses succursales en abritent quatre-vingt mille. A New-York l'orphelinat américain en compte quatre mille. A Lisbonne l'orphelinat portugais deux mille. A Halle l'orphelinat prussien du docteur Franken, trois mille.

Et notre grand Paris, capitale des richesses et des plaisirs, se contenterait de cinq cents? Non! La charité française ne doit pas être mobile et variable comme la mode en ses saisons, ou comme la lune en ses quartiers, mais toujours stable et ardente comme un lumineux soleil !

On dit aux catholiques français : *Vous n'entendez rien aux affaires. Vous n'êtes pas des hommes pratiques. Les protestants et les juifs vous donnent les plus victorieuses leçons et font mieux que vous !* » En soutenant généreusement Auteuil, et ses succursales et les maisons similaires établies de Lille à Bayonne ils feront tomber l'objection à faux et pourront répondre : *Nous faisons aussi bien et mieux que personne !* Si les hautes classes continuent au contraire à pratiquer l'indifférentisme, si les conservateurs de toute nuance s'endorment dans leur stérile oisiveté, on peut prévoir, dit M. Le Play, que la France s'engagera définitivement dans une voie qui ne saurait aboutir qu'à la perte de notre nationalité au profit de races mieux avisées ! Sa dernière planche de salut est dans la régénération des pauvres enfants du peuple ! Ils ne demandent qu'à être aimés pour être bientôt transfigurés !

Depuis dix-huit siècles, le divin Sauveur des hommes est poursuivi d'âge en âge par ses persécuteurs et toujours crucifié par ses bourreaux. On se demande parfois avec surprise pourquoi Dieu ne châtie pas plus rigoureusement notre

siècle coupable ? En voici l'explication. Dieu
trouve encore parmi nous des asiles sacrés où
s'élèvent pour lui d'autres temples et d'autres
holocaustes. Ces saintes institutions lui assu-
rent autant de nouvelles demeures qu'elles
contiennent de cœurs purs et le dédommagent
des insultes et des attaques de ses ennemis.
Comme des paratonnerres mystérieux elles
s'élèvent, sur les villes et les nations scélérates
pour les sauver chaque jour des coups de sa
justice.

Chers et fidèles Bienfaiteurs des Apprentis-
Orphelins d'Auteuil, entendez une dernière fois
le Sauveur lui-même vous redire ses promesses
et votre récompense : *Ce que vous faites à ces
tout petits, c'est à moi-même que vous le faites. Le
pain que vous leur donnez, les vêtements dont vous
les couvrez, le travail que vous leur procurez, le
verre d'eau qu'ils reçoivent de vous, et surtout mon
nom et mon amour déposés dans leurs cœurs, rien,
rien ne sera oublié !*

Avec S. Saint-Grégoire-le-Grand expliquant
au peuple de Rome assiégé par les Lombards,
la sublime prophétie d'Ézéchiel (1), voilà,
dirons-nous, les grandes vérités que nous avons

_____

(1) — Hom. 10. Lib. II.

développées dans ces pages. Mais, vous le savez, nos tribulations se sont accrues de toutes parts, nous sommes environnés de périls imminents ! Nos âmes en sont devenues fatiguées de la vie. Et ma lyre s'est couverte de deuil... et ses cordes n'ont plus que la voix de ceux qui pleurent et mon cœur s'est affaissé dans l'excès de ses douleurs !

Ah ! sans doute, après tant de calamités et de traverses Dieu sauvera l'Église et la Patrie ! Mais par qui ? Par un royal héros ou par un obscur enfant de notre France ? C'est son secret. Avec un fétu de paille il préfère souvent accomplir ses prodiges, avec une petite fille des champs il aime à glorifier les nations humiliées et perdues. Ces miracles, la charité des protecteurs d'Auteuil les opérera peut-être par le salut du plus infortuné de ces malheureux délaissés.

Déjà, en vingt-cinq ans, ils ont sauvé plus de *vingt mille* Moïse abandonnés au caprice et à la fureur des flots. Si la Gloire en est à Dieu, seul le mérite en revient aux Bienfaiteurs d'Auteuil !

Fauteurs insatiables d'oppressions et d'iniquités, les ennemis de la Religion ont aujourd'hui en main la force, l'argent, les places, l'organisation et la victoire. Nous n'avons que la faiblesse, le délaissement, l'indigence et la défaite. « Mais... vous verrez l'événement, s'écriait naguère l'intrépide champion de l'é-mancipation irlandaise, M. Gladstone... » Déjà, il y a dans le cœur de ceux qui luttent contre nous un soupçon invincible approchant d'une secrète conviction, que la moisson future ne sera pas pour eux ! Ils ont la marée montante ! Nous avons dans nos cœurs la foi en la promesse divine et, nous avons dans nos rangs les plus pauvres enfants du peuple !

Et avec Dieu et avec la jeunesse on a toujours l'avenir !

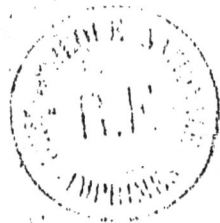

FIN

TABLE DES MATIÈRES

INTRODUCTION

CHAPITRE PREMIER

L'ŒUVRE PRÉPARÉE.

CHAPITRE II

L'ŒUVRE FONDÉE.

CHAPITRE III

L'ŒUVRE DÉVELOPPÉE.

CHAPITRE IV

L'ŒUVRE PRIVILÉGIÉE.

CHAPITRE V

L'ŒUVRE SANCTIFIÉE.

CHAPITRE VI

L'ŒUVRE PRATIQUÉE.

ÉPILOGUE

AUX BIENFAITEURS D'AUTEUIL.

Imprimerie des Apprentis-Orphelins. — ROUSSEL
40, Rue La Fontaine, PARIS-AUTEUIL.

www.ingramcontent.com/pod-product-compliance
Lightning Source LLC
Chambersburg PA
CBHW072008270326
41928CB00009B/1581